彩图 1-3（a）

彩图 1-7　磁悬浮列车

彩图 1-14　莫斯科地铁车站

彩图 2-30
地铁车站一角

彩图 3-1 地铁车辆

彩图 3-3 车辆内部

（a）内藏门　　　　　　（b）外挂门　　　　　　（c）塞拉门

彩图 3-8 地铁车门

彩图 3-28　地铁车辆基地一角

ATP天线

彩图 5-28　ATP天线

彩图 6-15　站台屏蔽门

彩图 6-16　半高安全门（滑动门未打开）

彩图 6-17　半高安全门（滑动门已打开）

彩图 6-25　PSL 盘

彩图 7-7　控制中心行调监视大屏幕

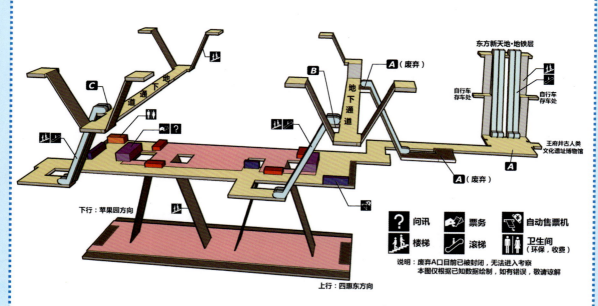

彩图 8-1　北京地铁王府井站车站结构图

城市轨道交通概论

第二版

牛红霞 主编

高职高专"十二五"规划教材

化学工业出版社

·北京·

本书主要介绍了城市轨道交通的概念、特点与历史、系统规划设计与施工,城市轨道交通线路与车站、车辆系统、供电系统、通信与信号系统、机电设备及监控系统,城市轨道交通行车组织、客运组织、安全管理等内容。本书采用项目式体例,以任务驱动,每个项目均设有项目导入、学习目标、图示引导、相关知识、实践操作栏目,图文并茂。可作为高等职业院校城市轨道交通相关专业教材,也可作为轨道交通员工的培训教材及工程技术人员的参考读物。

图书在版编目(CIP)数据

城市轨道交通概论/牛红霞主编．—2版．—北京：化学工业出版社，2016.2（2022.7重印）
ISBN 978-7-122-25884-7

Ⅰ.①城… Ⅱ.①牛… Ⅲ.①城市铁路-轨道交通-概论 Ⅳ.①U239.5

中国版本图书馆 CIP 数据核字（2015）第 306605 号

责任编辑：蔡洪伟
责任校对：王　静　　　　　　　　　　装帧设计：关　飞

出版发行：化学工业出版社（北京市东城区青年湖南街 13 号　邮政编码 100011）
印　　装：涿州市般润文化传播有限公司
787mm×1092mm　1/16　印张 14½　彩插 2　字数 362 千字　2022 年 7 月北京第 2 版第 8 次印刷

购书咨询：010-64518888　　　　　　　售后服务：010-64518899
网　　址：http://www.cip.com.cn
凡购买本书，如有缺损质量问题，本社销售中心负责调换。

定　价：32.00元　　　　　　　　　　　　　　　　　　版权所有　违者必究

编写人员名单

主　　编　牛红霞
副 主 编　张大勇　孙仕明
编写人员　牛红霞　张大勇　孙仕明
　　　　　　李慧娟　李　亚

前言

本书是在2011年出版的《城市轨道交通概论》的基础上修订而成的。在修订过程中考虑了城市轨道交通发展的现状，增加了本领域的新技术、新设备、新成就，并总结了近几年来在教学改革和实践中的经验，对教材内容进行了充实和提高，这次修订的主要内容包括以下几个方面：

（1）增加了城市轨道交通发展概况的最新数据。

（2）对"城市轨道交通信号与通信系统"一章做了较多补充，对ATC系统分为基于轨道电路的ATC系统和基于CBTC的ATC系统分别描述，调理更清晰，内容更全面。

（3）增加了部分设备的新插图，使读者更直观，更易理解。

参加本书编写的有郑州铁路职业技术学院的李亚（项目一），张大勇（项目二、项目三），牛红霞（项目四、项目六、项目七），李慧娟（项目五），孙仕明（项目八、项目九），郑州轨道交通公司汪国利对本书的编写思路提出了宝贵意见，并审阅了全稿，由牛红霞负责对全书框架、编写思路的设计、部分项目的编写，以及全书的统稿工作。

本书在编写过程中得到了郑州轨道交通公司、广州地铁、深圳地铁、北京地铁等公司的大力支持，在此表示衷心的感谢。本书还参考引用了许多国内外专家、学者发表的有关城市轨道交通的文献、书籍，部分城市轨道交通企业运营资料及相关文献，在此向有关专家及部门表示由衷的感谢。

由于编写人员技术水平及实践经验的局限性，书中难免存在不妥之处，敬请广大读者批评指正，并及时反馈，以便以后修订和完善，真诚地希望广大读者和同行多提宝贵意见。

编者

2015年11月

第一版前言

随着城市化进程的不断加快,市民出行频率的提高,"出行难"已成为日益突出的社会问题。而城市轨道交通具有运能大、能耗低、污染少、速度快、安全准点等优点,因此日益成为人们出行的首选。当前我国的城市轨道交通正处在大发展、大建设时期,全国已有二十多个城市开始了轨道交通建设;而城市轨道交通又是集线路、车辆、供电、通信、信号、机电设备、运营管理等专业于一体的综合系统,其自身特点决定了一旦开通就必须保持高度的安全性、可靠性,以及服务的人性化,因此城市轨道交通的发展需要有一批专业人才。城市轨道交通专业人才需求缺口巨大,社会、企业和学校面临着大量城市轨道交通专业人员的培养和培训,本书正是顺应了这一需求。

本书内容翔实,由浅入深,从认识城市轨道交通开始,介绍了城市轨道交通的概念、分类及发展历史,然后分线路和车站、车辆系统、供电系统、通信信号系统、机电设备系统、行车组织、客运组织、安全管理等诸多方面介绍了城市轨道交通的相关知识。本书是在总结编者多年的教学经验基础之上,又结合现场设备运用的实际情况几经修改所成,总结起来有以下特点。

1. 采用项目式体例,任务驱动,以完成具体任务为目标,展开知识介绍。每个项目中包含若干个任务,每任务中由项目导入、学习目标、图示引导、相关知识、实践操作栏目组成,增强了读者学习的目的性。

2. 理论与现场相结合,图文并茂。本书涉及大量城市轨道交通设备,为使读者便于掌握,叙述中采用通俗的文字,同时辅以大量的图片,内容更直观,更好理解。

3. 每项目后配有丰富的习题,帮助读者更好地掌握所学知识,同时对培训师提供丰富的素材,便于组建习题库。

4. 配有多媒体课件,形成立体化教学包。

参加本书编写的有郑州铁路职业技术学院的牛红霞(项目四、项目六、项目七),张大勇(项目三、项目五),孙仕明(项目八、项目九),李攀科(项目一、项目二)。郑州轨道交通公司汪国利对本书的编写思路提出了宝贵意见,并审阅了全稿。牛红霞负责对全书框架、编写思路的设计、部分项目的编写,以及全书的统稿校对工作。

本书在编写过程中得到了郑州轨道交通公司、广州地铁、深圳地铁、北京地铁等公司的大力支持,在此表示衷心的感谢。本书还参考引用了部分国内外专家、学者发表的有关城市轨道交通的文献、书籍,以及部分城市轨道交通企业运营资料和相关文献,在此向有关专家及部门表示由衷地感谢。

由于编写人员技术水平及实践经验的局限性,书中难免有不妥之处,敬请广大读者批评指正,并及时反馈,以便今后修订和完善。真诚地希望广大读者和同行多提宝贵意见。

编者
2011 年 4 月

目　录

项目一　认识城市轨道交通 ……………………………………………………… 1
　任务一　城市轨道交通的概念、特点和类型 …………………………………… 1
　　一、城市轨道交通的概念和特点 ……………………………………………… 1
　　二、城市轨道交通的类型 ……………………………………………………… 3
　任务二　了解城市轨道交通发展 ………………………………………………… 10
　　一、世界城市轨道交通历史 …………………………………………………… 10
　　二、我国城市轨道交通的发展 ………………………………………………… 12
　任务三　城市轨道交通规划设计与施工 ………………………………………… 13
　　一、城市轨道交通系统规划与设计 …………………………………………… 13
　　二、城市轨道交通工程施工 …………………………………………………… 15
　任务四　城市轨道交通网络化运营 ……………………………………………… 17
　　一、城市轨道交通网络化运营的概念与特征 ………………………………… 18
　　二、网络化运输组织 …………………………………………………………… 18
　习题 ………………………………………………………………………………… 21

项目二　城市轨道交通线路和车站 ……………………………………………… 23
　任务一　城市轨道交通线路 ……………………………………………………… 23
　　一、城市轨道交通线路分类 …………………………………………………… 24
　　二、轨道系统的组成 …………………………………………………………… 26
　　三、线路的平面及纵断面 ……………………………………………………… 34
　　四、轨道上两股钢轨的相互位置 ……………………………………………… 36
　　五、限界 ………………………………………………………………………… 37
　　六、独轨交通 …………………………………………………………………… 37
　　七、轨道系统设备的维修 ……………………………………………………… 39
　任务二　绘制城市轨道交通车站平面图 ………………………………………… 40
　　一、车站的分类 ………………………………………………………………… 40
　　二、城市轨道交通车站设计 …………………………………………………… 41
　　三、城市轨道交通车站的组成与布置 ………………………………………… 41
　习题 ………………………………………………………………………………… 44

项目三　城市轨道交通车辆 ………………………………………………………… 46
　任务一　城市轨道交通车辆编组 ………………………………………………… 46
　　一、城市轨道交通车辆概述 …………………………………………………… 47
　　二、城市轨道交通车辆编组 …………………………………………………… 48
　任务二　城市轨道交通车辆机械 ………………………………………………… 49
　　一、车体 ………………………………………………………………………… 49
　　二、车门的种类 ………………………………………………………………… 50
　　三、车钩缓冲装置 ……………………………………………………………… 52
　　四、转向架 ……………………………………………………………………… 55

五、制动系统 ··· 58
　　六、车辆电气部分 ·· 62
任务三　城市轨道交通车辆基地 ·· 63
　　一、车辆基地的组成 ·· 63
　　二、车辆段的工作范围 ··· 64
　　三、车辆的检修 ·· 65
习题 ·· 66

项目四　城市轨道交通供电系统 ·· 69
任务一　认识城市轨道交通供电系统 ··· 69
　　一、供电系统的组成 ·· 70
　　二、牵引供电系统 ··· 72
任务二　电力调度及地下迷流 ··· 76
　　一、电力监控 SCADA 系统 ··· 76
　　二、地下迷流 ··· 78
习题 ·· 78

项目五　城市轨道交通信号与通信系统 ··· 81
任务一　识别城市轨道交通信号及显示 ·· 81
　　一、信号的分类 ·· 82
　　二、地面信号机的设置和显示意义 ··· 82
任务二　认识城市轨道交通信号系统 ··· 85
　　一、城市轨道交通信号系统的组成 ··· 85
　　二、信号基础设备 ··· 88
任务三　使用联锁设备办理进路 ·· 91
　　一、联锁的概念 ·· 91
　　二、6502 电气集中联锁 ··· 93
　　三、微机联锁 ··· 93
任务四　办理闭塞 ·· 98
　　一、闭塞基本概念 ··· 98
　　二、半自动闭塞概述 ·· 98
　　三、自动闭塞 ··· 98
　　四、准移动闭塞 ·· 100
　　五、移动闭塞 ··· 100
　　六、电话闭塞 ··· 101
任务五　认识列车自动控制系统 ATC ·· 102
　　一、列车自动控制系统 ATC 概述 ·· 102
　　二、基于轨道电路的 ATC 系统 ··· 103
　　三、基于 CBTC 的 ATC 系统 ·· 111
　　三、ATC 系统控制模式 ··· 114
习题 ·· 115

项目六　车站机电设备系统 ·· 118
任务一　防灾报警系统和自动灭火系统 ·· 118
　　一、防灾报警系统 ··· 119
　　二、自动灭火系统 ··· 122
任务二　环境控制与给排水系统 ·· 124
　　一、环境与控制系统概述 ··· 124

二、环境控制系统组成 ·· 125
　　三、给排水系统 ··· 128
　任务三　屏蔽门/安全门、防淹门、电梯系统 ······························· 129
　　一、屏蔽门/安全门 ·· 129
　　二、防淹门 ·· 138
　　三、电梯系统 ··· 139
　任务四　机电设备监控系统与综合监控系统 ·································· 140
　　一、机电设备监控系统 ··· 140
　　二、综合监控系统 ··· 145
　习题 ··· 148

项目七　城市轨道交通行车组织 · 150
　任务一　认识城市轨道交通行车指挥体系 ···································· 150
　　一、城市轨道交通行车组织及指挥概述 ·································· 151
　　二、列车运行图 ·· 152
　任务二　列车运行组织 ·· 157
　　一、行车指挥控制方式 ··· 157
　　二、正常情况下的列车运行组织 ··· 159
　　三、特殊情况下的行车组织 ··· 160
　任务三　行车调度工作 ·· 163
　　一、行车调度工作内容 ··· 164
　　二、行车调度设备 ··· 165
　任务四　车站及车辆基地行车组织工作 ······································· 167
　　一、车站行车组织工作 ··· 167
　　二、车辆基地行车组织工作 ··· 168
　习题 ··· 171

项目八　城市轨道交通客运组织 · 173
　任务一　城市轨道交通客运管理 ·· 173
　　一、客运管理流程 ··· 174
　　二、大客流组织 ·· 178
　　三、客运服务 ··· 180
　任务二　票务系统及票务管理 ··· 186
　　一、轨道交通票务系统 ··· 186
　　二、票务管理 ··· 194
　习题 ··· 201

项目九　城市轨道交通安全管理 · 204
　任务一　认识城市轨道交通运营安全体系 ···································· 204
　　一、安全管理概述 ··· 205
　　二、安全原理与管理理论 ·· 206
　　三、OHSAS安全管理体系 ··· 207
　　四、安全生产相关法律法规 ··· 208
　任务二　城市轨道交通安全控制 ·· 208
　　一、城市轨道交通企业运营安全组织结构及各项规章制度 ·········· 209
　　二、城市轨道交通企业安全控制过程 ···································· 210
　　三、地铁典型安全事件 ··· 215
　任务三　城市轨道交通通用安全技术 ·· 215

一、列车运行安全管理 …………………………………………………………… 216
二、消防安全管理 ………………………………………………………………… 217
习题 ………………………………………………………………………………… 219
参考文献 ………………………………………………………………………… 221

项目一　认识城市轨道交通

【项目导入】

目前，我国许多城市都在修建城市轨道交通。什么是城市轨道交通？它又是如何发展起来的？地铁、轻轨、磁悬浮等有什么区别？很多人并不十分清楚。在本项目中您会逐一了解。

【学习目标】

1. 掌握各种城市轨道交通的技术特征。
2. 了解世界和我国城市轨道交通的发展。
3. 了解城市轨道交通规划和施工方法。

任务一　城市轨道交通的概念、特点和类型

【图示引导】

图 1-1　地铁列车

【相关知识】

一、城市轨道交通的概念和特点

1. 城市轨道交通的定义

城市轨道交通是指具有固定线路，铺设固定轨道，配备运输车辆及服务设施等的公共交通设施。"城市轨道交通"是一个包含范围较大的概念，在国际上没有统一的定义。一般而言，广义的城市轨道交通是指以轨道运输方式为主要技术特征，是城市公共客运交通系统中具有中等以上运量的轨道交通系统（有别于道路交通），主要为城市内（有别于城际铁路，但可涵盖郊区及城市圈范围）公共客运服务，是一种在城市公共客运交通中起骨干作用的现代化立体交通系统。

城市轨道交通是公交铁路化的产物，而城际轨道交通则是铁路公交化的产物。城市轨道交通归根结底是城市公共交通的一种，只是通过铁路的形式表现出来。城际轨道交通归根结底是国家铁路的一种，但采用公交化的运营组织方案。城市轨道交通以其载客量大、快捷、准时、安全、环保而成为解决交通拥挤的最有效手段。城市公共交通的轨道化程度已成为一个城市现代化的重要标志之一。城市轨道交通经历了自1863年以来近一个半世纪的发展，它技术成熟、安全可靠、形式多样、用途广泛，正成为城市交通的骨干。

2. 城市轨道交通的特点

（1）运量大　城市轨道交通由于高密度运转，列车行车时间间隔短，行车速度快，列车编组辆数多而具有较大的运输能力。单向高峰每小时的运输能力最大可达到6万~8万人次（市郊铁道）；地铁达到3万~6万人次，甚至达到8万人次；轻轨1万~3万人次；有轨电车能达到1万人次，城市轨道交通的运输能力远远超过公共汽车。2013年，北京地铁日均客流量达1000万人次，莫斯科地铁日均客流量达800万~900万人次，东京地铁达1400万人次。城市轨道交通能在短时间内输送较大的客流，据统计，地铁在早高峰时1小时能通过全日客流的17%~20%，3小时能通过全日客流的31%。

（2）准时　城市轨道交通由于在专用行车道上运行，因此不受其他交通工具干扰，不产生线路堵塞现象并且不受气候影响，是全天候的交通工具。列车能按运行图运行，具有可信赖的准时性。

（3）快捷　与常规公共交通相比，车辆有较高的运行速度，有较高的启、制动加速度，同时多数采用高站台，列车停站时间短，上下车迅速方便，而且换乘方便，从而可以使乘客较快地到达目的地，缩短了出行时间。

（4）舒适　与常规公共交通相比，城市轨道交通由于运行在不受其他交通工具干扰的线路上，所以城市轨道车辆具有较好的运行特性。同时，其车辆、车站等装有空调、引导装置、自动售票等直接为乘客服务的设备，这使城市轨道交通具有较好的乘车条件，其舒适性优于公共电车、公共汽车。

（5）安全　城市轨道交通由于没有平交道口，不受其他交通工具干扰，并且有先进的通讯信号设备，因此极少发生交通事故。

（6）占地少，不破坏地面景观　大城市地面拥挤、土地费用昂贵。城市轨道交通由于充分利用了地下和地上空间的开发，不占用地面街道，因此能有效缓解由于汽车大量发展而造成的道路拥挤、堵塞，有利于城市空间的合理利用，特别是有利于缓解大城市中心区过于拥挤的状态，进而提高了土地利用价值，并能改善城市景观。

（7）低污染　城市轨道交通由于采用电气牵引，与公共汽车相比它不会产生废气污染。并且随着城市轨道交通的发展，公共汽车的数量还会减少，这进一步减少了汽车的废气污染。同时，由于在线路和车辆上采用了各种降噪措施，一般不会对城市环境产生严重的噪声污染。

（8）投资大，技术复杂，建设周期长　城市轨道交通是一个庞大的系统工程，它涉及土建（装修）、机械、电子、供电、通信、信号等多种技术，具有设备多，点多面广，技术要求、技术含量高，系统性、严密性、联动性要求高等特点。城市轨道交通土建工程大而多，且建设的周期长，涉及的资金投入一般是每公里5亿～10亿元，随着土地费用的增长，城市拆迁费用日益提高，修建地铁的费用甚至高达每公里10亿元。一般大城市建成一个200公里的地铁网，要投资上千亿元的资金，且时间要10～20年。

3. 城市轨道交通体系构成

城市轨道交通是属于集多专业、多工种于一身的复杂系统，通常由轨道路线、车站、车辆、维护检修基地、供变电、通信信号、指挥控制中心等组成。以地铁为例，一般分为车辆（RST）及车辆段设备（WSH），供电设备〔又分为：交流高中压（HMV），牵引供电（TPS），接触网（OCS），电力监控（SCA）〕，线路（轨道），通信（TEL），信号（SIG），车站设备监控（BAS），防灾报警（FAS），气体灭火系统（GFS），环控系统（ECS），电、扶梯（ESC），屏蔽门（PSD），自动售检票系统（AFC）等。这些系统的组成、功能将在后面的项目中一一介绍。

二、城市轨道交通的类型

城市轨道交通种类繁多、技术指标差异较大、世界各国评价标准不一，目前尚无十分统一的分类标准。不同的分类方法可以有不同的结果。按轨道空间位置可分为：地下铁道、地面铁路和高架铁路；按轨道形式可分为：重轨铁路、轻轨铁路和独轨铁路；按支承导向制式可分为：钢轮双轨系统、胶轮单轨系统和胶轮导轨系统；按小时单向运能可分为：大运量系统（高峰时单向运输能力达到30000人次/小时以上）、中运量系统（高峰时单向运输能力达到15000～30000人次/小时）和小运量系统（高峰时单向运输能力达到5000～15000人次/小时）；按路权专用程度可分为：线路全封闭型、线路半封闭型和线路不封闭型；按服务区域分类可分为：市郊铁路、市内铁路和区域快速铁路；按运能范围、车辆类型及主要技术特征可分为：有轨电车、地下铁道、轻轨、城市（市郊）铁路、独轨、磁悬浮、新交通系统等，现分述如下。

1. 有轨电车

有轨电车（Tram或Streetcar）是使用电力牵引、轮轨导向、1～3辆编组运行在城市路面线路上的低运量轨道交通系统，如图1-2所示。它具有造价低、建设容易的优点。但由于有轨电车多与汽车和行人共用街道路权，所受干扰多、速度慢、通行能力低、安全程度低，极易与地面道路车辆冲突而引起道路交通堵塞，故很多城市的有轨电车被改良为轻轨。目前大连、长春和鞍山3座城市仍保留着有轨电车，2009年上海张江高科建成了有轨电车。

旧式的有轨电车已停止发展，基本上完成了它的历史使命。经改造后的现代有轨电车与性能较差的轻轨交通已很接近，只是车辆尺寸稍小一些，运营速度接近25千米/小时，单向运能可达2万人次/小时。

2. 地下铁道

地下铁道简称地铁（Metro、Subway或Underground Railway），泛指高峰时单向客运量在3万～7万人次/小时左右的大容量轨道交通系统。该系统在市区多为地下隧道线

图1-2　有轨电车

(见图 1-1)。

地铁有以下特征。

① 全部或大部分线路建于地面以下。

② 建设费用大、周期长、成本回收慢,每公里投资平均 6 亿元。

③ 行车密度大、速度高。最短行车间隔可达 70 秒,平均旅行速度(包括停站时间)为 (30~40) 千米/小时。

④ 客运量大。

⑤ 地铁列车的编组数决定于客运量的大小和站台的长度,一般为 4~8 节。

⑥ 地铁车辆消音减振和防火均有严格要求,既安全,又舒适。

⑦ 受电的制式主要有直流 750 伏第三轨受电或直流 1500 伏架空线受电弓受电。地铁主要技术参数见表 1-1。

表 1-1 地铁主要技术参数

序号	项目	技术参数
1	高峰小时单项运送能力(人)	30000~70000
2	列车编组	4~8 节、最多 11 节
3	车辆构造速度(千米/小时)	120 左右
4	平均旅行速度(千米/小时)	30~40
5	列车运行速度(千米/小时)	80~120
6	车站平均站距(米)	1000~2000
7	最大通过能力(对/小时)	60
8	路权	100%

3. 轻轨

轻轨(Light Rail Transit,LRT),是在有轨电车的基础上改造发展起来的城市轨道交通,如图 1-3 所示。轻轨是反应在轨道上,相对于铁路和地铁的荷载较轻的一种交通系统。轻轨交通原来的定义是指采用轻型轨道的城市交通系统。轻轨最早使用的是轻型钢轨,现在已采用与地铁相同质量的钢轨,所以目前国内外都以客运量或车辆轴重的大小来区分地铁和轻轨。轻轨是指运量或车辆轴重稍小于地铁的快速轨道交通。在我国《城市轨道交通工程项目建设标准》(试行本)中,把每小时单向客流量为 0.6 万~3 万人次的轨道交通定义为中运量轨道交通,即轻轨。

轻轨有以下特征。

① 它是以钢轮和钢轨为车辆提供走行的一种交通方式,车辆以电力提供牵引动力,可以采用直流、交流或线性电机驱动。

② 轻轨的建设费用比地铁少,每公里线路造价仅为地铁的 1/5~1/2。

③ 轻轨交通的每小时单向运输能力一般为 1 万人次~3 万人次,它介于地铁和公共汽车之间,属于中等运能的一种公共交通形式。

④ 轻轨线路可以地面、地下和高架混合型,一般与地面道路完全隔离,采用半封闭或全封闭专用车道。

⑤ 轻轨车辆有单节 4 轴车,双节单铰 6 轴车和 3 节双铰 8 轴车等。

项目一　认识城市轨道交通

(a) 大连轻轨

(b) 法国轻轨

图 1-3　国内外轻轨

⑥ 轻轨交通对车辆和线路的消音和减振有较高要求。

⑦ 电压制式以直流 750 伏架空线（或第三轨）供电为主，也有部分采用直流 1500 伏和直流 600 伏供电。

⑧ 轻轨车站分为地面、高架和地下三种形式。

轻轨交通采用线路隔离、自动化信号、调度指挥系统等措施，最高速度可达 60km/h，克服了有轨电车运能低、噪声大等问题。由于轻轨交通具有投资少、建设周期短、运能大、灵活等优点，因此发展很快。目前，无论是发达国家，还是发展中国家，轻轨交通都方兴未艾，各国纷纷根据自己的国情制定相应的轻轨交通发展战略和模式。纵观各国情况大致有以下三类发展模式：一是改造旧式有轨电车为现代化的轻轨交通，如德国、前苏联及东欧各国；二是利用废弃铁路线路改建成轻轨路线，如美国圣迭戈轻轨交通，瑞典的哥德堡、德国的卡尔·马克思州轻轨交通，我国上海明珠线一期工程、武汉轨道交通 1 号线一期工程也属于这种方式；三是建设轻轨交通新线路的方式，如马尼拉、鹿特丹、中国香港等。

4. 独轨

独轨交通的设想早在 19 世纪末已经形成，如图 1-4 所示。1901 年德国鲁尔地区的三个

5

工业城市之间，在险峻的乌珀河谷上空建成一条快速交通线。

图 1-4　1901 年德国的独轨交通系统

独轨交通也称作单轨交通（Monorail），是指通过单一轨道梁支撑车厢并提供导引作用而运行的中等运量的轨道交通系统，其最大特点是车体比承载轨道要宽。以支撑方式的不同，独轨交通通常分为跨坐式和悬挂式两种：跨坐式是车辆跨坐在轨道梁上行驶；悬挂式是车辆悬挂在轨道梁下方行驶，如图 1-5、图 1-6 所示。

图 1-5　重庆跨坐式独轨

(1) 独轨交通的优点

① 独轨交通线路占地小，可充分利用城市空间，适宜于在大城市的繁华中心区建线，对城市景观及日照影响小。

② 独轨线路构造较简单，建设费用低，为地铁的 1/3 左右。

③ 能实现大坡度和小曲线半径运行，可绕行城市的建筑物。

④ 一般采用轻型车辆，列车编组为 4～6 节，最高速度可达 80km/h，旅行速度 30～35km/h。

⑤ 走行装置采用空气弹簧和橡胶轮结构，并采用电力驱动，故运行噪声低、无废气、乘坐舒适。

⑥ 独轨交通架于空中，具有交通和旅游观光的双重作用。

⑦ 跨坐式轨道梁采用预应力混凝土梁制成，悬挂式轨道梁一般为箱形断面的钢结构。

(2) 独轨交通的缺点

图 1-6　日本悬挂式独轨

① 能耗大。由于其走行装置采用橡胶轮，它与混凝土轨面的滚动摩擦阻力比钢轮钢轨大，故其能耗比一般轨道交通大约 40%，且有轻度的橡胶粉尘污染。

② 中等运量，一般每小时单向最大客运量为 1 万～2 万人次。

③ 独轨线路不能与常规的地铁、轻轨等接轨。

④ 道岔结构复杂、笨重、转换时间较长，从而延长了列车折返时间。

⑤ 如果列车运行至区间时发生事故，疏散和救援工作困难。

5. 城市（市郊）铁路

所谓城市铁路（Urban Railway），指的是建在城市内部或内外结合部，线路设施与干线铁路基本相同，服务对象以城市公共交通客流，即短途、通勤旅客为主的轨道交通系统。城市铁路通常分成城市快速铁路和市郊铁路两部分。城市快速铁路是指运营在城市中心，包括近郊城市地区的轨道系统，其线路采用电气化，与地面交通大多立体交叉。市郊铁路是伴随着城市规模的扩大、卫星城的建设而发展起来的，通常使用电力牵引和内燃牵引，列车编组多在 4～10 节，最高速度可达 100～120km/h。市郊铁路运能与地铁相同，但由于站距较地铁长，平均旅行速度超过地铁，可达 40km/h 以上。

目前，城市（市郊）铁路的概念范围在不断扩大，包括了城际间直达的高速铁路，如北京至天津的"京津快轨"。随着我国城市化进程的加速，城市圈、城市群的出现，城际、市郊铁路有了较大的发展，如城际、市郊铁路将为中原城市群、长株潭、珠三角、长三角城市群打造 1 小时经济圈提速。

6. 磁悬浮

磁悬浮（Magnific Levitation for Transportation）是指一种非轮轨黏着、用直线电机驱动列车运行的轨道交通系统，如图 1-7 所示。磁悬浮保留了轨道、道岔和车辆转向架及悬挂等许多传统机车车辆的特点，克服了传统列车机械噪声和磨损等问题，不受轮轨黏着速度理论极限的限制，投入运营线路的速度可达每小时 500 多公里。

磁浮列车从悬浮机理上可分为常导吸型和超导斥型，如图 1-8、图 1-9 所示。常导电磁悬浮就是对车载

图 1-7　磁悬浮列车

的，置于导轨下方的悬浮电磁铁通电励磁而产生磁场，悬浮电磁铁与轨道上的铁磁性构件相互吸引，将列车向上吸起悬浮于轨道上，悬浮间隙一般为 8～10mm，通过控制悬浮电磁铁的励磁电流来保证稳定的悬浮间隙。导向原理与悬浮原理相同，是通过车辆下部侧面的导向电磁铁与轨道侧面的导向轨道磁铁相互作用，实现水平方向的无接触导向。列车的驱动是通过直线电机来实现的。由于电磁式悬浮是采用普通导体通电励磁，故又称为常导磁浮。因为常导电磁式悬浮技术的悬浮高度较低，因此对线路的平整度、路基下沉量及道岔结构方面的要求较高。

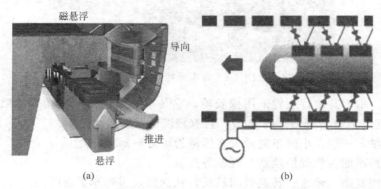

图 1-8　磁悬浮列车的悬浮、推进和导向原理

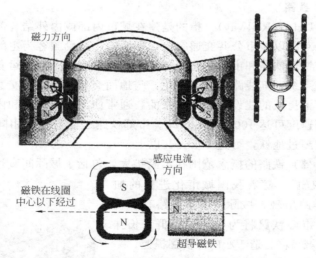

图 1-9　超导斥型悬浮、推进和导向原理

超导电动磁浮就是当列车运动时，车载磁体（一般为低温超导线圈）的运动磁场在安装于 U 形线路两侧的悬浮线圈中产生感应电流，两者相互作用，产生一个向上的磁力将列车悬浮高出路面一定高度（一般为 100～150mm）。由于电动悬浮是利用安装在车辆上的超导线圈，故又称为超导电动悬浮。导向与悬浮在原理上是相同的，只是使左、右线圈产生的力的方向相差 180°，因而相对车辆中心线的任何左右位移都将产生恢复力，即导向力。列车的驱动也是靠直线电机来实现的。与常导电磁式悬浮相比，超导电动悬浮系统在静止时不能悬浮，必须达到一定速度（约 150km/h）后才能起浮。超导电动式悬浮系统在应用速度下其悬浮间隙较大，对线路的要求不十分严格。

7. 新交通系统

新交通系统（Automated Guideway Transit，AGT），是新开发的具有高速、准点、舒适和污染小的交通方式及其运行服务系统的总称，一般泛指以无人驾驶的车厢在专用路权及自动化控制条件下运行的新型运输系统。自动导向交通系统就是一种新交通系统，是指系统中利用导轨导向自动控制运行的新型轨道交通系统，如图1-10所示。其技术特征包括：轨道采用混凝土道床、车轮采用橡胶轮胎，有一组导向轮引导车辆运行，列车运行自动控制，可实现无人驾驶。导向方式分为侧面导向和中央导向两种，如图1-11所示。该系统设有自动化车务控制中心，可监察和控制整个轨道系统的运转。除此之外，新交通系统还有：新型无轨交通系统或复合交通系统，是以自动控制的新型无轨电车在导向槽中行驶的系统；步行者援助系统，由高速人行道、自动扶梯和小座舱组成，用于运送上下飞机的旅客和邮件；公共汽车运营自动控制系统，是为适应非大量的乘客需求，通过计算机系统收集信息，并将其组织起来开行无固定路线的小型公共汽车或公共汽车站间运行的自动预报系统。图1-12是美国的新交通系统。

图1-10 日本自动导向交通系统

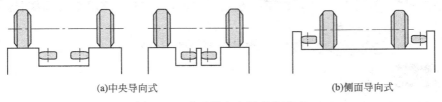

(a)中央导向式　　　　　　　　(b)侧面导向式

图1-11 自动导向交通系统形式

图1-12 美国的新交通系统

【实践操作】

根据已介绍的相关知识和上网查询资料填写下表。

各种城市轨道交通系统的技术特征

项　目	有轨电车	地下铁道	轻轨铁路	独轨交通	城际(市郊)	磁悬浮	AGT
支撑导向							
运量等级							
编组数							
平均运行速度							
线路空间位置							
路权形式							
初期投资							

任务二　了解城市轨道交通发展

【图示引导】

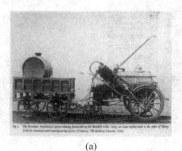  

(a)　　　　　　　　　　　　(b)　　　　　　　　　　　　(c)

图 1-13　城市轨道交通发展图示

【相关知识】

一、世界城市轨道交通历史

随着世界各国城市化的发展，出现了城市人口密集、交通拥堵、环境污染严重、能源匮乏、居民出行时间长、出行难等所谓城市病，城市交通成为困扰城市发展的主要问题。第二次世界大战后，城市发展技术几乎是一个不断满足机动化的过程。然而，为了提高机动性，城市必须不断增加道路设施的供给。新的道路建设降低了出行时耗，但同时引发了新的出行需求，在经过一段时间后将最终回复原来的拥挤水平。因此，城市总是在道路拥挤—增加运输能力—增加旅行速度—刺激城市延伸—增加旅行量—再拥挤之间循环，而道路的增长始终跟不上汽车的生产速度。土地是一种不可再生的有限资源，道路不可能无限增长，这就要求一种运量大、能耗低、占地少的交通形式解决日益增加的交通拥堵问题，而轨道交通应运而生。

世界轨道交通的发展大致经历了以下几个阶段（见图 1-13）。

1. 现代轨道交通诞生前阶段（1827～1890）

1827年，世界上第一条有轨马车出现在纽约百老汇大街上；1832年用马拉的城市街道铁路（有轨马车）在美国纽约的第4大街正式运营；从1855年开始，有轨马车大规模地替代公共马车在美国及欧洲迅速扩展，至1890年其总轨道里程达到9900km。把马车放在钢轨上行驶，既可以提高速度及平稳性，还可以利用有多匹马组成的马队来提高牵引力、增大车辆规模、降低运输成本及票价。

虽然有轨马车比公共马车有了很大的改进，但随着城市人口及车辆的增加，在平交道口出现了交通阻塞，这种情况在较大城市非常严重。交通的拥堵使人们想到了将交通线路往地下发展，以便很好地解决客流膨胀与土地紧张的问题。19世纪中叶的英国伦敦交通十分拥堵，1843年，有"地铁之父"之称的英国律师查尔斯·皮尔逊建议修建地铁。经过20年的酝酿和建设，世界上第一条快速轨道交通地下线（地铁）于1863年1月10日在伦敦正式运营，它标志着城市轨道交通在世界上诞生。

2. 现代轨道交通的初步发展阶段（1890～1924）

19世纪末，电力机车牵引的方式开始进入城市轨道交通领域，该方式大大提升了城市轨道交通的实用性。在这一阶段，欧美的城市轨道交通发展较快，其间13个城市建成了地铁，还有许多城市建设了有轨电车。20世纪20年代，美国、日本、印度和中国的有轨电车有了很大发展。这种旧式的有轨电车行驶在城市的道路中间，其运行速度慢、正点率很低，而且噪声大、加速性能低、乘客舒适度差，但在当时仍然是公共交通的骨干。

3. 停滞萎缩阶段（1924～1949）

第二次世界大战的爆发和汽车工业的发展导致了城市轨道交通的停滞和萎缩。汽车的灵活、便捷及可达性一度使汽车成为城市交通的宠儿，并得到飞速发展。而轨道交通因投资大，建设周期长，则一度失宠。这一阶段只有五个城市发展了城市地铁，有轨电车则停滞不前，甚至有些线路被拆除。1912年美国已有370个城市建有有轨电车，到了1970年只剩下8个城市保留了有轨电车。

4. 再发展阶段（1949～1969）

这阶段由于汽车的过度增加，使城市道路异常堵塞，行车速度下降，严重时还会导致交通瘫痪。加之空气污染、噪声严重、大量耗费石油资源、市区汽车有时甚至难以找到停车地方，于是人们又重新认识到，解决城市客运交通必须依靠电力驱动的轨道交通，轨道交通因此重新得到了重视。并出现了一些新型的城市轨道交通形式，如美国的跨坐式轻轨，意大利的独轨交通。

5. 高速发展阶段（1969至今）

世界上很多国家都确立了优先发展轨道交通的方针，立法解决城市轨道交通的资金来源。世界各国城市化的趋势导致人口高度集中，这就要求轨道交通高速发展以适应日益增加的客流运输。各种技术的发展也为轨道交通奠定了良好的基础。

世界各国地铁各具特色。莫斯科地铁是世界上最豪华的地铁，有

图1-14 莫斯科地铁车站

欧洲"地下宫殿"之称，如图1-14所示。天然的料石、欧洲的传统灯饰与莫斯科气势恢宏的各类博物馆交相辉映，简直是一座艺术的博物馆。莫斯科的地铁由10余条线路组成，全年运送的乘客达26亿人次，占整座城市交通总运量的45%。2013年以来，随着新线开通，北京地铁已先后四次客流突破历史峰值。2013年，北京地铁总客运量突破了36亿人次，跃居全球第一，日均客流量过千万已成常态，这意味着北京地铁已成为世界上最繁忙的地铁系统。截至2014年，上海地铁全路网已开通运营14条线路，运营总里程达到567公里，位居全球城市地铁第一。纽约是当今世界地铁运行线路最多的城市，线路有37条，全长432.4km，车站多达498个。巴黎地铁是世界上最方便的地铁，每天发出4960列车，在主要车站的出入口均设有电脑显示，应乘的线路、换乘的地点等一目了然。巴黎地铁也是世界上层次最多的地铁，包括地面大厅共有6层（一般为2~3层）。法国里尔地铁是当今世界最先进的地铁，全部由微机控制，无人驾驶，轻便、省钱、省电，车辆行驶中噪声、振动都很小，高峰时每小时通过60列，为世界上行车间隔最短的全自动化地铁。世界各国地铁均靠政府补贴，唯独我国香港地铁既解决了市区出行问题，同时又可创利。新加坡地铁车站和线路清洁明亮，一尘不染，是世界上最安全、最清洁、管理最好的地铁。

二、我国城市轨道交通的发展

我国现代城市轨道交通是以1965年7月1日开工建设的北京地铁为开端，发展至今大致经历了以下三个阶段。

1. 起步阶段

该阶段是以北京地铁和天津地铁为代表。北京地铁于1965年开始建设，1969年10月1日建成通车，全长23.6km；天津地铁于1970年开始兴建，1976年建成通车，全长5.2km。

2. 平稳建设阶段

从20世纪90年代开始，我国政府加大了对城市交通基础设施的投入，强调轨道交通对解决城市交通问题和引导城市发展的作用。从此，发展大容量轨道交通方式的理念开始显现，我国开始了城市轨道交通的平稳建设阶段。这一阶段除地铁建设外，以上海明珠线一期工程为代表的轻轨交通也开始建设，并以北京地铁1号线完全建成（复八线建设和1号线改造）、上海地铁1号线（上海火车站至辛庄）、广州地铁1号线（西朗站至广州东站）的建成为标志。香港地铁在这一时期也得到了迅猛发展，完成现有7条线的建设，1966年台湾地区的台北市修建了第一条城市轨道交通线路。

3. 建设高潮阶段

随着我国经济的发展和城市化进程的加快，我国城市的规模和人口在不断扩大，城市交通问题更加突出。城市交通问题的解决必须依赖公共交通的发展，大城市及特大城市还必须建立一个以轨道交通系统为骨干，以公共交通为主体，多种交通方式相互协调的综合交通系统。同时，经济的快速发展为发展城市轨道交通奠定了雄厚的物质基础，自20世纪末至21世纪初，我国城市轨道交通进入快速发展的建设高潮阶段。

当前多个城市掀起轨道交通建设投资热潮。据国家发改委统计，截至2015年初中国获批轨道交通建设规划的城市已达36个，仅2015年我国城市轨道交通投资将达到2200亿元，比去年增加400亿元。预计到2020年全国拥有轨道交通的城市将达到50个，到2020年我国轨道交通要达到近6000公里的规模，在轨道交通方面的投资将达4万亿元，也就是说未来几年城市轨道交通的投资将保持大幅增长。

【实践操作】

收集资料制作 PPT，展示世界和我国地铁发展资料。

任务三　城市轨道交通规划设计与施工

【图示引导】

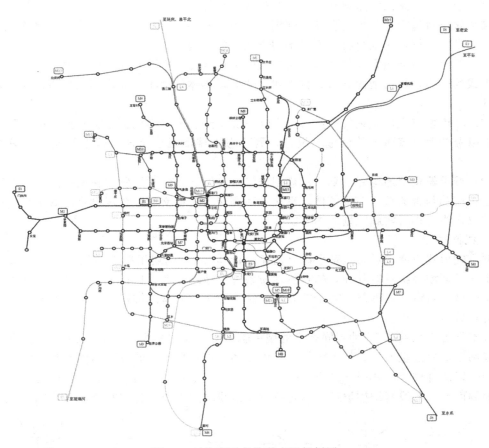

图 1-15　北京城市轨道交通规划图

【相关知识】

一、城市轨道交通系统规划与设计

1. 城市轨道交通系统规划与设计的主要内容

切合实际的、科学的规划与设计是未来城市轨道交通良好运营的基础。北京城市轨道交通规划见图 1-15 所示。一般认为，城市轨道交通系统规划与设计的主要内容包括以下几方面。

（1）城市轨道交通系统的功能定位　不同的城市有特定的城市社会与经济环境，因此城市轨道交通的定位也不同。分析其功能定位主要包括城市经济地理特征分析、城市规划总体目标与城市交通结构的协调性分析、城市轨道交通的功能评估等。

（2）城市轨道交通线网规划　线网规划是城市轨道交通线路设计和建设的基础，主要包括线网规模确定、线网构架方案选择和方案评估等。

（3）城市轨道交通系统客流预测　在城市规划与综合交通规划基础上进行客流预测，是确定城市轨道交通网络及线路建设规模、能力水平的依据。

（4）城市轨道交通工程可实施规划　主要包括车站、车辆段、换乘点的选址与规模，线路敷设方式规划，线网建设顺序与运营以及城市轨道交通与地面交通的衔接设计等内容。

（5）城市轨道交通系统的线路和车站设计　包括线路的走向、线路平纵断面设计、车站的数量及分布、车站的站型设计以及换乘站的设计等。

（6）城市轨道交通的枢纽设计与规划　主要包括城市地区枢纽点规划、枢纽客流分析、枢纽换乘设计、枢纽用地分析、枢纽不同方式间的协调等。

（7）城市轨道交通系统与其他交通方式的衔接设计　主要研究城市轨道交通系统与其他交通方式的衔接，包括地面交通、城市间交通等，具体包括车站周边其他交通方式站点布局及设计。

（8）城市轨道交通系统的安全防护设计　安全防护的内容包括地震防护、火灾防护、水灾防护以及杂散电流防护等设施的设计，需要考虑城市轨道交通运营中的安全对策与应急措施。

（9）城市轨道交通运营规划　从规划与设计阶段开始考虑运营问题是一条城市轨道交通线路建设成功与否的重要前提条件，直接关系到城市轨道交通系统建设目标的实现。这些内容也可以作为工程可实施规划的内容。

2. 线网类型

网络的形式主要由城市地理形态（河流、山川等）、规划年城市用地布局、人口流向分布决定。任何城市都具有其独特的自然地质条件、地理形态，这在一定程度上决定了世界各国城市的城市轨道交通网络具有千差万别的结构形态。典型的结构形态是网格式、无环放射式及有环放射式三种。

日本学者曾总结了18种不同类型的城市轨道交通线网模式，如图1-16所示。有的线网结构有利于形成卫星城镇，如图中第二行第二列、第三列；有的线网结构有利于中心城区发展，同时以向外放射形式引导城市向外围发展，如图中第二行第四列；第三行第三列则是受地形限制而形成的线网结构类型。尽管每座城市线网的构架都各有特色，但总体上可归纳为

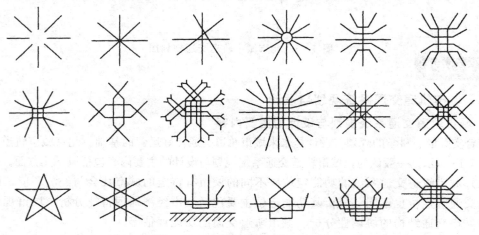

图1-16　城市轨道交通线网类型

以下三种基本形式。

(1) 放射形（星形）线网　该类型的线网一般是以城市中心区为核心，呈全方位或扇形放射发展。其基本骨架包括至少 3 条相互交叉的线路，并逐步扩展、加密，线网中所有线路间都可以在换乘站实现直接换乘。放射形线网的突出优点是：方向可达性较高，符合一般城市由中心区向边缘区土地利用强度递减的特点；由于所有线路都通达市中心，使郊区与市中心的往来较为方便，郊区乘客可以直达市中心，并且由一条线到任何另一条线只有一次换乘就能到达目的地。缺点是：由于换乘的客流量大，换乘客流相互干扰也大，易引起混乱和拥挤；另外，放射形线网换乘车站的设计与施工难度较大，由于一般是采用分层换乘，使车站埋深增加，车站建设费增加，乘客换乘时间延长。

规划这类线网时要避免市中心区的线路过多，否则不仅会造成工程处理困难，而且容易产生换乘客流过于集中的现象。例如莫斯科地铁在市中心区较为集中，因此在线网的扩充规划中，考虑在城市外围增加弦线和大环形线，以缓解其矛盾。

(2) 棋盘式线网　棋盘式线网是由若干线路（至少 4 条）呈平行四边形交叉，所构成的网格多为四边形的线网结构。这种结构一般在城区分布比较均匀，但深入郊区的线路不多。

采用这种线网形式的城市有北京和墨西哥城。北京市地处平原，其特有的棋盘形道路格局决定其规划的城市轨道交通线网的核心是"三横、三竖、一环"的棋盘式线网。为了扩大线网的覆盖范围，在环外增加周边线路和支线。

棋盘式线网适合于市区呈片状发展，而街道呈棋盘式布局的城市。棋盘式线网具有如下优点。一是线网布线均匀，换乘节点能分散布置；线路顺直，工程易于实施。但是，该类型一是线路走向比较单一，对角线方向的出行需要绕行，市中心区与郊区之间的出行常需换乘。二是线网平行线路间的相互联系较差，平行线路间的换乘比较麻烦，一般要换乘两次以上，当路网密度较小、平行线之间间距较大时，平行线间的换乘很费时，其客流换乘需要第三线来完成。

(3) 设置环线的线网　设置环线的结构包括放射加环形、棋盘加环线等。环线因线路闭合可避免和减少折返设备，能与已有城市交通网相配合。由于设置了环线，并且环线和所有经过的径向线间可以直接换乘，这就增加了整个线网的连通性，并减轻了市中心的线路负荷，起到了疏散客流的作用。

国内外许多规模不大的城市由于地理位置特殊形成了特殊的线网，如秘鲁利马的"1"字形，日本神户的 L 形，哥伦比亚麦德林的 T 形等。

二、城市轨道交通工程施工

1. 地下工程施工方法

(1) 明挖法　明挖法是指挖开地面，由上向下开挖土石方至设计标高后，自基底由下向上顺作施工完成隧道主体结构，最后回填基坑或恢复地面的施工方法。

明挖法是各国地下铁道施工的首选方法，在地面交通和环境允许的地方通常采用明挖法施工，浅埋地铁车站和区间隧道也经常采用明挖法。明挖法施工属于深基坑工程技术。由于地铁工程一般位于建筑物密集的城区，因此深基坑工程的主要技术难点在于对基坑周围原状的保护，防止地表沉降，减少对既有建筑物的影响。明挖法的优点是施工技术简单、快速、经济，常被作为首选方案；但其缺点也是明显的，如阻断交通时间较长，噪声与振动等对环境造成影响。

明挖法施工程序一般可以分为 4 大步：维护结构施工→内部土方开挖→工程结构施工→

管线恢复及覆土。具体步骤如图 1-17 所示。

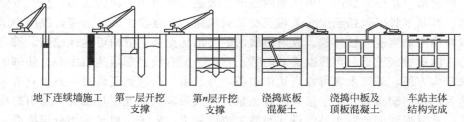

图 1-17 明挖法施工步骤

（2）盖挖法　盖挖法是由地面向下开挖至一定深度后将顶部封闭，其余的下部工程在封闭的顶盖下进行施工的施工方法。主体结构可以顺作，也可以逆作。

在城市繁忙地带修建地铁车站时往往占用道路、影响交通。当地铁车站设在主干道上，而交通不能中断，且需要确保一定交通流量要求时，可选用盖挖法。

（3）暗挖法　暗挖法是在特定条件下不挖开地面，全部在地下进行开挖和修筑衬砌结构的隧道施工方法。暗挖法主要包括钻爆法、盾构法、掘进机法、浅埋暗挖法、顶管法、沉管法等。其中尤以浅埋暗挖法和盾构法应用较为广泛。

① 浅埋暗挖法（浅埋矿山法）。浅埋暗挖法即松散地层的新奥法施工。新奥法是充分利用围岩的自承能力和开挖面的空间约束作用，采用锚杆和喷射混凝土为主要支护手段对围岩进行加固，约束围岩的松弛和变形，并通过对围岩和支护的量测、监控，指导地下工程的设计施工。浅埋暗挖法是针对埋置深度较浅、松散不稳定的上层和软弱破碎岩层施工而提出来的，如深圳地铁区间隧道大部分采用了浅埋暗挖法施工。

浅埋暗挖法的施工技术特点：围岩变形波及地表；要求刚性支护或地层改良；通过试验段来指导设计和施工。

② 盾构法。修建地铁隧道盾构法施工是以盾构这种施工机械（见图 1-18）在地面以下暗挖隧道的一种施工方法。盾构（Shield）是一个既可以支承地层压力又可以在地层中推进的活动钢筒结构，钢筒的前端设置有支撑和开挖土体的装置，钢筒的中段安装有顶进所需的千斤顶，钢筒的尾部可以拼装预制或现浇隧道衬砌环。盾构每推进一环距离，就在盾尾支护下拼装（或现浇）一环衬砌，并向衬砌环外围的空隙中压注水泥砂浆以防止隧道及地面下

图 1-18 盾构机

沉。盾构推进的反力由衬砌环承担。盾构施工前应先修建一竖井，在竖井内安装盾构，盾构开挖出的土体由竖井通道送出地面。盾构法施工概貌如图1-19所示。

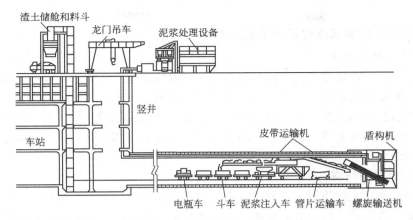

图1-19 盾构法施工概貌

盾构法的主要优点：除竖井施工外，施工作业均在地下进行，既不影响地面交通又可减少对附近居民的噪声和振动影响；盾构推进、出土、拼装衬砌等主要工序循环进行，施工易于管理，施工人员也比较少；土方量少；穿越河道时不影响航运；施工不受风雨等气候条件的影响；在地质条件差、地下水位高的地方建设埋深较大的隧道，盾构法有较高的技术经济优越性。

2. 地面与高架结构施工方法

（1）地面筑堤法　地面筑堤法是一种从地面筑起护堤，在堤上铺设道床和轨道的方法。地面筑堤方式虽然建设费用不高，但堤下土地不能利用，造价反而更高。其施工步骤为：①堆筑路基；②压实成形；③铺设道床。

（2）高架桥法　高架桥主要是用混凝土建造。高架桥法类似于城市高架桥和公路高架桥的形式，有拱形桥、梁形桥和刚性框架桥。高架桥主要由梁、墩台和基础三部分组成。高架桥跨越一般河流时，桥梁孔径应保证设计频率洪水、流冰及其他漂浮物或船只通过的安全要求。当高架桥跨越铁路、公路或城市道路时，桥梁孔径及桥下净空应满足有关规范的规定限界。一般情况下，城市地势平坦，全线采用高架结构，为了节省轨道交通系统的造价，高架桥结构要求有较小的建筑高度。

高架桥施工步骤为：①打桩与浇注桩基；②浇注承台与支柱；③安装或现场浇注轨道梁。

【实践操作】

1. 结合自己对线网规划知识的学习，讲述所在城市线网结构的类型。
2. 利用课余时间，结合所在城市轨道交通建设，到施工现场参观学习，了解施工建设中的新技术、新设备和新工艺。

任务四　城市轨道交通网络化运营

【相关知识】

随着城市轨道交通新线的不断建设和投入使用，各城市均将经历从单一线路到网络化运营的模式。不同类型的城市轨道交通线路并行发展,新线路、新技术、新设备的密集投入使用,单线相对独立运营管理已经转变为多线综合运营管理,形成了轨道交通网络化运营的新局面。

一、城市轨道交通网络化运营的概念与特征

1. 网络化运营的概念

网络化运营是指在由多线路组成的城市轨道交通线路网上建立的、旨在有效满足出行者需要的安全、可持续的运输组织方法与经营行为的总称。

网络化运营的内涵是指:通过建立安全、高效、系统的运营管理体系,统筹安排既有资源、统一协调线、网间关系,实现线、网的有效、安全和可靠运营,实现网络运营的社会效益、经济效益最大化。

2. 网络化运营的特征

(1) 物理布局呈现网络形态,网络规模体量持续增加 目前,城市轨道交通线网大致有棋盘式、环线+放射式、放射式几种形态。轨道交通线网规模不断扩大,如北京已经运营的城市轨道交通线路共17条,总里程共456公里,车站共270座,其中换乘车站共37座。

(2) 网络客流增长态势迅猛,社会关注程度与日俱增 与线路里程相比,站间OD呈抛物线增长趋势,而不仅仅是简单的线性增长。北京线网客流量1000万人次已成常态,线网客流强度超过2万人次/公里日。近五年客流量平均每年增长超过20%。上海线网客流量超过700万人次/日,高峰日突破800万人次,高峰线网客流强度超过2万人次/公里日。2012年年客运量达到22.7亿人次,2013年接近25亿人次。

(3) 系统制式复杂类型多样,系统运行关联程度紧密 一个城市轨道交通线路在车辆选型、信号制式、供电制式等方面存在多种类型,技术标准不统一。而网络化运营系统运行关联度紧密,复杂多样的制式给网络化运营带来困难。

(4) 风险隐患发生工况复杂,突发事件影响范围广泛 网络化条件下运营风险加大,存在蝴蝶效应,网络的脆弱敏感性,使一站混乱叠加演变成多站、多线混乱,因此要形成能够及时处置各种事故故障的应急机制,构筑基于现场立体全面的运营安全管理体系。

(5) 运营管理业务内容繁多,协调联动渐成关注重点

城市轨道交通从单线独立运行到多线网络运行,不同制式和技术水平的专业系统得到充分衔接和整合,使网络系统整体运行功能得到体现;同时网络内线路根据各自客流特点将采取多交路套跑、支线或共线运营等复杂运营组织方式,使网络运营管理业务内容繁多。由于网络系统存在的线路特征个性化、技术水平差异化、设备制式多样化等情况,使各系统的运行维护和行车组织、客运组织等专业管理的难度也都大大增加。

二、网络化运输组织

1. 网络化对运营管理的要求

网络化运营管理大大改变了以往单线运营的组织和调度指挥模式。轨道交通网络结构的复杂性、不同轨道交通线路制式和功能的多元性、客流需求时空分布特点的多重性等因素,都使得网络化运营管理的难度大大增加。网络化运营管理条件下,对准确分析网络客流分布特征、制定合理的网络运营计划、提高各线路运营协调性、发挥系统的整体能力和综合效益,以及系统的应急处置能力等多方面都具有很强的挑战性。从网络化运营管理的要求角度出发,需要在准确把握轨道交通网络客流分布的基础上,协调线路运营计划的编制,优化各线路列车运行图,才能充分发挥轨道交通网络的整体效能,保证运营的高效、安全和可靠。

对运营管理的要求提升可概括如下：
① 单一运营主体向多元实体运营转变；
② 单线运营管理向路网统筹指挥转变；
③ 单线客流等数据信息采集向多线资源共享发布转变；
④ 单线日常运营向路网高效运转转变；
⑤ 单线应急处理向全网应急指挥转变。

2. 网络化运营调度与应急指挥系统

随着轨道交通多线路、多运营商运输格局的形成，按照一线一中心的模式进行运营调度管理，已不适应当前轨道交通的发展形势。网络化运营中，各线路已不再成为孤立的线路，而成为网络中的骨架，任何一点紧急突发事件，都将对整个轨道交通网络运行产生影响，因此，应建立一个协调整个轨道交通网络运行状态的技术平台，以便根据需要发布启动预案的命令，并能实现跨线调度。轨道交通网络化调度指挥系统基本结构如图1-20所示。网络化运营调度指挥系统管理分三层：①网络指挥中心层（TCC）；②线路控制中心层（OCC）；③车站层。三级控制分为：①控制中心级控制；②车站级控制；③子系统设备就地级控制。

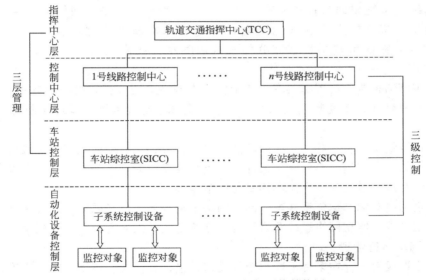

图1-20 网络化运营调度指挥系统结构图

从轨道交通网络的角度出发，目前普遍采用的线路控制中心的基础上，增设指挥中心（TCC），形成了以下两层结构的中心：①指挥中心——轨道交通网络的管理指挥；②控制中心——轨道交通线路的管理控制。这种分散控制、集中管理的综合性指挥控制管理模式可以更好地满足轨道交通网络各层面的使用要求。

在轨道交通指挥中心（TCC）中设置应急指挥中心（ECC）。面对大规模的突发事件，已经不再是一条线所能应对的，影射全路网的调整。ECC能根据系统提供的最佳应急预案，编制突发事件下的各个线网的运营计划。可根据救援资源类型及其特点，获得最佳的应急预案，分析救援活动参与者及一线工作人员的工作习惯，设计人机对话界面，使其符合紧急情况下的工作状态，提高应急救援执行效率。在ECC中心的人机界面中，与OCC系统进行结合，简化操作，实现ECC跨平台指挥。

3. 网络运营对运营安全的要求

在网络化运营前，车站故障最多影响到故障车站所在线路，网络化将轨道交通各个车站连成一个整体，任何车站发生非正常运营情况都有可能影响到整个网络，这就是故障影响的扩大化。

要区别处置换乘车站应急客流。换乘车站除了自身的客流，还有换乘客流。当车站自身发生不能正常运营时，上述两类客流都需要进行限流或疏散。当网络中其他车站发生非正常运营故障，则车站需要区分影响范围：通往故障车站的客流（含换乘客流）必须禁流；本站到达客流尽快疏散；不需途经故障车站的客流，在满足网络运营要求的前提下，按正常客流处理。

应及时发布应急措施的信息。车站突发非正常运营事件时，为取得乘客配合，需要将大量的应急信息向乘客发布。一般采用的发布手段有：车站广播、车站信息显示屏（PIS）、临时导向标志、临时公告等。这些信息的发布应从运营网络的大局，根据应急处置预案，在征得当时的网络运营组织者的许可或接获指令后，方可发布，当车站临时应急处置状态取消恢复到正常运营状态后，应当将所有上述临时措施都恢复到正常状态或撤除，以免误导乘客。

4. 网络资源共享和资源配置

做好网络化系统规划与资源共享研究，从而较为完整地提出网络资源共享的原则和建议实施方案，提高轨道交通线网规划的整体性，提高网络化运营管理、服务水平，提高建设规划方案的可实施性，充分体现资源共享，在满足功能的前提下，降低对城市资源的占用。

（1）实现网络控制中心资源共享 基于各城市网络规划规模，解决控制中心规划布局、建设方式和管理模式，实现物理空间共享、人力资源、物理资源、管理体制与信息资源的共享。

（2）实现网络车辆资源共享 相同功能定位、相似客流特征的轨道交通线路应统一车辆选型。明确网络车辆资源共享的基本条件，提出车辆资源共享的基本内容，实现车辆各种资源得到最大化利用，最大限度发挥车辆专业的整体效益。

（3）实现网络车辆基地资源共享 确立网络车辆基地的设置原则、建设规模、检修设备及人力资源配置等，实现网络系统检修设备、维修工艺及人力资源的合理配置。

5. 线网列车运行管理

线网初步形成后，存在多种不同类型的线路，包括直径线、环线、市郊线等，各条线路的乘客需求和在线网中的作用存在区别；新线和既有线共同存在，其运输能力和服务水平有所差别；网络化条件下的行车组织、客运管理、运行图管理、换乘节点管理与单线运营存在较大区别。因此：

① 应根据线网特征和网络客流的分布及出行需求，系统地安排各单线的列车运行组织，系统地匹配各线在不同时段和空间的运行计划；

② 从网络节点的行车需求入手，优化线网换乘节点的列车运行组织和管理，达到使整体网络的系统运输能力相互协调，提高网络的系统运输效率的效果。

6. 网络客流分布的分析预警技术

以网络化运营条件下的客运组织模式、票制票价等为基础，分析轨道交通网络化运营后客流的构成、乘客出行特征等；考虑轨道交通网络化客流的时空动态性、客流集聚性及路径复杂性，确定客流在网络上的分布，以及新线接入后对网络客流重新分布的影响；研究网络化运营条件下客流的基本特征、组成结构，建立反映网络化运营条件下，客流特点的轨道交通网络客流统一综合性指标体系，并进行多层次、分类别的客流预测，作为运营计划编制的基础，实现基于客流历史数据和运输能力的客流预警等。

网络化运营带来了许多新问题需要探索解决，除了上述问题之外，还有网络化运营组织管理模式、票务清分技术、跨线换乘组织模式、列车过轨运输组织方法、多交路列车运营组织技术、共线条件下的列车运行组织方法等问题，都是我们需要探索和解决的。

习　　题

一、填空题

1. 城市轨道交通按轨道空间位置分，可分为＿＿＿＿＿、＿＿＿＿＿和高架铁路；按小时单向运能划分，可分为＿＿＿＿＿、＿＿＿＿＿和＿＿＿＿＿。

2. 城市轨道交通按运能范围、车辆类型及主要技术特征可分为＿＿＿＿、＿＿＿＿、＿＿＿＿、＿＿＿＿、＿＿＿＿、新交通系统等。

3. 独轨交通通常分为＿＿＿＿和＿＿＿＿两种，磁浮列车从悬浮机理上可分为＿＿＿＿＿和＿＿＿＿＿两种。

4. 城市轨道交通典型的结构形态是＿＿＿＿＿、＿＿＿＿＿及＿＿＿＿＿三种。

5. ＿＿＿＿＿是由若干线路（至少4条）呈平行四边形交叉，所构成的网格多为四边形的线网结构。

6. ＿＿＿＿＿是由地面向下开挖至一定深度后，将顶部封闭，其余的下部工程在封闭的顶盖下进行施工的方法。

二、不定项选择题

1. 城市轨道交通的 FAS 系统是指（　　　）。
   A. 电力监控系统　　　B. 防灾报警系统　　　C. 接触网　　　D. 气体灭火系统

2. 属于大运量的城市轨道交通系统是（　　　）。
   A. 地下铁道　　　B. 轻轨　　　C. 独轨　　　D. 磁悬浮

3. 城市轨道交通系统的 PSD 是指（　　　）。
   A. 电力监控系统　　　B. 信号系统　　　C. 屏蔽门系统　　　D. 气体灭火系统

4. 在特定条件下，不开挖地面，全部在地下进行开挖构筑衬砌结构的隧道施工方法为（　　　）。
   A. 明挖法　　　B. 暗挖法　　　C. 盖挖法　　　D. 暗挖法和盖挖法

5. 轻轨的特点是（　　　）。
   A. 轻轨交通是属于中等运能的一种公共交通形式
   B. 轻轨的投资大，每公里约3亿～6亿元
   C. 轻轨线路可以为地面、地下和高架混合型
   D. 轻轨车站分为地面、高架和地下三种形式

6. 属于中等运量的城市轨道交通系统有（　　　）。
   A. 地铁　　　B. 轻轨　　　C. 独轨　　　D. 有轨电车

7. 盾构法属于（　　　）的一种。
   A. 明挖法　　　B. 暗挖法　　　C. 盖挖法　　　D. 新奥法

8. 城市有轨电车的编组数量一般有（　　　）。
   A. 1～3编组　　　B. 3～6编组　　　C. 4～8编组　　　D. 上述说法均不对

三、名词解释

1. 地下铁道

2. 轻轨
3. 市郊铁路
4. 盾构法

四、判断题
1. 有轨电车是中等运量的城市轨道交通系统。（   ）
2. 轻轨是指铺设的轨道是轻型的。（   ）
3. 轻轨和地铁的投资一样大，投资回收期都很长。（   ）
4. 轻轨单项高峰小时的运输能力为1万～3万人。（   ）
5. 独轨铁路具有道岔结构复杂、笨重、转换时间长的特点。（   ）
6. 浅埋地铁车站和区间隧道经常采用盖挖法。（   ）
7. 棋盘式线网使旅客换乘次数较多。（   ）
8. 放射形线网所有线路间都可以实现直接换乘，且换乘客流不大。（   ）
9. 市郊铁路是大运量轨道交通系统。（   ）
10. ESC是指通信系统。（   ）

五、简答题
1. 什么是城市轨道交通？城市轨道交通有什么特点？
2. 地铁、轻轨有什么特征？
3. 独轨交通有什么优缺点？
4. 城市轨道交通系统规划与设计的主要内容是什么？
5. 简述城市轨道交通系统的构成。
6. 什么是放射形、棋盘形、环线线网？分别有什么优缺点？

项目二　城市轨道交通线路和车站

【项目导入】

　　城市轨道交通线路是车辆运行的基础，而车站是城市轨道交通线的重要组成部分，是集散客流为旅客服务的基本设施。在本项目中您可以了解城市轨道交通线路的组成、线路的平纵断面、限界；车站的组成、车站设备的布置等内容。

【学习目标】

1. 认识城市轨道交通线路的种类和功能。
2. 掌握轨道的组成及各部分的作用，能够绘制道岔示意图。
3. 掌握城市轨道交通车站的组成及各部分的作用，能够绘制车站设备布置图。

任务一　城市轨道交通线路

【图示引导】

图 2-1　地铁线路

【相关知识】

一、城市轨道交通线路分类

线路按空间位置，可分为地下线路（见图 2-1）、地面线路和高架线路。地下铁道的线路在城市中心地区宜设在地下，在其他地区条件许可时可设在高架桥或地面上。在同一条轨道交通线路上，可采用上述三种不同的空间布置方式。线路按其在运营中的作用分为正线、辅助线、车场线等，在此重点介绍后一种分类。

1. 正线

地铁正线载客运营线路贯穿所有车站、区间。设计为双线且列车单向右侧行车。由于行车速度高、密度大，对线路标准要求高，因此要求以 50kg/m 以上类型钢轨铺设。

2. 辅助线

辅助线是指为空载列车进行折返、停放、检查、转线及出入段作业所运行的线路，包括折返线、渡线、停车线、车辆段出人线和联络线等。辅助线是轨道交通系统的重要组成部分，直接关系到系统运营组织的效率。

（1）折返线　是指在线路两端终点站或者准备开行折返列车的区间站设置的专供列车折返调头的线路。折返线除了供运营列车往返运行时的调头转线使用外，有些也可以作为夜间存车使用。常用的折返站站型如图 2-2 所示。

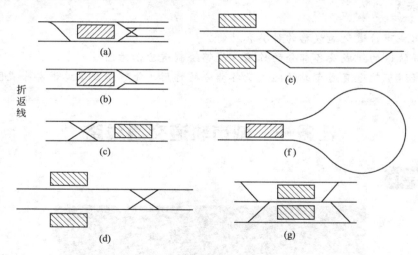

图 2-2　折返站站型图

① 环线折返线（俗称灯泡线）。环形折返线 ［见图 2-2（f）］ 是将端点折返作业转化为沿一个环形单线区段运行的作业，这实质上是取消折返过程，变为区间运行。环线折返线的优点：有利于列车运行速度发挥，消除了因折返作业而形成的线路通过能力限制条件，提高了运营效率。环线折返的缺点：占地面积较大，尤其是在地下修建难度更大，投资较高；环线折返丧失了一端停车维护保养检查的机动线路，对车辆技术要求、运行组织要求更高；线路机动性下降，线路延伸可能性甚微。环线折返线一般只适用于线路较短，线路延伸可能较小且该端点站又往往在地面的情况。

② 尽端折返线。可分为单线折返、双线折返与多线折返等不同布置办法 ［见图 2-2（a）、（b）］。这种利用尽端线折返的办法弥补了环线折返的不足，使端点站既可有效组织折返（如双折返线可明显降低折返时间），又可备有停车线供故障停车、检修、夜间停车等作

业使用。对于线路延伸也十分方便，比较适合于地下结构的端点站，以及线路较长、有延伸可能、土地不宜多占用的情况。

③ 渡线折返。在车站前或站后设置渡线，用以完成折返作业，[见图 2-2 的 (c)、(d)、(e)、(g)] 所示。很明显，利用渡线折返需要修建的线路最少，投资下降。然而，列车进出车站与折返作业有严重的干扰，尤其是在区间站利用渡线进行小交路折返，需占用正线进行作业，故对运营管理要求十分严格。且列车运行间隔时间受其制约需放大，导致线路通行能力下降，安全可靠性存在隐患。所以，在列车运行速度较高，运行间隔时间较短（即发车频率较高），运量较大的线路不宜采用此类办法。

(2) 渡线　在上下行正线之间（或其他平行线路之间）设置的连接线，通过一组联动道岔达到转线的目的。如前述的站前、站后折返用渡线以及车库内线路之间的渡线。渡线有单渡线 [见图 2-2 (a)]，交叉渡线 [见图 2-2 (c)]，"八"字形渡线。图 2-3 是交叉渡线组成示意图。

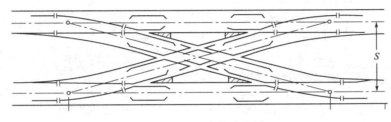

图 2-3　交叉渡线示意图

(3) 停车线　一般设置在端点站，专门用于停车、进行少量检修作业的尽端线。如图 2-2 (a) 所示，其右端的尽端线路既可用于折返，也可用作停车线。车辆基地则拥有众多的专用停车线，提供夜间停止运营后列车停放。在运营过程中如果在线列发生故障，为了不影响后续列车运行，设计上应能使故障列车及时退出运营正线。一般来说，在轨道交通线路沿线每隔 3~5 个车站的站端应加设渡线和车辆停放线。

(4) 联络线　联络线主要是两条正线间的连接线（见图 2-4），即在整个城市轨道交通线网中使同种制式线路可以实现列车过轨运行，这种过渡一般需要通过线与线之间的联络线来实现。联络线主要有以下作用：车辆送修的通道；调运运营车辆；为后建线路运送设备。联络线所连接的轨道交通线往往不在一个平面上，因此有较大的坡道与较小的曲线半径，列车运行速度不可能很高。如果在地下建设，施工难度较大，投资也随之加大。

3. 车场线路

车场线路是指车辆基地内的各种作业线，如图 2-5 所示。

(1) 出入段线　专供列车进出车辆基地的线路，是正线与车辆基地连接的线路，一般分为入段线和出段线。出入段线可设计成双线或单线，与城市道路或其他交通方式可采用平交或立交。

(2) 检修线　设在车辆基地检修库内，专门用于检修轨道交通车辆的作业线。同时设有地沟，配有架车设备和检修设备。

(3) 试验线　设在车辆基地，用于对检修完毕的轨道交通车辆进行运行状态检测的线路。为达到必要的运行速度，试验线需有一定长度标准和平纵断面特点。

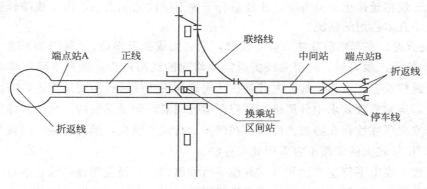

图 2-4 联络线示意图

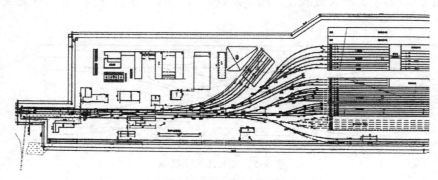

图 2-5 车辆基地线路

（4）洗车线 专门用于清洗车辆的线路。

线路是机车车辆和列车运行的基础。必须加强对线路设备的检查、维修与保养，确保线路各部件经常保持良好状态，才能保证列车按规定的最高速度安全、平稳和不间断地运行，质量良好地完成运营任务。

二、轨道系统的组成

线路由轨道、路基和桥隧组成。

轨道是城市轨道交通运营设备的基础，它直接承受列车载荷，并引导列车运行，因此轨道的各个组成部分必须具有足够的强度和稳定性，能够承受来自于列车的纵向和横向的位移推力，保证列车按照规定的速度、方向及不间断地运行。轨道具有耐久性及适量的弹性，以确保列车安全、平稳、快速运行和乘客舒适；城市轨道交通均采用电力牵引，故要求轨道结构具有良好的绝缘性以减少杂散电流；轨道应采用相应的减振轨道结构，达到减振、降噪的要求。

轨道由钢轨、轨枕、联结零件、道床、防爬设备和道岔组成，如图 2-6 所示。下面分别对它们进行介绍。

1. 钢轨

（1）钢轨的作用 钢轨支承和引导机车车辆的车轮运行，把车轮传来的压力传给轨枕，并为车轮滚动提供阻力最小的表面。钢轨还有为供电、信号电路提供回路的作用。

钢轨应当耐压、耐磨，且具有为减轻车轮对钢轨冲击作用的韧性。因此制造钢轨所用的材料一般都含有适量的碳、锰、硅，并进行全断面淬火工艺，以在提高强度、耐磨和韧性的同时延长钢轨的使用寿命。

（2）钢轨的组成　钢轨断面形状为"工"字形，由轨头、轨腰和轨底三部分组成（如图2-7所示）。

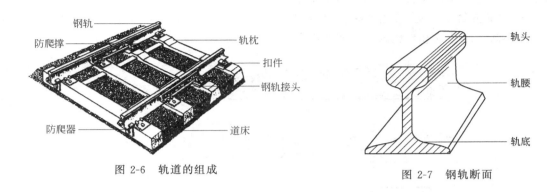

图 2-6　轨道的组成　　　　　　图 2-7　钢轨断面

（3）钢轨的类型　钢轨的类型按每延米的质量来区分，有 43kg/m、50kg/m、60kg/m、75kg/m。城市轨道交通正线采用 50kg/m、60kg/m 轨，在车辆段可采用 43kg/m、50kg/m 轨。

我国标准钢轨的钢轨长度有 12.5m、25m 两种，在曲线上可使用标准缩短轨。

钢轨有热胀冷缩的性能，因此在两根钢轨接头处应留有轨缝，以便温度升降时钢轨能自由伸缩。

地铁正线地段与半径为 250m 及以上的曲线地段应铺设无缝线路。无缝线路是将 25m 轨端无螺栓孔的钢轨焊接成 1km 及以上长度的轨条铺设在轨枕上，大大减少接缝，因此消灭了列车通过接头区的冲击力，从而减小了振动与噪声。由于在 1km 长的钢轨内不存轨缝，当温度升高或降低时钢轨内部就产生了巨大的温度压力或拉力，这是无缝线路的一个显著特点。在一定的温度下将钢轨锁定在轨枕上，尽可能降低这种拉应力和压应力以防止涨轨。隧道内温度变化幅度较小，由温度变化产生的拉应力和压应力也较小，因此铺设无缝线路十分有利。如在地面线路铺设无缝线路则需要加强养护与监控，并适时进行应力放散工作，以防止线路胀轨跑道。

（4）钢轨的养护与更换　钢轨在使用过程中会发生折断、裂纹、磨耗及其他影响和限制钢轨使用性能的损伤，会危及行车安全，因此钢轨的日常养护是十分重要的。除要及时更换部分或全部钢轨外还要对钢轨进行整修，包括磨修和焊修，以修补轨端的不均匀磨耗、掉块、擦伤。此外还要定期对钢轨进行打磨，以消除和延缓钢轨表面的接触疲劳层剥离掉块，改善钢轨的平面及纵面状况。

2. 轨枕

（1）轨枕的作用　轨枕是轨道的基础部件，它承垫于钢轨之下，将钢轨所承受的压力和应力分散传递到道床上，同时又能有效地保持钢轨的轨距和方向。轨枕要有必要的坚固性、弹性和耐久性，能固定钢轨，有抵抗纵向和横向位移的能力。

（2）轨枕的种类　轨枕按制造材料，常用的可分为木枕和钢筋混凝土轨枕。

① 木枕。木枕的制造材料为木材，制造木枕的木材须经过特别加工和防腐处理。

木枕的优点：木材的弹性和绝缘性较好，受周围介质的温度变化的影响小；重量轻，加工以及在线路上更换较简便,并且有足够的位移阻力,比其他轨枕更能吸收列车行驶所产生的重量而不易断裂;其使用寿命一般在 15 年左右。

木枕的缺点:木枕容易腐朽,而且木枕上的道钉孔会因使用时间长而松弛,木枕的强度始终不足以承受长轨带来的巨大应力,加上其寿命远远不及钢筋混凝土轨枕,所以通常只应用在临时轨道或需承受较大震荡的道岔枕木上。

② 钢筋混凝土轨枕。钢筋混凝土轨枕是使用钢筋和混凝土浇铸而成。按其结构形式可分为整体式、组合式和短枕式,如图 2-8 所示。

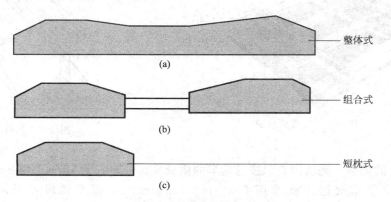

图 2-8 钢筋混凝土轨枕

钢筋混凝土轨枕的优点:使用寿命长、稳定性高、养护工作量小,损伤率和报废率比木枕要低得多;在无缝线路上的稳定性比木枕高、自重大,更能有效地防止钢轨爬行,增加了轨道的稳定性,更适用于高速行驶线路,因此,在城市轨道交通线上已经得到广泛应用。

钢筋混凝土轨枕的缺点:造价高昂,而且笨重,不便搬运;另外,若轨道常有重载列车行驶的话,会使轨枕容易断裂。

轨枕按铺设位置可分为用于区间线路的普通轨枕、用于道岔的岔枕(见图 2-9)、用于桥梁的桥枕;按结构可分为横向和纵向轨枕、短轨枕和长轨枕、宽轨枕。

图 2-9 岔枕

地面线路采用国家标准轨枕铺设,隧道等如果采用钢筋混凝土短轨枕式混凝土整体道床时,短轨枕宜在工厂预制,混凝土强度等级宜采用 C50,底部宜伸出钢筋以加强与混凝土整体道床的连接;如果采用连续支承混凝土整体道床时,应采用整体灌注式。每公里铺设轨枕的标准按照《地下铁道设计规范》规定要求进行铺设。

3. 联结零件

联结零件分为接头联结零件和中间联结零件。

(1) 接头联结零件　接头联结零件由夹板、螺栓和垫圈等组成，如图 2-10 所示。它们把钢轨连接起来，使钢轨接头部分具有和钢轨一样的整体性以抵抗弯曲和移位，并满足热胀冷缩的要求。

在城市轨道交通中已基本上采用无缝线路结构，钢轨接头联结零件数量大大减少，但在无缝线路的缓冲区、轨道电路的绝缘区、有道岔的线路区段中，接头联结零件还是不能少的。

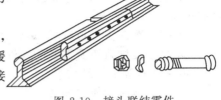

图 2-10　接头联结零件

(2) 中间联结零件　钢轨与轨枕的联结是通过中间联结零件实现的，这种联结零件称为扣件，其作用是将钢轨固定在轨枕上以保持轨距，并阻止钢轨相对于轨枕的纵、横向移动。扣件必须具有足够的强度、耐久性和一定的弹性，以有效地保持钢轨与轨枕的可靠联结。此外，扣件还应简单，便于安装和拆卸。

扣件由钢轨扣压件和轨下垫层组成。主要包括：弹性扣件，用来把钢轨紧扣在轨枕上；承托物，用来把扣件固定于轨枕上；弹性垫板，使钢轨与轨枕间互相绝缘，避免钢轨漏电，减少杂散电流，并增加轨道弹性，如图 2-11 所示。

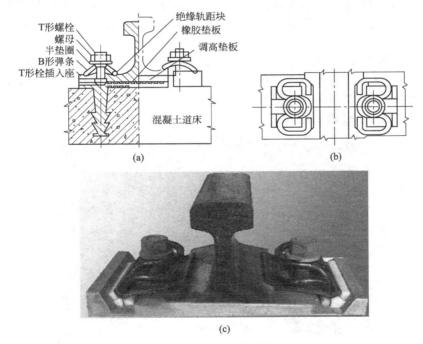

图 2-11　弹条式扣件

混凝土扣件按其结构分为扣板式、弹片式、弹条式等。城市轨道交通线路多采用弹条式扣件。弹条式扣件用锚固法把螺旋道钉固定在轨枕上预留的孔内，再装上弹条，拧上螺母，使弹条压紧轨底。在钢轨与承轨台之间设绝缘减振垫层以减小车辆振动，降低噪声，绝缘以减少杂散电流。

4. 道床

道床的主要作用是支撑轨枕，把来自轨枕上部的巨大载荷均匀地分布到路基面上，以减少路基的变形。道床依靠本身和轨枕间的摩擦起到固定轨枕位置,阻止轨枕纵向或横向移动的作用。

(1) 道床的作用　道床的作用具体表现为如下几点。

① 扩散压力。将来自于轨枕的巨大载荷分散并传于路基,使路基面的应力均匀并小于其容许强度。

② 保持轨距。提供道床阻力以约束轨道框架,保持轨道的方向和高低等几何形位。

③ 减振。提供轨道所需要的弹性和阻尼,衰减列车通过时产生的振动,避免过大的动作用力传到路基等下部结构上。

④ 排水。道床所使用的透水性材料,可提供良好的排水性能,对减轻轨道冻害及提高路基的承载能力有着重要的作用。

⑤ 方便维修养护。轨道在行车中产生的不平顺及方向不良可以通过一些道床维护方法加以整治。

(2) 整体道床结构　城市轨道交通多采用整体道床结构,也有部分地面线路采用传统铁路的方式。

整体道床又称混凝土整体道床,也称无砟道床,是现代城市轨道交通中常用的道床形式。整体道床是指在坚实基底上直接浇筑混凝土以取代传统道砟层的轨下基础,常用于地下铁道隧道内和无砟桥梁上。整体道床又可分无枕式整体道床和轨枕整体道床两种,就是指道床内可预埋木枕、混凝土枕或混凝土短枕,也可在混凝土整体道床上直接安装扣件、弹性垫层和钢轨。

① 无枕式整体道床(见图2-12)。亦称整体灌注式道床,它的建筑高度较小,主要采用就地连续灌注混凝土基床或纵向承轨台。一些国家和地区修建城市轨道交通隧道时常采用这种道床。这种道床结构简单,减振性能也较好,但冲击振动要比轨枕式整体道床大。此外施工时需采用刚度较大的模架,施工较为复杂。

图2-12　无枕式整体道床

② 轨枕式整体道床(见图2-13)。可分为短枕式和长枕式两种。短枕式整体道床稳定、耐久、结构比较简单、施工方法简便、施工进度较快,一般设中心排水沟。长枕式整体道床设侧向水沟,一般长轨枕预留圆孔让道床纵筋穿过,这就加强了与道床的联结。它适用于软土地基隧道,可采用排轨法施工,施工进度会快。

整体道床的优点是:整体性强,纵向、横向稳定性好,具有较高的可靠性;平顺性和弹性好,乘坐更舒适;整体道床坚固稳定、耐久,使用寿命长;较少的维修工作量和维修成本;表面整洁;建筑高度较小,减少了隧道净空,节省投资,综合经济效益好;无砟轨道上

图 2-13　未装钢轨的短枕式整体道床

的无缝线路不会发生涨轨跑道,高速行车时不会有石碴飞溅起来造成伤害。整体道床的缺点是:造价高昂,且要求较高的施工精度和特殊的施工方法;在运营过程中一旦出现病害,整治非常困难,如一旦基底发生沉陷,修补极为困难。

5. 防爬设备

列车运行时常常产生作用在钢轨上的纵向力使钢轨作纵向移动,有时甚至带动轨枕一起移动,这种纵向移动叫做爬行。列车速度越高、轴重越大,爬行就越严重。

线路爬行往往引起接缝不匀、轨枕歪斜等现象,对线路的破坏性很大,甚至造成涨轨跑道,危及行车安全,因此,必须采取有效措施来防止爬行。目前,采用的方法除了加强轨道的其他有关组成部分以外,还采用防爬器和防爬撑来防止线路爬行。我国广泛采用的穿销式防爬器由带挡板的轨卡及穿销组成,这种防爬器每个可以承受 3000kg 的爬行力。为充分发挥防爬器的作用,通常在轨枕之间还安装防爬撑,防爬撑把 3～5 根轨枕联系起来共同抵抗钢轨爬行,如图 2-14 所示。

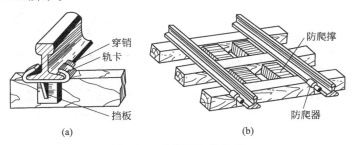

图 2-14　防爬器和防爬撑

6. 道岔

道岔是一种线路连接设备,它用来使车辆从一股道转向或越过另一股道。常见的线路连接有单开道岔、对称道岔、三开道岔、交分道岔四种。

(1) 单开道岔　单开道岔是最常见、最简单的线路连接设备,约占全部道岔的 90% 以上。普通单开道岔由转辙器部分、辙叉及护轨部分、连接部分组成,如图 2-15 所示。

① 转辙器部分。包括两根尖轨、两根基本轨和转辙机械。尖轨是转辙器的主要部件,通过连接杆与转辙机械相连,操纵转辙机械可以改变尖轨的位置,确定道岔的开通方向。单开道岔的主线为直线,侧线由主线向左或向右岔出,分为左开及右开两种形式,如图 2-16 所示。

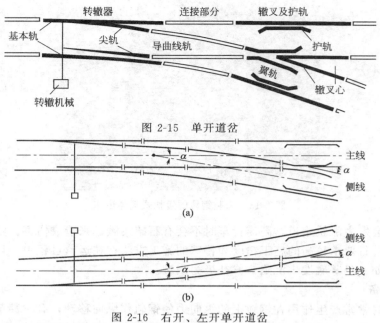

图 2-15 单开道岔

图 2-16 右开、左开单开道岔

② 辙叉及护轨部分。包括辙叉心、两根翼轨及两根护轮轨。从翼轨最窄处到辙叉实际尖端之间存在着一段轨段中断的间隙，叫做辙叉的有害空间，如图 2-17 所示。当机车车辆通过辙叉的有害空间时，轮缘有走错辙叉槽而引起脱轨的危险，因此必须设置护轨，对车轮的运行方向实行强制性引导。

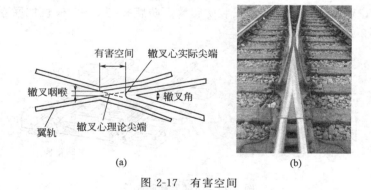

图 2-17 有害空间

道岔的有害空间是限制列车过岔速度的一个重要原因。为了提高单开道岔的过岔速度，除了可以采用辙叉号数较大的道岔外还可以采用活动心轨道岔，它从根本上消灭有害空间，适应列车高速运行的要求。

我国铺设的活动心轨单开道岔（见图 2-18），其辙叉心轨和尖轨是同时搬动的，在正常情况下辙叉心轨的尖端总是同一根翼轨密贴，而与另一根翼轨分离。运营实践证明，由于消灭了有害空间，活动心轨道岔具有行车平稳、直向过岔速度限制较少等优点，因而适合在运量较大、高速行车的线路上使用。

③ 连接部分。包括两根直轨和两根导曲线轨。它把转辙部分和辙叉部分连接起来，使之成为一组完整的道岔。由于导曲线部分不设缓和曲线和外轨超高，列车突然通过道岔时如果速度过高，突然产生的离心力就很大，特别是当侧向通过时，车轮对尖轨、护轨和翼轨都

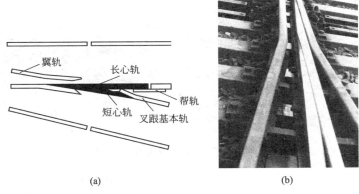

图 2-18 活动心轨单开道岔

有冲击。速度过大,冲击力就很大,这样不仅会造成很大程度的摇晃使乘客感到不适,而且威胁行车安全,因此必须限制列车的过岔速度。

(2) 对称道岔　对称道岔由主线向两侧分为两条线路,道岔各部位均按辙叉角平分线对称排列,两条连接线路的曲线半径相同,且无直向和侧向之分,因此两侧线的运行条件相同,如图 2-19 所示。

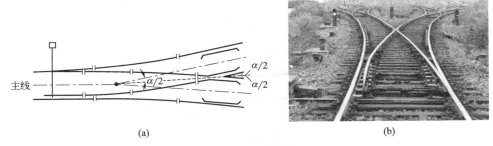

图 2-19 对称道岔

除此之外,在车场等线路比较多的地方还会有三开道岔、菱形交叉、复式交分道岔等,如图 2-20~图 2-22 所示。

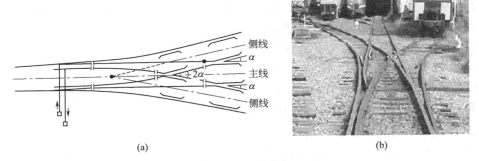

图 2-20 三开道岔

道岔号数可用道岔辙叉角的余切来表示,如图 2-23 所示。

$$N=\cot\alpha=\frac{FE}{AE}$$

式中　N——道岔号数;

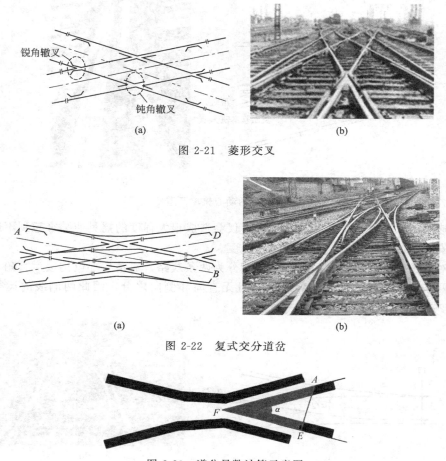

图 2-21　菱形交叉

图 2-22　复式交分道岔

图 2-23　道岔号数计算示意图

FE——辙叉跟端长；

AE——辙叉跟端之距。

由此可见，道岔号数 N 与辙叉角 α 成反比例关系。N 越大，α 角越小，导曲线半径也越大，列车通过道岔时越平稳，允许的过岔速度也越高。所以逐步采用强度更高的大号码道岔对于行车是有利的，但大号道岔占地较多。

目前，我国铁路的主要线路上通常使用的单开道岔有 8 号、9 号、12 号、18 号、30 号、38 号道岔，对称道岔有 6 号、9 号，三开道岔有 7 号，交分道岔有 12 号、9 号。地铁正线一般铺设 9 号道岔，车场线一般铺设 7 号道岔。地铁道岔的号码较小，这是由于地铁的行车速度不高，车场作业区速度较低，同时可以少占地，节约投资。

三、线路的平面及纵断面

经过选定的地铁线在空间的位置是用线路中心线来表示的。线路中心线在水平面上的投影叫做线路的平面，线路的平面可以表示出线路的曲直变化；线路中心线在垂直面上的投影，叫做线路的纵断面，线路纵断面可以表示线路的坡度变化。

1. 平面及其要素

地铁线路的平面由于受地形地物的影响不可能全线设计为直线，必要时必须转弯，因此直线与曲线就组成了线路的平面要素。

（1）圆曲线　线路在转弯处所设的曲线为圆曲线。当列车通过曲线时，由于离心力的作用，外侧车轮轮缘紧压外轨，使摩擦增大；同时由于内侧车轮与外侧车轮的滚动长度不同，车轮存在较大滑行，给运营中的列车造成曲线附加阻力。

由于曲线半径越小则曲线附加阻力越大，所以小半径曲线地段需要适当限速运行。同时加速行驶还会增加车轮与钢轨的侧面磨耗，加大维修养护工作量。为了使列车按规定速度安全平稳运行，需要根据行车速度、车辆轮对有关尺寸等因素来规定线路曲线的最小半径。曲线半径最小值是地铁主要技术标准之一，根据国家标准《地下铁道设计规范》规定，线路平面最小曲线半径应符合表 2-1 的规定。

表 2-1　最小曲线半径

线　　路		一般情况(m)		困难情况(m)	
正线/(km/h)	$V\leqslant 80$	350	300	300	250
	$80<V\leqslant 100$	550	500	450	400
辅助线		250	200	150	
车场线		150	110	110	

《地下铁道设计规范》还规定，在正线与辅助线的圆曲线最小长度不宜小于 20m，在困难情况下不得小于一个车辆的全轴距。

（2）缓和曲线　线路直线与圆曲线往往不是直接相连的，中间要加一段缓和曲线。由于缓和曲线的半径与超高由所衔接的直线一端起，半径由无穷大渐变到它所衔接的圆曲线半径 R、超高由 0 渐变到它所衔接的超高 H，所以列车从直线到曲线的过渡时离心力将逐渐变化，因而不会发生运行列车突然变化的强烈冲击，这对于改善运营条件、保证行车安全和平顺都有很大的作用。

（3）夹直线　由于列车连续通过缓和曲线起、终点所产生的冲击振动频率与车辆自振频率相吻合会发生振动的叠加或共振，为了保证运营安全，提供平稳的行车条件，线路不宜连续设置多个曲线，并且在曲线之间必须保证足够长度的夹直线。

《地下铁道设计规范》规定，在正线与辅助线上夹直线长度不应小于 20m，在车场线上夹直线长度不应小于 3m。

2. 纵断面及其组成要素

地铁线路的纵断面由于受车站埋深的支配，受地下管线与地下结构以及地质条件与技术条件的影响，不可能全线设计为平道，因此平道与坡道就成为了线路纵断面的组成要素。

（1）坡度　地铁线路尽可能采用较平缓的坡度。最大坡度的确定必须考虑各类车辆在最大坡道上停车时的启动与防溜，同时考虑必要的安全系数。最大坡度也是地铁主要技术标准之一。

《地下铁道设计规范》规定，正线的最大坡度宜采用 30‰，困难地段可采用 35‰，辅助线的最大坡度宜采用 40‰。

地铁隧道线路因考虑排水需要，正线最小坡度不宜小于 3‰，困难地段在确保排水的条件下可采用小于 3‰ 的坡度。由于停车及站台面平缓要求，车站站台线路宜设置在 3‰ 的坡道上，困难条件下可设置在 2‰ 或不大于 5‰ 的坡道上，但是要确保排水坡度不小于 3‰，以利于排水畅通。隧道内的折返线与存车线应布置在面向车挡的下坡道上，其坡度宜为 2‰。

地面及高架桥上的车站站台线路因不受排水影响，宜设在平坡上，车场线可设在不大于 1.5‰ 的坡道上。

（2）竖曲线　为了保证列车运行的平顺与安全，当相邻两坡段的坡度代数差大于 2‰ 时应以竖曲线相连接，并要求线路纵向坡段长度不宜小于远期列车计算长度。同时应满足相邻竖曲线间的夹直线长度的要求，其夹直线长度不宜小于 50m。

竖曲线就是纵断面上的圆曲线，竖曲线的曲线半径采用如表 2-2 所示。

表 2-2　竖曲线半径

线　别		一般情况（m）	困难情况（m）
正线	区间	5000	3000
	车站端部	3000	2000
辅助线		2000	—
车场线		2000	—

四、轨道上两股钢轨的相互位置

1. 轨距

轨距为两股钢轨轨头内侧之间的距离。我国铁路规范规定，直线地段的轨距在钢轨头部内侧顶面下 16mm 处测量为 1435mm，轨距误差不得超过 +6mm、-2mm。

机车车辆走行部中只能保持平行而不能做相对运动的车轴中心线间的最大距离叫做固定轴距。由于机车车辆具有固定轴距，在曲线上运行时转向架的纵向中心线与曲线轨道中心线并不一致，因而引起转向架前一轮对的外侧车轮轮缘和后一轮对的内侧车轮轮缘加压钢轨的情况发生（见图 2-24），故小半径曲线轨距应适当加宽。

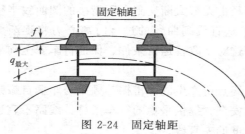

图 2-24　固定轴距

《地下铁道设计规范》规定，辅助线与车场线半径小于及等于 200m 的曲线地段轨距应按表 2-3 的规定加宽；辅助线的曲线轨距加宽应在缓和曲线范围内或在直线段递减；车场线的轨距加宽应在直线段递减。

表 2-3　辅助线与车场线曲线加宽值

曲线半径/m	加宽值/mm	曲线半径/m	加宽值/mm
200～151	5	100～80	15
150～101	10	—	—

2. 两股钢轨顶面的相对水平位置

车辆在曲线上运行时，由于受到离心力的作用，曲线外轨承受了较大的压力，因而造成两股钢轨磨耗不均匀，并使旅客感到不舒适，严重时还可能造成列车颠覆事故，因此通常要将外轨抬高，使车辆内倾以平衡离心力的作用。外轨比内轨高出的部分称为超高，超高值为 $H=11.8V^2/R$（mm）（V 为列车运行平均速度）。《地下铁道设计规范》规定，最大超高为 120mm，混凝土整体道床的曲线超高采取外轨抬高超高值的一半、内轨降低超高值的一半的办法设置；地面线与高架线路的曲线超高采取外轨抬高超高值的办法设置。

在直线正线地段，轨道上两股钢轨的顶面应当保持同一水平，其相对高低误差不得大于4mm。如前所述，在曲线地段外轨应设超高。

五、限界

限界是为了确保机车车辆在地铁线路上运行的安全，防止机车车辆撞击邻近的建筑物或其他设备所制定的尺寸。城市轨道交通车辆在隧道内或高架上运行时，隧道或高架要有足够的空间以供车辆通行，通信、信号、供电、给排水等接近城市轨道交通线路的各种建筑物及设备必须与线路保持一定的距离，因此规定限界的作用主要是保障行车安全。

城市轨道交通限界包括车辆限界、设备限界、建筑限界、接触网和接触轨限界，如图2-25、图2-26所示。

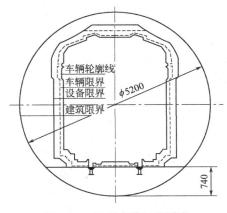

图2-25 区间直线区段圆形隧道限界图（单位：mm）

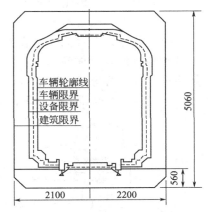

图2-26 区间直线区段矩形隧道限界图（单位：mm）

1. 车辆限界

车辆限界要根据车辆的轮廓尺寸，并考虑在静态和动态情况下所达到的横向和竖向偏移量及偏转角度，按可能产生的最不利情况进行组合计算来确定。

2. 设备限界

设备限界要在车辆限界的基础上考虑轨道状态不良引起车辆偏移和倾斜，并计及适当的安全量等因素来计算确定。设备限界是一条轮廓线，所有固定设备以及土木工程的任何部分都不得侵入此轮廓线，它是保证城市轨道交通等移动设备在运营过程中的安全所需要的限界。

3. 建筑限界

建筑限界是指在隧道和高架桥等结构物的最小横断面所形成的有效内轮廓的基础上，考虑施工误差、测量误差、结构变形等因素，为满足固定设备和管线安装的需要而必需的限界。即各种类型的隧道建筑限界与设备限界之间的间距应能满足各种设备安装的要求。

4. 接触轨限界

接触轨限界是轨道交通供电系统的第三轨供电方式的接触轨位置的轮廓尺寸，应根据受流器的偏移、倾斜和磨耗、接触轨安装误差、轨道偏差、电间隙等因素确定。

六、独轨交通

1. 独轨的轨道结构

独轨交通是一种把单轨铺设在高架桥上的新型铁路，其路轨一般以混凝土制造，比普通钢轨宽很多。单轨主要分成两类：一是跨坐式，车辆跨坐在轨道梁上行驶，车体两旁盖过路轨；另一类是悬挂式，是指车辆悬挂在轨道梁下方行驶。

高架独轨的优点是：结构简单，易于建造，可以适应复杂地形的要求；建设工期短；其工程建筑费用只有地下铁道建筑费用的1/3。其缺点是：必须另外兴建特制轨道；独轨使用的转辙器令车辆有短暂时间必须悬空，故有出轨的可能；如果出现紧急情况，车上的乘客逃生很困难。

(1) 跨坐式独轨的轨道结构　跨坐式独轨由轨道梁、道岔、支柱和基础构成（见图2-27）。跨坐式独轨的轨道通常为支柱上端的预应力钢筋混凝土轨道梁，其上铺设钢轨，车轮自车厢的下部支承于钢轨上。轨道梁的作用是引导列车运行，它直接承受车轮传来的巨大压力，并将压力通过立柱传递到基座上。支柱的作用是支撑轨道梁，承受由轨道梁传递的车辆载荷。轨道梁的上表面是车辆走行的行使路面，两个侧面是水平导向轮的导轨，也是水平稳定轮的支撑。轨道梁在两侧中部设有刚性滑触式导电轨，在梁内两顶角处设有信号系统ATP/ATO感应环线，梁体底部设有供电和通信以及信号系统电缆托架，梁下托架在桥墩处设支架绕过支座。跨坐式独轨车辆的走行装置跨坐在走行轨道上，其车体重心处于走行轨道的上方，车辆以车身包围路轨，因此不容易出轨。

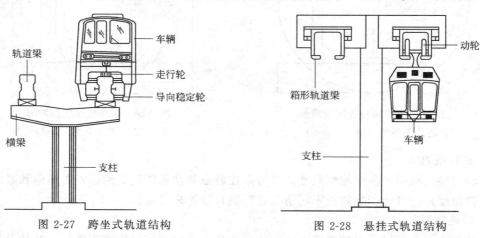

图 2-27　跨坐式轨道结构　　　　图 2-28　悬挂式轨道结构

(2) 悬挂式独轨铁路的轨道结构　悬挂式独轨铁路与跨坐式独轨铁路的轨道结构比较相似，有共同的优点。所不同的是，悬挂式独轨铁路的车辆控制装置和空调设备等不是装在车地板下面，而是装在车顶部位（见图2-28）。悬挂式独轨的轨道梁由具有一定跨距的钢支柱或钢筋混凝土支柱架在空中，车辆悬挂在轨道梁下运行。它的特点是轨道梁为钢制断面，底部有开口，充气轮胎组成的转向架在轨道内走行，车体悬挂在转向架的下面，车辆走行平稳、噪声低。

2. 独轨交通道岔

跨坐式轨道道岔是由一定长度的道岔梁组成，道岔梁一端可以移动，整个梁与梁下方的支撑台车固定在一起，由台车上的电动机驱动。其道岔分为两类：一类是柔性铰接型，可使道岔梁连续弯成曲线；另一类为简易铰接型，转辙时道岔梁在转辙点前方保持一定距离的直线。与普通铁路道岔一样，独轨铁路根据连接线路的形式，其道岔可分单开道岔和交叉道岔。

跨坐式单轨交通的道岔有单开、双开、三开及五开等几种，依据行车组织的要求，组合成单渡线、交叉渡线等多种不同的形式。图2-29为跨坐式独轨渡线示意图，该结构可移动道岔为两组,供上、下行线间设单渡线使用。

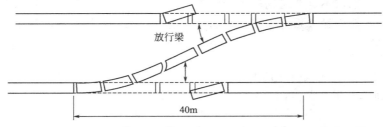

图 2-29 跨坐式独轨渡线

七、轨道系统设备的维修

线路设备不间断地受到列车动荷载作用和气候的影响会逐渐产生变形与损坏,轨道系统几何尺寸难以保持不变,因此运营维修部门要按照"预防为主、防治结合、修养并重"的原则加强线路的维修养护工作,以达到保持线路设备的完整与质量均衡良好,确保列车能以规定的最高速度安全、平稳、不间断地运行,以及延长线路轨道系统各部件的使用寿命,延缓或防止病害的发生。

1. 日常维护与紧急补修

坚持预防为主的原则对轨道系统按计划进行全面的巡检、维修与保养工作。

(1) 定期巡道 巡道工作的任务是巡视钢轨、道岔及其联结零件有无缺损,隧道结构与道床和路基有无病害的发展,线路标志是否完好,线路有无侵限物体,同时还需要进行相关小补修工作。地铁线路根据其运营特点,应安排每天的全线巡道工作,特殊情况宜安排两天一次的巡道工作。

(2) 钢轨探伤 定期进行钢轨探伤可以发现钢轨内部的裂纹与隐伤,预防钢轨因突然断裂而发生车辆脱轨、倾覆等重大事故的发生。地铁线路正线均铺设无缝线路,因此对钢轨与焊缝的探伤工作尤其重要。一般正线钢轨每月进行一次探伤,车场线钢轨可适当延长探伤周期,无缝线路焊缝探伤应安排半年至一年进行一次,同时按要求进行伤损部位现场标记、完善伤损台账、定期进行观察与跟踪检查。

(3) 日常养护 根据线路维修工班结合月度检查结果,安排重点维护与全面的养护工作。养护工作必须执行有关规范与作业标准,并严格进行当天作业后的质量回检与验收,对无缝线路养护还必须在规定的锁定轨温条件下进行。养护工作必须抓好"检查、计划、作业、验收"四个环节的管理。

(4) 紧急补修(故障维修) 是指在日常巡检与保养中,针对个别地点线路质量超过允许误差而进行的维修工作。目的是及时克服超限点,确保轨道系统始终状态良好。

2. 综合维修

综合维修要求按计划对系统设备进行重点病害的综合整治,要求全面改善轨道弹性、全面调整轨道几何状态、全面整修和部分更换设备零部件,使轨道系统恢复完好的技术状态。

地铁一般设在地下,大多数为整体道床,车场线往往行驶速度低,且作业量除少数线路外都比较小,因此综合维修周期除地面正线与频繁使用的车场线考虑每年进行一次。其他线路可考虑适当延长综合维修周期。

3. 定期与不定期维修相结合

随着高速铁路与地铁的发展,在定期对轨道系统进行静态检查的同时定期与不定期地进行轨检车的动态检查,并将检查结果及时反馈以指导线路维修工班开展相关维修工作。同时利用轨道打磨车定期与不定期对钢轨进行保养与修复性打磨,及时消除轨面波磨并修正钢轨廓型能有效改善轮轨接触关系,保持良好的轮轨运行状态,延长轮轨的使用寿命。

【实践操作】

1. 绘制禁端折返、渡线折返的站型图。
2. 绘制普通单开道岔示意图。

任务二 绘制城市轨道交通车站平面图

【图示引导】

图 2-30 地铁车站一角

【相关知识】

一、车站的分类

车站(见图 2-30)是城市轨道交通中是重要的组成部分之一,它必须具有供乘客乘降、换乘的功能,某些车站还必须提供折返、停车检修、临时待避与存放车辆的功能。因此要求车站能安全、迅速、方便地组织乘客进出,能全面、可靠、机动地满足运营的要求,同时具备良好的通风、除湿、照明、防灾、清洁卫生、减噪减振条件,以及要具备内部装修统一和谐、外部建筑景观协调的特点。车站按不同的方法有不同的分类,下面介绍几种分类方法。

1. 按运营功能分

(1) 终点站 线路两端的车站一般设有多个股道,用于旅客乘降、列车折返、少量的检修作业。

(2) 中间站 线路中数量最多的车站,用于旅客的乘降。

(3) 换乘站 指两条或两条以上轨道交通线交叉点设置的车站,用于线路之间的换乘。

(4) 区间站(或称折返站) 具有折返设备,可用于旅客乘降,列车小交路折返。

(5) 通勤站 设在车站与车辆基地的联络线上,供内部职工上下班通勤乘降使用。

2. 按车站容量分

(1) 一等站 适用于客流量大,地处市中心区的大型商贸中心、大型交通枢纽中心、大型集会广场、大型工业区及位置重要的政治中心地区。

（2）二等站 适用于客流量较大，地处较繁华的商业区、中型交通枢纽中心、大中型文体中心、大型公园及游乐场、较大的居住区及工业区。

（3）三等站 适用于客流量小，地处郊区的车站。

客流量特别大，有特殊要求的车站，其规模等级可列为特级站。

车站等级是车站设置相应机构和配备定员的基本依据之一。

此外，车站按站台形式分岛式车站、侧式车站和岛侧混合式；按施工方法分为明挖车站（又可分为浅埋式和深埋式）和暗挖车站；按空间位置可分为地下车站、地面车站和高架车站；按行车控制分为联锁站和非联锁站等。

二、城市轨道交通车站设计

1. 车站设计原则

① 能最大限度吸引客流。要求位置设置合适、设备完善、服务水平高。

② 按远期运量需求设计。远期运量需求一般指通车后 10～15 年的高峰小时客流量，并以此作为设计客运需求量。个别车站可按极限运量需求（如大型文体中心、火车站、广场等可能产生阵发性密集到发客流交通集散点附近）来设计。

③ 留适当的能力余地以满足高峰时段密集到达（出发）需要，即超高峰时段的需要，并能应付远期运量波动的需要。

④ 占用地面面积最少，尽可能降低投资费用，满足施工条件限制。

2. 车站规模的确定

车站的规模应按该站远期超高峰客流量确定，超高峰客流量为该站高峰小时客流量乘以 1.2～1.4 系数。高峰小时客流量一般是指早、晚高峰小时客流量，对于所处位置特殊的车站如大型文体中心、火车站等也可选用其他高峰小时客流量。

车站的规模还应对车站所在位置的重要性以及该地区发展规划等因素进行综合考虑，寻求最佳方案。

三、城市轨道交通车站的组成与布置

1. 车站组成

车站一般包括车站主体、出入口及通道、通风道及风亭（地下）和其他附属建筑物，如图 2-31 所示。

车站主体根据功能可分为乘客使用空间和车站用房。

① 在乘客使用空间内包含了非付费区和付费区。非付费区包括站台、楼梯和自动扶梯、导向牌等，它是为乘客候车服务的设施。对于一般的城市车站来说，通常非付费区的面积应略大于付费区。

② 车站用房区域包括运营管理用房、设备用房和辅助用房。运营管理用房包括站长室、行车值班室、业务室、广播室、会议室和公安保卫室等。设备用房包括信号机械室、泵房、冷冻站、机房、配电以及上述设备用房所属的值班室、防灾报警系统、环控系统、AFC 室、工区用房等。技术设备用房是整个车站的心脏所在地，是为了保证列车正常运行、保证车站内具有良好环境条件以及在事故灾害情况下能够及时排除灾害所不可或缺的设备用房，它直接或间接地为列车运行和乘客服务。辅助用房主要包括厕所、更衣室、休息室、茶水间、盥洗室、储藏室等，它们均设在站内工作人员使用的区域内。辅助用房直接供站内工作人员使用，它是为了保证

车站内部工作人员正常工作生活所设置的用房。

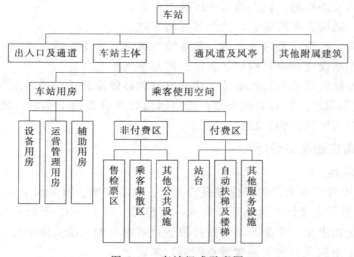

图 2-31 车站组成示意图

2. 车站平面布置

(1) 出入口及通道

① 地面出入口位置的选择。地面出入口是乘客由地面进入车站或由车站上到地面的通道。其位置应满足城市规划及交通的要求，因此应选择人流集中的地点，出入口应尽量与城市过街地道相结合，与地下商场、公共建筑楼群相连通，以方便乘客和过街行人。

② 出入口通道的数目及宽度。地面出入口的通道数目视客运量与地面条件而定，但应使出入口通过能力总和大于该站远期高峰流量。一般情况每一车站出入口不宜少于 4 处，分期修建及规模小的车站至少不能少于 2 处。站厅与站台的联络通道也要视情况而定，一般不得少于 2 处（岛式站台每端各 1 处，侧式站台每侧各 1 处）。出入口及通道的宽度由所需通过的客流量计算确定，单个通道或出入口宽度不少于 2m，通道净空高度在 2.5m 左右。

(2) 站台　站台主要供乘客上、下车，集散客流，作短暂的停留候车。

① 站台形式。地铁站台分为岛式站台、侧式站台、混合式站台三种，如图 2-32 所示。岛式站台的优点是：站台利用率高，可起到分散人流的作用，在相反方向列车不同时到

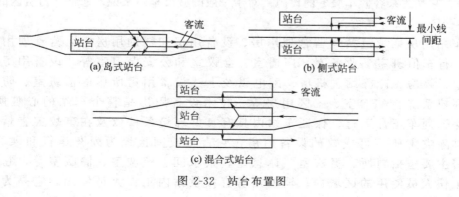

图 2-32 站台布置图

达的情况下可互相调节；管理上集中、方便，乘客中途折返较方便，建筑艺术管理较好，空间完整，气魄宏大。其缺点是：在相反方向列车同时到达时容易交错混乱，甚至出现乘客乘错方向的情况，需要进行站台延长工程困难，建筑费用大。

侧式站台的优点是：两站台可分别利用，相对方向的人流不交叉，不致乘错车，进行站台延长工程较容易，节省了建筑费用。其缺点是：站台利用率低，对乘客不能起到调节作用，管理分散、不方便，乘客须经过连接通道才能折返，在建筑艺术处理上空间较分散。

站台形式的选择应结合线网规划、车站布局、投资比选等综合因素进行考虑。由于混合式站台造价高、管理复杂，一般不宜采用。

② 站台长度。由车辆编组的计算长度决定。考虑到停车位置的不准确性以及车站值班员、司机确定信号的需要，站台长度一般需预留4m左右。计算如下：

$$L = n \times l + 4$$

式中，L 为站台长度（m），l 为车辆长度，包括车钩长度（m），n 为车辆的编组数。

③ 站台宽度。站台有效宽度应考虑下列因素，并经计算决定：站台形式、楼梯位置、高峰小时最大乘降人数、列车运行间隔时分等。其主要依据是高峰小时的客流量。

④ 站台高度。站台高度指站台到轨顶面的高度，它与车型有关。站台与车厢地板面同高，称为高站台；站台比车厢地板面低一两个台阶，称低站台。采用高站台时，考虑到车辆弹簧的挠度在最大乘车效率时，处于车厢地板下沉范围的100mm 以内，故高站台高度宜低于车厢地板面 50～100mm 为宜。

⑤ 轨道中心到站台边缘距离。从轨道中心到站台边缘的距离由车辆的建筑限界决定，同时还应考虑站台的施工误差。

（3）站厅　车站站厅的功能主要是集散客流兼客运服务，站厅应合理布局售检票与出入闸机位置，以方便与快速地满足客流的需要。站厅的布置首先要考虑进、出站人流路线及换乘人流路线分开，避免相互干扰造成堵塞，以致影响通过能力。同时站厅两端还设有管理与设备用房。

站厅规模大小、建筑特征要根据城市规划与交通的要求并与地面建筑相协调，又要各具特色，达到简洁、明快、开朗、流畅、富于时代感的特点。站厅面积根据高峰小时最大客流量及集散时间的要求计算确定。

地铁站厅通常划分为付费区及非付费区。付费区是指乘客需要经购票、检票后方可进入的区域，然后可到达站台。非付费区也称免费区或者公用区，乘客可以在本区内自由通行，付费区与非付费区之间应分隔。付费区内设有通往站台层的楼梯、自动扶梯、补票处；非付费区内设有售票、问讯、公用电话等，必要时可增设金融、邮电、服务业等机构。

【实践操作】

按照图 2-33 绘制车站平面示意图，注意闸机、出入口、售票处的分布。搜集地铁车站平面图，分析其车站设备布置。

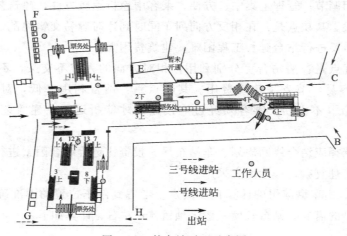

图 2-33 某车站平面示意图

习 题

一、填空题

1. 地铁_____载客运营线路贯穿所有车站、区间。设计为双线且列车单向_____侧行车。
2. _____是指为空载列车进行折返、停放、检查、转线及出入段作业所运行的线路,包括_____、_____、_____、_____和_____等。
3. 轨道由_____、_____、道床、_____和_____组成。
4. 联结零件分为_____和_____。钢筋混凝土轨枕按其结构形式可分为_____、_____和_____。
5. 常见的线路连接有单开道岔、_____、_____、_____四种。
6. 普通单开道岔由_____、_____、_____、_____组成。
7. 城市轨道交通车站按运营功能分为：终点站、_____、_____、_____、通勤站。

二、不定项选择题

1. 城市轨道交通的正线一般采用（　　）的钢轨。
   A. 43kg/m 或 50kg/m   B. 50kg/m
   C. 50kg/m 或 60kg/m   D. 60kg/m 或 75kg/m
2. 地铁正线一般采用（　　）号道岔。
   A. 7   B. 9   C. 12   D. 9 或 12
3. 地铁车辆段一般采用（　　）号道岔。
   A. 7   B. 9   C. 12   D. 9 或 12
4. 确定道岔开通方向的是道岔中的（　　）。
   A. 连接部分   B. 尖轨   C. 辙叉心   D. 尖轨和导曲线
5. 列车过岔限速的原因有（　　）。
   A. 导曲线半径小   B. 导曲线不设超高
   C. 车轮对尖轨、护轨和翼轨的冲击   D. 有害空间
6. 地铁一般情况下车厂线最小曲线半径规定为（　　）。
   A. 350m 或 300m   B. 250m 或 200m   C. 150m 或 110m   D. 300m 或 250m
7. 地铁正线当行车速度小于 80km/h 时,最小曲线半径规定为（　　）。
   A. 500m 或 550m   B. 300m 或 250m   C. 350m 或 300m   D. 450m 或 400m

8. 《地下铁道设计规范》规定，正线的最大坡度宜采用（　　）。
   A. 35‰　　　　B. 30‰　　　　C. 40‰　　　　D. 45‰
9. 一般情况下，地铁车站出入口的数目不能少于（　　）处。
   A. 1　　　　　B. 2　　　　　C. 3　　　　　D. 4
10. 轨旁设备安装时不得侵入（　　）。
    A. 车辆限界　　B. 设备限界　　C. 隧道限界　　D. 接触轨限界

三、名词解释

1. 联络线
2. 折返线
3. 交叉渡线
4. 建筑限界
5. 接触轨限界

四、判断题

1. 联络线是连接地铁上、下行正线的线路。（　　）
2. 停车线只有在车厂或车辆段才有。（　　）
3. 钢轨与轨枕连接是通过接头联结零件实现的。（　　）
4. 有害空间是指道岔翼轨最窄处到辙叉实际尖端之间的部分。（　　）
5. 道岔的护轨设在导曲线处，以防止列车过曲线时脱轨。（　　）
6. 道岔号数越大，列车过岔速度越高。（　　）
7. 任意两相邻坡段均应用竖曲线相连，以提高列车运行的平顺性。（　　）
8. 正线与辅助线的圆曲线最小长度在困难情况下不得小于一个车辆的全轴距。（　　）
9. 城市轨道交通的换乘站都具有折返设备，可进行小交通路线折返。（　　）
10. 站站厅面积可根据高峰小时最大客流量及客流集散时间的要求确定。（　　）
11. 车站站台的长度等于列车编组的车辆数乘以车辆长度。（　　）

五、简答题

1. 什么是辅助线？城市轨道交通的辅助线包括哪些？
2. 简述环形折返线、尽端式折返线和渡线折返线的优缺点。
3. 简述轨道的组成及各部分的作用。
4. 简述道岔的组成及各部分的作用。
5. 道岔的有害空间是什么？有害空间对行车有什么影响？
6. 什么是道岔号数？城市轨道交通常用的道岔号有哪些？
7. 城市轨道交通线路的曲线段轨距为什么要加宽？外轨为什么设超高？
8. 列车过曲线为什么要限速？
9. 什么是爬行？爬行的危害是什么？
10. 画出车站组成示意图。
11. 简述车站设备用房、运营管理用房和辅助用房分别包括哪些？
12. 简述岛式、侧式站台的优缺点。
13. 站台长度、宽度和高度是如何确定的？
14. 简述车站平面布局包括哪些？

项目三　城市轨道交通车辆

【项目导入】

城市轨道交通车辆是乘客的运载工具,是保证列车准点、安全、舒适运行的基础,而供电系统为列车运行提供了动力来源。那么城市轨道交通车辆有什么特点?它由哪些部分组成?为保证运营,如何对其保养、维修呢?通过本项目您可以得到答案。

【学习目标】

1. 能掌握各种城市轨道交通车辆的编组方法。
2. 能掌握城市轨道交通车辆的构成及工作原理。
3. 能掌握车辆基地与车辆的维修保养相关知识。

任务一　城市轨道交通车辆编组

【图示引导】

图 3-1　地铁车辆

【相关知识】

一、城市轨道交通车辆概述

1. 城市轨道交通车辆的特点

城市轨道交通车辆（见图 3-1）作为城市公共交通工具，主要在市内和市郊运行。它的运营条件与铁道车辆有所不同，地道车辆要在地下隧道、高架和地面轨道上运行，线路曲线半径小，坡度大；城市轨道交通车辆站距短，启动和停车频繁，车辆启动加速度和制动减速度都比较大；客流量大而集中，高峰时严重超载。因此，它有着自身的特点，其特点如下：

① 在车内的平面布置上有其特征，如座位少、车门数量多且开度大，内部服务乘客的设备较为简单等；

② 重量的限制较为严格，要求轴重小，以降低线路的工程投资；

③ 为使车体轻量化，对于车体承载结构一般采用大型中空截面挤压铝型材、高强度复合材料或不锈钢，对车体其他辅助设施也尽量采用轻型化材料；

④ 对车体的防火性能要求高，在车体的结构及选材上均采用防火设计和阻燃处理；

⑤ 对车辆的隔音和减噪有严格要求，以最大限度地降低噪声对乘客和沿线居民的影响；

⑥ 车辆外观造型和色彩具有美化和与城市景观相协调的要求等。

2. 车辆的分类

（1）按牵引动力配置分

① 动车（Motor，用 M 表示）。动车自身具有动力装置（装有牵引电机），具有牵引与载客双重功能。动车又可分为带受电弓的动车和不带受电弓的动车（用 M' 表示）。

② 拖车（Train，用 T 表示）。拖车不装备动力装置，需具有动力牵引功能的车辆牵引拖带，仅有载客功能，可设置司机室（用 Tc 表示），也可带受电弓（用 T' 表示）。

（2）按驱动方式分

① 旋转电动机驱动。旋转电动机驱动包括直流电动机驱动和交流电动机驱动，都是依靠轮轨黏着作用传递牵引力。

② 直线电动机驱动。直线电动机驱动，将传统电动机从旋转运动方式改为直线运动方式，由于取消了传统的旋转电机从旋转运动转换成直线运动的机械变速传动机构，使转向架结构简单、重量轻。

（3）按车辆规格分（车体宽度） A 型车、B 型车和 C 型车。A 型车为高运量地铁车辆的基本车型；B 型车为大运量地铁车辆；C 型车为轻轨车辆的基本车型。A 型车轴重较大，载客人数较多，车体尺寸较大；B 型车相对 A 型车各项指标值均较小；C 型车更小。各型车辆的主要指标如表 3-1 所示。

表 3-1 城市轨道交通各种车辆主要指标

系统	类型	车辆条件			适用线路条件		客运能力 /(万人次/时)	运营速度 /(km/h)
		车长/m	车宽/m	定员/人	最小半径/m	最大坡度/‰		
地铁系统	A 型	24.4/22.8	3.0	310	300	35	4.0～7.5	≥35
	B 型	19.52	2.8	230～245	250	35	3.0～5.0	≥35
	C 型	17.2/16.8	2.8	215～240	100	60	2.5～4.0	≥35

续表

系统	类型	车辆条件			适用线路条件		客运能力 /(万人次/时)	运营速度 /(km/h)
		车长/m	车宽/m	定员/人	最小半径/m	最大坡度/‰		
轻轨系统	C型	18.9	2.6	200	50	60	1.0~3.0	25~35
	直线电机C型	16.5	2.5	150	60	60	1.0~3.0	25~35
单轨系统	跨坐式单轨	15	3	150~170	60	60	1.0~3.0	≥35

（4）按车辆制作材料分

① 钢骨车。钢骨车的车底架、车体骨架等受力部分采用钢材制作，其他用木材或合成材料制作。

② 新型材料车。采用轻质合金材料（如铝合金等），以降低车辆自重，提高承载能力和运输效率。

此外，按受电方式分为受电弓和受流器受电两种；按连接方式分为贯通式和非贯通式两种。贯通式的全列车载客部分贯通，乘客可沿全列车走动以有效调节各个车辆的载客拥挤度。贯通道在全列车中均匀分布，也有利于在列车发生意外事故时疏散乘客。非贯通式车辆之间无通道贯通。

二、城市轨道交通车辆编组

城市轨道交通车辆均采用电动车组，编组形式可采用全动车形式或动拖车有机结合的固定编组形式。无论采用何种编组形式，每列车的首车和尾车必须带有司机室。列车的编组数可按下列计算决定：

$$N = \frac{Q_{max} T}{60D}$$

式中，N 为每列车编组辆数，辆；Q_{max} 为高峰小时单向最大客流量，人/时；T 为最小行车间隔，min；D 为每辆车的定员数，人。

城市轨道列车中，动车和拖车通过车钩连接而成的一个相对固定的编组称为一个（动力）单元，一列车可以由一个或几个单元编组而成。我国地铁列车编组形式为：六辆编组主要有"三动三拖"和"四动二拖"；四辆编组主要有"二动二拖"。

广州地铁一号线每一列车由六节车辆组成，编组为：—A＊B＊C＝C＊B＊A—。A车为带驾驶室拖车，车顶上装有受电弓，车下装有一套空气压缩机组；B车为带受电弓的动车，C车为不带受电弓的动车。"—"表示全自动车钩；"＝"表示半自动车钩；"＊"表示半永久车钩，如图3-2所示。

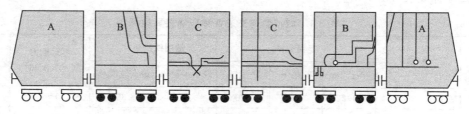

图3-2 城市轨道交通6编组列车

【实践操作】

收集上海、南京、深圳等地铁公司客流量及列车编组资料并讲述。

任务二　城市轨道交通车辆机械

【图示引导】

图 3-3　车辆内部

【相关知识】

城市轨道交通车辆因类型不同，技术参数也不一样，但其结构基本相同。一般城市轨道交通车辆的组成为：车体、车门、车钩缓冲装置、转向架和制动装置等。

一、车体

车体（见图 3-3）是容纳乘客和驾驶员驾驶的地方，坐落在转向架上。除了载客之外，几乎所有的机械、电气、电子等设备都安装在车体的上部、内部及下部，驾驶室也设置在车体中。

1. 车体材料

车体最初由普通碳素钢制造。为了减少腐蚀、提高使用寿命，耐候钢制造的车体得到广泛应用。为实现车体的轻量化，现代城市轨道交通车辆多由不锈钢、铝合金制造。车体的个别部位（如前端等）也可采用有机合成材料制造。

2. 车体结构

城市轨道交通车辆车体分有带司机室车体和无司机室车体两种。车体按结构功能分为车体（壳体）、车门、车窗、贯通道和内装饰。

车体由底架、车顶、侧墙、端墙等部件组成整体承载结构，为封闭筒形结构的整体承载方式。

车体底架由地板梁、牵引梁、枕梁、横梁、侧梁组成，如图 3-4 所示。每根地板梁由上下翼板、腹板和筋板组成中空截面挤压铝型材，再将与车体等长的地板梁通过两侧的接口拼焊成车地板。每块地板梁下部有两对安装车下设备（各种机电设备、制动设备等）的吊挂座，牵引梁设在底架的两端用来安装车钩缓冲装置，枕梁用来支承车体下两端的转向架。底架两端为横梁，两侧为侧梁，它们都用来承重。

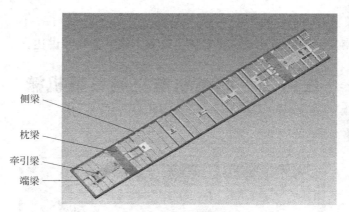

图 3-4 车底架示意图

车顶设受电弓,空调机组一般安装在车辆顶棚的上方,风通沿车顶两侧配置。

车体的左右侧墙各有 5 扇宽型车门和 4 个车窗,车体两端的端墙由弯梁、贯通道立柱和墙板组成。

图 3-5 贯通道

两车体间有贯通道(见图 3-5)。贯通道是车辆的一个弹性部件,能满足车辆之间相对运动,并能提供一个安全舒适的通道使乘客从一辆车走到另一辆车内,还能在拥挤的载荷条件下提供额外的乘客站立区域。

二、车门的种类

一般城市轨道交通车辆共有四种车门,即客室车门、司机室车门、紧急疏散门、司机室通道门。广州地铁一、二号线每辆车安装了 10 个客室车门(每侧 5 个)供乘客上下车使用。在 A 车司机室安装有 2 个司机室车门,1 个紧急疏散门,1 个司机室通道门,整列车共 4 个司机室车门,2 个紧急疏散门,2 个司机室通道门。

客室车门应满足:①要有足够有效宽度;②车门要均匀分布,以方便乘客上、下车;③要有足够数量车门;④车门附近要有足够的空间和面积,方便上、下车乘客的周转;⑤要确保乘客的安全。

1. 按驱动方式不同区分

(1)风动式车门 风动式车门由压缩空气驱动传动汽缸,再通过机械传动系统和电气控制系统完成车门的开关动作。机械传动系统的作用是将传动汽缸活塞杆的运动传递至车门,使车门产生开关动作。电气控制系统的作用是为了保证车门动作可靠和行车安全。

(2)电动式车门 电动式车门由电动机、传动装置、控制器、闭锁装置和紧急开门装置组成。

2. 按开启方式不同区分

(1)内藏嵌入式车门 内藏嵌入式车门(见图 3-6)在开关时,门翼在车辆侧墙的外墙与内护板之间的夹层内移动。在门上方设置有一套气动机构,由风缸、滑轮、铝合金导轨、钢丝绳等组成,地板上也设有导轨以便使车门在风缸的驱动下沿上下导轨平滑运动。车门上方还设置一套紧急解锁装置,以便在紧急情况下能从客室内直接打开车门。

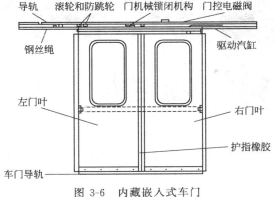

图 3-6　内藏嵌入式车门

(2) 外挂式车门　外挂式车门(见图 3-7)与上述内藏嵌入式车门的主要区别仅在于开关车门时,门页和悬挂机构始终处于侧墙的外侧,车门驱动机构的工作原理与内藏嵌入式车门相同。

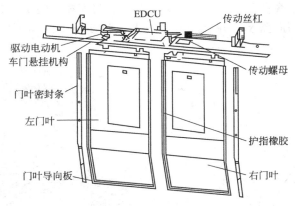

图 3-7　电动外挂式车门

(3) 塞拉门　借助于车门上端的传动机构和导轨,当车门为开启状态时门翼贴靠在侧墙的外侧,车门在关闭状态时,门翼外表面与车体外墙成一平面。这不仅使外表美观,而且也有利于在高速行驶时减少空气阻力,使车门不会因空气产生涡流和噪声,也便于自动洗车装置对车体的清洗。

塞拉门的优点如下。第一,由于塞拉门在关门状态时门板外表面与车体外表面齐平,所以车体外形美观,在行车时空气阻力小,也不会产生空气涡流而产生噪声;第二,塞拉门的密封性比外挂门、内藏门的密封性要好,减少了车内噪声;第三,采用塞拉门能使车内有效宽度增加,载客量也会增加。

塞拉门的缺点如下。第一,由于塞拉门多了一个塞紧动作,结构比较复杂,价格比外挂门约高 20%。第二,故障率高。根据香港地铁提供的资料,市区线车辆(外挂门)故障总数中,外挂门故障占 16%;机场快线车辆(塞拉门)故障总数中,塞拉门故障占 33%。随着设计、制造技术的不断改进和用户使用、维护经验的增加,其可靠性将会不断提高。上述三种车门实物如图 3-8 所示。

(4) 外摆式车门　开门时通过转轴和摆杆使车门向外摆出并贴靠在车体外墙板上,门关

(a) 内藏门　　　　　　　　(b) 外挂门　　　　　　　　(c) 塞拉门

图 3-8　地铁车门

闭后门翼外表面与车体外墙成一平面。这种车门的结构特点为，开门时具有较大的门翼摆动空间。

3. 按用途不同区分

（1）紧急疏散门　疏散门的功能是为了在紧急情况下能够打开使乘客安全转移。一般设在司机室前端正中央，其结构各有不同。

紧急疏散门（见图3-9）为可伸缩的套节式踏级板，两侧设有扶手栏杆，中间铝合金踏板上涂有防滑漆，故乘客在上面行走时不会滑跌。其门锁在驾驶室内或室外都可开启，一旦门锁开启车门能自动倒向路基，并且还有缓冲器不致使倒下的加速度过大而使疏散门装置损坏。

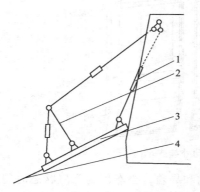 

图 3-9　紧急疏散门
1—弹簧杆；2—连杆；3—安全疏散梯；4—伸缩杆

（2）司机室车门　在司机室两侧墙上各有一扇单叶的内藏式滑动移门，其结构与客室车门类似，只是没有气动装置，而是用人工开关以供司机上下车。

在司机室背墙中间有一扇通往客室的通道门，后面是供司机走入客室的通道。它在客室一侧没有开门把手，乘客是不能开启这扇门的。但在其上方有一红色紧急拉手，其用途是当乘客发现司机因突发急病时可用紧急手柄开启通道门对司机进行抢救。

三、车钩缓冲装置

车钩缓冲装置固定在车体底架上。车钩用来保证各车辆的连接，并且传递牵引力、制动力和其他纵向冲击力。缓冲装置缓解车辆之间的互相冲击，并且使车辆间保持一定的距离，同时还要连接车辆间的电路和气路。车辆运行牵引、制动时发生的纵向拉力、压缩力经车钩、缓冲器，最后传递给车体底架的牵引梁。

如果这些作用由同一装置来承担，则该装置称为车钩缓冲装置。因此，车钩缓冲装置包括车钩、缓冲器、电路连接器和气路连接器。

就结构而言，车钩有密接式和非密接式之分，我国地铁车辆都采用密接式车钩。车钩缓冲装置有三种类型，即自动车钩、半自动车钩和半永久牵引杆。

1．车钩

（1）车钩的分类　按车钩特点的不同，可分为非刚性车钩和刚性车钩。非刚性车钩（也称非密接式车钩）的两车钩在垂直方向上有一定的位移，两车钩各自保持水平位置，同时保证车钩在水平面内可以自由地摆动，如图3-10所示。刚性车钩（也称密接式车钩）的两车钩不允许存在相对位移，两车钩的轴线联在挂后处在同一条直线上，钩体尾端销接以保证车辆间具有相对的位移，如图3-11所示。刚性车钩与非刚性车钩相比较具有如下优点：刚性车钩连接间隙小，磨耗小，降低了纵向力，改善了自动车钩零件的工作条件，并且降低了车钩冲击噪声，避免了发生事故时后车辆爬到前一车辆上的危险。

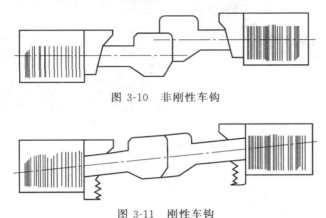

图 3-10　非刚性车钩

图 3-11　刚性车钩

按照牵引连挂装置的连接方法，可分为自动车钩、半自动车钩、半永久性车钩（也称半永久性牵引杆）三种，如图3-12～图3-14所示。

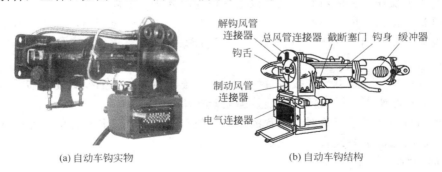

(a) 自动车钩实物　　　　(b) 自动车钩结构

图 3-12　自动车钩

（2）车钩的组成　我国城市轨道交通电动车组所采用的密接式车钩缓冲装置，一般位于A型车的司机室端，它由钩头（钩头凸锥）、钩舌、橡胶缓冲器、风管连接器、电气连接器和风动解钩系统等部分组成（见图3-10、图3-11）。车辆连挂时，依靠两车钩相邻钩头上的凸锥和凹锥孔相互插入，以起到紧密连接的作用；同时自动将两车之间的电路、空气通路接通，并起到缓和连挂中车辆间的冲击作用。解钩时，可在司机室控制自动解钩或采用手动解

(a) 半自动车钩　　　　　　　　(b) 连挂好的半自动车钩

图 3-13　半自动车钩

(a) 半永久性牵引杆　　　　　　(b) 连挂好的半永久性牵引杆

图 3-14　半永久性牵引杆

钩。解钩后，车钩即处于挂钩准备状态，电气连接器通过盖板自动关闭以防止水和尘土进入，主风管连接器也自动关闭以防止压缩空气泄漏。半自动车钩一般安装在组成列车的车组之间，半自动车钩和自动车钩基本相同。其不同点有：电气连挂只能用手工连接；解钩时，机械和气路部分可气动，也可手动操作完成，但不能在司机室集中控制；电气连接装置只能用手动操作；在半自动车钩上设有贯通道支撑座。半永久车钩的机械、气路和电路的连接和解钩都需要人工操作，一般只有在架修以上的作业时才进行分解。

(3) 风管连接器　风管连接器由总风管、制动风管、解钩风管组成，装于钩头锥体上下侧，是用来连接车辆间的气体管路。当处于连挂状态时，管路应保证不能漏气，同时不能影响解钩工作。

(4) 电气连接装置　电气连接装置有自动电气连接器和插头插座式连接器。自动电气连接器一般安装在车钩上，插头插座式连接器安装在车体后墙上。

(5) 车钩对中装置　车钩对中装置的作用是使车钩缓冲装置和车体的中心线在同一平面内，在缓冲器的尾部下方设有对中汽缸，以实现对中功能。

2. 缓冲装置

缓冲装置主要用来传递和缓和纵向冲击力，可分为可再生缓冲器和不可再生缓冲器两种类型。可再生缓冲器有环弹簧缓冲器、橡胶缓冲器、弹性胶泥缓冲器等；压溃管是不可再生缓冲器。

橡胶缓冲器的结构如图 3-15 所示。作用原理是当车辆受到压缩载荷时，缓冲器体和牵引杆受压。力的传递方向为：牵引杆压缩后从板→橡胶金属片→前从板和缓冲器的前端。橡胶金属片受到压缩起到缓冲作用。在牵引载荷工况下缓冲体和牵引杆受拉，力的传递方向为：牵引杆上的滑套压缩前从板→橡胶金属片→后从板和缓冲体后盖，同样起到缓冲作用。

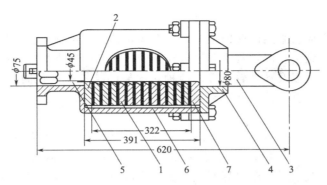

图 3-15 层叠式橡胶缓冲器

1—橡胶金属片；2—前从板；3—牵引杆；4—缓冲器后盖；5—滑套；6—缓冲器体；7—后从板

压溃管属于不可复原的能量吸收装置，当车钩所受到的冲击力超过橡胶缓冲器承受能力，装在车钩杆上的可压溃变形管受到挤压而将冲击能转化为变形能，以起到保护作用。

四、转向架

转向架（见图 3-16）是城市轨道交通车辆的重要走行部件，安装在车体与轨道之间。其基本作用是：支承整个车体，并引导其沿线路运行；承受并传递车体与轨道之间的各载荷；缓和车体与轨道之间的各作用力；将车轮对的滚动转化为车体的平动；提高车辆通过曲

(a) 动车转向架实物

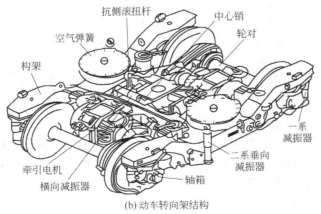

(b) 动车转向架结构

图 3-16 动车转向架

线的能力。

城市轨道交通车辆所采用的转向架，一般有动车转向架和拖车转向架两种。动车转向架和拖车转向架的基本结构相同，其主要区别在于动车转向架通常配置牵引电机、联轴器、齿轮箱、齿轮箱悬挂装置以及动力轮对等。两种转向架的结构基本相同，一般由构架、轮对、轴箱装置、弹性悬挂装置、传动装置和制动装置等部分组成。

1. 构架

构架（见图 3-17）是转向架的基础，它把转向架的零部件组成一个整体，有承受、传递车体与轨道间作用力的作用；也是转向架各组成部件的安装基础。构架主要由左、右侧梁，一根或几根横梁及前后端梁组焊而成。侧梁是构架的主要承载梁，同时侧梁的结构确定了轮对位置。

图 3-17 转向架构架

2. 轮对

轮对是由一根车轴和两个相同的车轮组成，如图 3-18 所示。车轮包括踏面、轮缘、轮辋、辐板和轮毂等部分。车轮与钢轨的接触面为踏面；踏面一侧突出的圆弧部分称为轮缘，轮缘是保持车辆沿钢轨运行，防止脱轨的重要部分；轮辋是踏面下，车轮最外的一圈；轮毂是轮与轴相互配合的部分；辐板是联接轮辋和轮毂的部分。

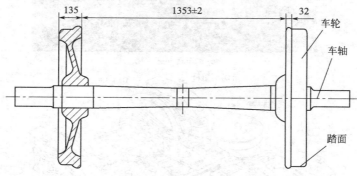

图 3-18 轮对

两轮缘的内侧距是影响运行安全的重要因素，轮缘内侧距应保证在任何线路上运行时轮缘与钢轨之间有一定的游间，以减少轮缘与钢轨的磨耗。应保证在最不利的情况下，轮对踏面在钢轨上仍有足够的安全搭接量不致造成脱轨，保证安全通过道岔。所以，我国城市轨道交通车辆轮对的内侧距为 1353 ± 2mm。

车辆轮对的要求是：在保证足够强度和一定使用寿命的前提下使其重量最小，并具有一定弹性,以减少轮轨之间的作用力;应具备运行阻力小,耐磨性好的优点;应能适应车辆直线运行,又能顺利通过曲线,还应具备必要的抵抗脱轨的安全性。

3. 轴箱装置

轴箱装置(见图3-19)的作用是将轮对和侧架连接在一起支撑一系悬挂;承受和传递轮对与转向架之间的各种载荷,承受车体重力,传递牵引力、制动力;承受和传递轮对与轨道之间的横向载荷;保护轴颈,使轴颈与轴承间得到润滑,减少摩擦以防止在高速运行条件下发生热轴,保证列车运行安全。

轴箱装置按使用轴承种类的不同分为滚动轴承轴箱装置和滑动轴承轴箱装置。滑动轴承轴箱装置承载重,但运行阻力较大,如果使用和保养不慎,易发生事故;地铁车辆和干线客车一般均采用滚动轴承轴箱装置,它具有运行阻力小、适用速度高、维修工作量小等优点。

4. 悬挂系统

弹性悬挂装置安装在轮对轴箱装置与构架之间(一系悬挂)和构架与车体之间(二系悬挂),如图3-20所示。弹簧减振装置的基本作用主要体现在:能够缓和并减少车辆行驶时的振动和冲击;能够控制车体的侧滚振动;能够控制车体地板面与轨道的高度,以提高车辆运行的平稳性和舒适性,降低噪声。

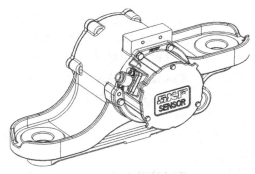

图 3-19 滚动轴承轴箱

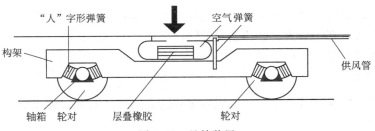

图 3-20 悬挂装置

城市轨道交通车辆的悬挂系统主要由一系悬挂、二系悬挂、减振器及其他减振部件组成,有的车辆还带有抗侧滚扭力杆装置。

(1)一系悬挂 一系悬挂位于轮对与构架之间。来自轨道的各种冲击和振动首先通过一系悬挂缓冲后再传递给构架和车体。一系悬挂有多种结构形式,目前多采用"人"字金属橡胶弹簧锥形、金属橡胶弹簧和金属螺旋弹簧,并根据车辆性能结合采用垂向减振器和(或)横向减振器。

(2)二系悬挂 二系悬挂位于转向架与车体之间,大多采用空气弹簧、紧急弹簧、高度阀作为二系悬挂系统。

① 空气弹簧。目前,转向架的二系悬挂大多都采用空气弹簧,如图3-21所示。因为它具有如下优点:能够大幅度降低车体的振动频率;可根据车辆性能的需要设计其弹性特性;能够使空车和重车状态的运行平稳性保持一致;能够使车体在不同静载荷下保持其高度基本不变;可取消传统的摇动台装置,简化了结构;具有良好的吸收高频振动和隔音性能。

② 紧急弹簧。如图3-20、图3-21中的层叠橡胶。紧急弹簧用于保证空气弹簧在完全泄

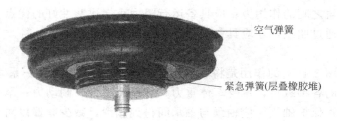

图 3-21 空气弹簧和紧急弹簧

气时二系弹簧仍具有一定悬挂作用,并增大二系弹簧静挠度。

③ 高度阀。高度阀的作用是通过调节空气弹簧压力值来调节车体高度。空气弹簧充气时车体升高,排气时车体降低。充气与排气由空气弹簧高度阀根据车体不同载荷情况来控制,以保证车体高度基本稳定。此外,车辆上还装有抗侧滚扭力杆装置、减振器及其他减振部件,以减少车辆运行中的纵向、横向、垂直以及测滚振动。

5. 传动系统

(1) 联轴节 电机的转矩通过联轴节传给齿轮箱主动齿轮,主动齿轮带动从动齿轮从而驱动车辆运动。

(2) 中央牵引装置 车体和转向架通过中央牵引装置连接为可以相互运动的整体,中央牵引装置一般由中心销及中心销座、牵引杆等部件组成。

中央牵引装置具有以下功能:连接车体与转向架,传递牵引及制动力;保证转向架能够在车体转动时安全通过曲线;车体被抬起时,能够通过中心销、中心销座等结构使转向架抬起。

(3) 牵引驱动装置 每个动车转向架的牵引装置都由两个齿轮箱和两个牵引电机组成。牵引电机悬挂在转向架构架上,齿轮箱通过转向架构架上的吊杆另行悬挂安装在轴上,牵引电机和齿轮箱通过联轴节进行连接。

五、制动系统

车辆制动系统的作用是产生制动力使列车减速或停车。城市轨道交通车辆制动系统具有如下特点。

① 城轨交通的站距很短,一般都在 1~1.5km 左右。这要求其制动装置具有操纵灵活、动作迅速、停车平稳准确、制动率及制动功率相对较大等特点。

② 城轨交通的客流量波动大,空载时列车重量仅为自重,而满载时列车重量却很大。这要求制动装置应在各种载荷工况下具备车辆制动力自动调整的性能,使车辆制动率基本不变,从而实现制动的准确性和停车的平稳性。

③ 城轨车辆在部分车辆,甚至全部车辆上具有独立的牵引电动机,它具有电制动性能,需要与空气制动协调配合。

④ 城轨车辆一般运行在人口稠密地区,并用于承载旅客,因此行车安全非常重要,这就要求列车具有紧急制动性能。

1. 制动系统的分类

制动系统分为两大类:动力制动和摩擦制动。动力制动又分为再生制动和电阻制动;摩擦制动分为闸瓦制动、盘形制动和磁轨制动。

(1) 动力制动(电制动) 动力制动又称电制动,是车辆在常用制动下的优先选择。仅带驱动系统的动车具有电制动,电制动又有再生制动和电阻制动两种形式。

① 再生制动。当发生常用制动时，牵引电动机变成发电机状态运行，并将车辆的动能变成电能，经 VVVF 逆变器整流成直流电反馈于接触网（VVVF 作用是变压变频。就是接触网的电流通过受流装置引到列车上，通过 VVVF 给列车提供可用电源，以实现列车电力牵引），供列车所在接触网供电区段上的其他车辆牵引用以及供给本车的其他系统（如辅助系统等），此即再生制动。再生制动取决于接触网的接收能力，亦即取决于网压高低和负载利用能力。当线网上无车，也就是负载利用能力较低时，再生制动效果会降低，并且随着速度的降低再生制动力会逐渐减小。目前，城市轨道交通车辆普遍采用这种再生制动。这种方式既能节约能源，又减少制动时对环境的污染，并且基本上无磨耗，因此是一种较为理想的制动方式。

② 电阻制动。如果制动列车所在的接触网供电区段内无其他列车吸收该制动能量，VVVF 则将能量反馈在制动电阻上，将电机上的制动能量转变成电阻的热能消耗掉，此即电阻制动（亦称能耗制动）。制动电阻上的热能靠强迫通风而散于大气中。电阻制动能提供较稳定的制动力，能单独满足常用制动的要求。

（2）摩擦制动　摩擦制动是用来补充所要求的制动指令和已达到的电制动力之间的差额，以及没有电制动时完全满足列车的制动要求。它包括闸瓦制动、盘形制动和磁轨制动，前两种以空气为动力，又称空气制动。

① 闸瓦制动。闸瓦制动又称踏面制动，是最常用的一种制动方式，如图 3-22 所示。制动时，制动控制装置根据制动指令使制动缸内产生相应的压力，该压力通过制动缸使制动缸活塞杆产生推力，经基础制动装置中的一系列杆件的传递、分配，使每块闸瓦都贴靠车轮踏面并产生闸瓦压力。车轮与闸瓦之间相对滑动产生摩擦力，最后转化为轮轨之间的制动力。缓解时，制动控制装置将制动缸压力空气排出，制动缸活塞在制动缸缓解弹簧的作用下退回，再通过各杆件带动闸瓦离开车轮踏面。

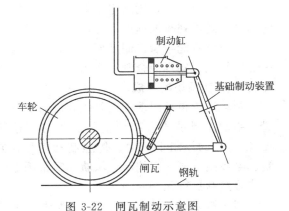

图 3-22　闸瓦制动示意图

闸瓦制动时，动能转化为热能的能力大，但散热能力相对较小。当制动功率较大时，可能因来不及散热而使热量在闸瓦与车轮踏面积聚使它们的温度升高，严重时甚至会导致闸瓦熔化或使车轮踏面过热剥离、热裂等。因此，在采用闸瓦制动时，应对制动功率有所限制。

② 盘形制动。当需要较大的制动功率时可采用盘形制动装置，盘形制动有轴盘式和轮盘式之分（见图 3-23），但一般采用轴盘式。根据制动的需要，可在一根车轴上布置 2 个、3 个甚至 4 个制动盘。当轮对中间由于牵引电机等设备使制动盘安装发生困难时，可采用轮盘式。制动时，制动缸通过制动夹钳使闸片夹紧制动盘使得闸片与制动盘间产生摩擦，把车组的动能转变为热能散于大气中。

盘形制动装置的特点是：盘形制动装置代替了闸瓦对车轮踏面的摩擦，因此不存在对车轮的热影响，同时也减少了车轮的磨耗，延长了车轮的使用寿命并改善了运行性能，保证了行车安全；盘形制动装置的散热性能比较好，摩擦系数稳定，能得到较恒定的制动力，允许有较高的制动功率；可以自由地选择制动盘和闸片的材料以获得较高的摩擦系数，使这一对摩擦副具有最佳的制动参数并且比较稳定，因此可以减小闸瓦压力、缩小制动缸及杠杆的尺

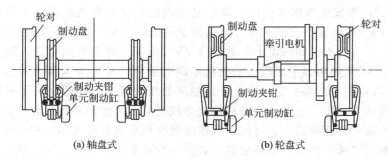

图 3-23 盘形制动

寸,减轻制动装置的重量。

③ 磁轨制动。是利用安装在列车上的电磁铁通电后与轨道之间产生的吸引力,以及利用两者的摩擦产生制动力。磁轨制动能获得较大的制动力,因此常被城轨车辆作为实施紧急制动时的一种补充方式。

在常用制动模式下,电制动和空气(摩擦)制动一般都处于激活状态。城轨车辆采用了程序制动的措施,制动优先级分别是第一优先再生制动,第二优先电阻制动,第三优先空气制动。程序制动的含义是:充分利用电制动,尽量减少空气制动。电制动不仅供动车制动使用,而且还要承担拖住拖车的任务。当两节动车的电制动力能满足一组车(二动一拖三辆车)的制动要求时,则这组车就不再使用空气制动;反之,则要使用空气制动以补充电制动的不足。随着列车的速度下降,其电制动力也将不断地减弱,当列车速度降低至一速度时,电制动力已不能再满足制动所需的要求,这时电制动力将逐渐被切除,空气制动能够迅速、平滑地补充,实现混合制动作用。

2. 制动系统的组成

制动系统包括制动控制系统和制动执行系统两部分。制动执行系统通常称为基础制动装置。制动控制系统由制动信号发生与传输装置组成,在司机或其他控制装置(如 ATP/ATO 等)的控制下产生、传递制动信号,并进行制动力分配、协调,其控制方式有气控制、电控制、电—空控制。城轨车辆常用电—空控制。它是利用电信号来控制气信号,再用气信号控制执行元件的动作。

列车制动系统由供气设备、制动控制单元(BCU)、基础制动装置、微机控制单元(EBCU)和防滑装置组成。

(1) 供气设备 城轨列车大多以三辆车为一个单元,所以其供气也是以单元来设计的。每一单元设置一套空气压缩机组,其中包括驱动电机、压缩机、干燥器、压力控制开关等。电动机通过联轴器直接驱动空压机,空压机产生的压缩空气供车辆的制动系统及其他一些子系统使用。空压机输出的压缩空气中含有较高的水分和油分,必须经过空气干燥器排去水分和油分后才能使其成为洁净的干燥的压缩空气供各用气系统使用。

(2) 基础制动装置 空气制动系统中的制动执行装置称为基础制动装置。在电动车组上常用的基础制动装置有闸瓦制动与盘形制动两种形式,其组成和工作原理如前所述。

(3) 制动微机控制单元(EBCU) 地铁车辆制动系统采用电控制气、气再控制气的二级控制方式,即为制动微机控制单元(EBCU)控制制动控制单元(BCU),制动控制单元再控制制动执行装置的方式。

EBCU 是用于控制电—空制动和防止车轮滑行控制的微处理机,是空气制动管理控制的核心。制动实施时,它通过接收各种与制动有关的信号计算出一个当时所需气制动力的制动指令,并将其输出给 BCU。同时 EBCU 还实时监控每根轴的转速,一旦任一轮对发生滑行就能迅速向该轮轴的防滑阀发出指令,沟通制动缸与大气的通路,使制动缸迅速排气从而解除该轮对的滑行现象,实现 EBCU 对各轮对滑行的单独保护控制。

(4) 制动控制单元 BCU　BCU 是空气制动的核心,它由各种阀门组成,并接受制动系统计算机(EBCU)的指令,然后再指示制动执行部件动作,即将 EBCU 发出的制动指令电信号通过模拟转换阀转换成与之成比例的预控制压力。这个预控制压力是呈线性变化的,同时也受到称重阀和防冲动检测装置的检测和限制,再通过中继阀沟通制动主风缸与制动缸的通路,并控制进入制动缸的压力,最后使制动缸获得符合制动指令的气制动压力。

(5) 防滑系统　防滑系统用于车轮与钢轨黏着不良时对制动力进行控制。它的作用是防止车轮即将抱死,避免滑动,最佳地利用黏着以获得最短的制动距离。

(6) 单元制动机　由于城市轨道交通车辆的车体底架下方与转向架之间没有很大的空间来安装基础制动装置,因此采用单元制动机。单元制动机是由制动缸、闸瓦间隙调整器等组合而成的紧凑部件。单元制动机和基础制动装置各有其特点。基础制动装置由于采用杠杆联运机械,所以其同步性良好,制动力均匀。而单元制动机是单个供气动作,轻便灵活、占空间体积小、灵敏度高,使用了电气控制后也可具有良好的同步性。单元制动机结构紧凑,省却了传统基础制动装置中的一系列传动部件,制动效率高,作用灵敏,容易做到少维修或无维修。

地铁使用的踏面制动单元又分为两种:不带停放制动的和带停放制动的制动单元(见图 3-22),它们分别位于转向架的对角。

不带停放制动的制动单元(见图 3-24)主要由制动缸、活塞、活塞杆、制动杠杆、单向闸瓦间隙调整器、缓解弹簧等组成。当风缸充气时推动活塞及活塞杆,并带动制动杠杆,然后推动间隙调整器的螺纹杆将闸瓦推向轮对踏面施加制动。缓解时,通过 BCU 中的均衡阀将闸缸中的压力空气排到大气中,这时闸瓦及闸瓦托上所受到的推力被撤除,由于活塞弹簧及闸瓦托吊杆上端头的扭簧的反弹作用使闸瓦与活塞复位。由此可见,地铁车辆常用制动是充风制动,排风缓解。

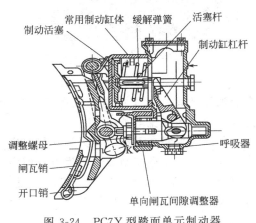

图 3-24　PC7Y 型踏面单元制动器
(不带停放制动器)

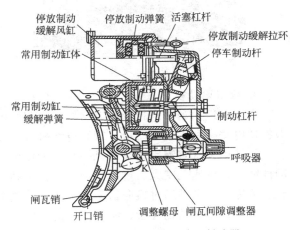

图 3-25　PCY7F 型踏面单元制动器
(带停放制动器)

带停放制动的制动单元(见图 3-25)除了具有常用制动功能外还具有停放制动功能,它用于车辆停放时进行停放制动。特别是当车辆停放在坡道上,它可防止车辆溜动。停放制动实际上是一个弹簧制动器,当停放制动缓解风缸排气后,弹簧推力将活塞杆推向前方,带动停车制动杠杆,然后推动制动杠杆最后实现将闸瓦推向轮对踏面的动作,以达到制动的目的。所以,地铁车辆的停车制动是排风制动、充风缓解。

弹簧制动器也可用人工拔出其顶部的缓解销来实施机械缓解。弹簧制动器也用电磁阀来控制其汽缸充、排气,并且在驾驶室内控制。

六、车辆电气部分

1. 传动控制

目前电动车组的传动控制方式有变阻控制、斩波调压控制和变压变频控制。其中变阻控制由于不经济等缺陷已趋于淘汰。斩波调压控制是直流电机电动车辆普遍采用的传动控制方式,使用了先进的大功率可关断晶闸管,并利用晶闸管的导通和关断把直流电压转换成方波,用以调整直流电机的端电压。斩波调压控制取消了换流装置,体积和重量均有减少,并可实现无级调整使车辆平稳启动和制动,还可实现再生制动达到节电的效果。变压变频控制是最先进的交流电动机传动控制方式,它使用逆变器将直流变为交流,再以电压和频率的变化控制交流电动机,在调速性能和节能上均优于上述两种传动控制方式。变压变频控制与交流电动机配合,无换向部分,运行可靠、过载能力强、结构简单,几乎无需保养和维修。

2. 受流装置

受流装置是列车将外部电源引入车辆电源系统的重要设备。根据线路供电方式的不同,列车受流装置分为集电靴(见图3-26)及受电弓(见图3-27)两种形式。集电靴装置应用于第三轨方式供电的线路,而受电弓装置主要应用于以接触网方式供电的线路。

图 3-26 集电靴

图 3-27 受电弓

3. 牵引电动机

电动车组的动力来自牵引电动机,目前城市轨道交通车辆采用的牵引电动机有两大类,即旋转电动机和直线电动机。旋转电动机又可分为直流电动机和交流电动机。

长期以来,直流串励电动机一直作为城市轨道交通车辆的主要牵引动力,因为它具有启动性能好、调速范围大、过载能力强、功率利用充分、运行较可靠且控制简单等优点。但由于直流电动机必须通过换向器才能工作,这就造成了直流电动机在高压大功率时换向困难、工作可靠性差、结构复杂、制造成本高和维修量大的弊病,因此直流电动机的发展受到了很大限制。

城市轨道交通车辆的交流牵引电动机采用三相异步电动机。异步电动机构造简单、运行可靠、效率较高、价格低廉。其机械特性较硬,具有较好的防空转性能,使黏着利用率提高,微电子技术的发展使异步电动机的调压变频调速得以顺利实现。采用无整流子的交流牵引电动机的电力传动系统,使电动车组的性能发生了深刻的变化。三相异步牵引电动机由于其明显的优点，有逐渐替代直流牵引电动机的趋势。

【实践操作】

紧急情况下，打开司机室紧急疏散门疏散乘客，紧急疏散门如图3-9所示，操作过程如下：

① 拉下红色手柄；

② 用力推斜梯，部分车辆（如广州地铁一号线的车辆）还需跑到斜梯前端将斜梯的最后一节伸长，使斜梯着地；

③ 组织乘客疏散到隧道，沿轨道跑到最近的车站。

任务三　城市轨道交通车辆基地

【图示引导】

图3-28　地铁车辆基地一角

【相关知识】

车辆基地（见图3-28）是车辆停放及维修基地的简称，是城市轨道交通车辆停放、保养、修理的专门场所。

一、车辆基地的组成

车辆基地主要由车辆段、停车场（库）、检修库、列检所等组成。

1. 车辆段

车辆段是城市轨道交通系统中对车辆进行运用管理、停放及维修保养的场所。一般情况下一条线路设一个车辆段，当线路长度超过20km时可以考虑设一个车辆段、一个停车场。

车辆段主要由三大部分组成：停车库、检修库和办公生活设施。车辆段主要划分为检修区和运营区，主要任务是承担车辆的运营及各种定期检修作业。所有的检修工作均集中在检修区进行，运营区主要负责段属车辆的停放、列检和乘务工作。

2. 停车场（库）

停车库兼有停车、整备、清扫、日常检查和驾驶员出乘等多种功能。为实现这些功能，停车库除设有停车线外，还设有运用车间、运转值班室、驾驶员待班室等驾驶员出乘用房，以及列车、列车车载信号检修用房。由于列车本身价值昂贵，在地铁运行中占据着重要地位，因此在停车库都设置自动防灾报警设备，并与整个地铁消防系统联系在一起。

3. 检修库

检修库用于对车辆的检修，方式是在库内对列车的走行部、车体及车顶设备进行检查。为便于作业和保证安全，线路应采用架空形式。除线路中间设置地沟（见图3-29），在检修线两侧应设三层立体检修场地，底层地坪低于库内地坪可以对走行部以及车体下布置的电气箱、制动单元、蓄电池进行检查，主要对车辆顶部的受电弓、空调设备进行检修，车顶平台设有安全栏杆。

图3-29 检修线的地沟

4. 列检所

列检所的任务是利用列车的停放时间和停放场地对车辆的重要部件进行例行技术检查，对危害行车安全的一般故障进行重点修理。列检所一般设在停车场（库）或列车折返时停留和准备场所的停车线旁。

除此之外还设有办公生活设施，包括信号楼以及管理人员和司乘人员工作、休息场所。

二、车辆段的工作范围

车辆段的主要功能有：承担所属线路的车辆停放、清洁、列检工作；承担所在线路车辆的定修（年检）及以下车辆检查维修和临修工作；承担所属线路和由多条联络线互相沟通的线路的车辆架修、大修工作；承担车辆部件的检测、修理工作，满足车辆各修程对互换部件的需求。其维修能力的设置也可使其成为地铁网络的车辆部件维修点，为其他车辆服务。

车辆段一般还兼有综合检修基地功能，是保障线路各系统正常运行的保障基地和管理部门。在停车场一般设置各系统的维修工区，属综合检修基地管辖。综合检修基地的功能和任务如下。

① 承担所辖线路沿线隧道、线路和桥梁等设施的检查、保养和维修工作。

② 承担所辖线路车站建筑和地面建筑的保养和维修工作。

③ 承担所辖线路变电所、接触网、供电线路和设备的运行管理、检查、保养和维修工作。

④ 承担所辖线路各机电系统及设备的运行管理、检查、保养和维修工作。

⑤ 承担所辖线路通信、信号系统的运行管理、检查、保养和维修工作。
⑥ 承担所辖线路自动售检票系统和设备的运行管理、检查、保养和维修工作。
⑦ 承担所辖线路防灾报警系统、设备监控系统的检查、保养和维修工作。
⑧ 承担所辖线路运营、检修所需的各类材料、设备以及备品配件的采购、储备、保管和发放工作。

三、车辆的检修

车辆经过一段时间运用后，各部构件会产生磨耗、变形或损坏。为了保证车辆质量良好地运行、延长使用寿命，除了车辆乘务员加强日常检查和保养维护外，还需要定期进行各种修程的检修。

1. 车辆维修分类

车辆维修根据目的不同主要分为以下两大类：预防性维修和故障维修。

预防性维修是在故障率没有超过事先确定的指标之前，为了限制故障的产生而对设备采取的维修措施。它可以根据下列因素来确定：第一，使用时间；第二，车辆的走行公里数。

预防性维修的计划是根据车辆制造者所提供的基础信息来确定的，但同时它也必须与设备当时的运转情况相适应。如果系统的可靠性比较高，那么维修的周期可以相对延长，反之则要相对缩短维修周期。具体可以分为以下两种形式。

（1）计划修　是根据事先确定的计划，当达到一个事先确定的时间周期或者一个车辆运行公里数时，对相关设备进行的检查和处理。目前广州地铁车辆计划修主要包括日检修、双周检、半年检、年检、架修、大修等修程；北京地铁的修程为厂修、架修、定修和月修（其中架修、定修和月修为段修修程）；上海地铁的修程为厂修、架修、定修、双月修、双周修和列检（日检）。

根据维修深度不同，计划性维修主要分为以下三大类。

① 定修，即年检及其以下的修程。该类维修以检查和维护保养为主，直接面向运营供车的需要。

② 架修，大修。该类维修以维修为主，主要以恢复部件尺寸、功能等为主。

③ 各类部件的维修。该类维修主要对各种维修换下的部件进行维修。

（2）状态修　在对设备进行检测时，一旦某一参数超过了事先确定的限定警戒值，则需要介入维修。该类维修要根据参数的变化趋势情况对设备进行检修。

故障维修是在某个部件出现故障之后所采取的维修方式，即我们所说的临修。故障维修的工作负荷一般是无法预计和评价的，总是由使用者（运营者）发现故障之后报告，然后展开维修，并在故障维修中通过换件快速处理故障。故障维修可以是彻底维修，也可以是临时性的维修，设备在临时维修之后仍然可以投入运营，并等待彻底维修。在这些不同的维修程序结束之后，就应该认为设备恢复可使用状态，可以投入正常的运营。这种维修一般是在各线车辆段或停车场进行。

车辆维修根据维修对象的不同可以分为：电客车的维修，工程车的维修和大型设备的维修。工程车的维修主要为各种型号的工程车、特殊作业用车。特殊作业用车包括网轨检测车、轨道打磨车、线性电机维护车辆等。大型车辆维修设备包括移动式架车机，固定式架车机、洗车机、不落轮镟床等。

2. 检修内容

综合国内主要城市轨道交通车辆的修程大致分为列检（日检）、月检（双月检）、定修、架修和厂修（又称大修）。各种修程的主要检修内容和范围如下。

（1）列检　对容易出现危及行车安全的各主要部件（如轮对、弹簧、转向架、受流器、控制装置、空气制动装置、车钩及缓冲装置、蓄电池、车门风动开关装置、车体、车灯等）进行外观检查，对危及行车安全的故障及时进行重点修理。

（2）月检　对车辆外观和一般功能进行检查，即对车辆主要部件的技术状态进行外观检查和必要试验，对危及行车安全的故障进行全面修理。

（3）定修　主要是预防性的修理，修理过程需要架车。它是对各大部件的技术状态和作用作较仔细检查，对检查发现的故障进行针对性修理，对车上的仪器和仪表进行校验，同时车辆组装后要经过静调和试车。

（4）架修　主要目标是检测和修理大型部件（如走行部、牵引电动机、传动装置等）。同时，经架车对车辆各部件进行解体和全面检查、修理、试验，对计量的仪器、仪表进行校验，车体要重新油漆标记，并在组装后进行静调和试车。

（5）厂修　全面恢复性修理。要求对车辆全面解体、检查、整形、修理和试验，要求完全恢复其功能。组装后要重新油漆、标记、静调和试车。总之，厂修后的车辆基本上要达到新车出厂水平。

【实践操作】

搜集广州、上海、北京等或当地城市地铁车辆维修维保模式。

习　　题

一、填空题

1. 城市轨道交通车辆按牵引动力配置分为_____、_____；按车辆规格分为_____、_____和_____。

2. 一般城市轨道交通车辆由_____、_____、_____、_____和_____等组成。动车转向架上装有牵引电机。

3. 车体底架由地板梁、_____、_____、_____、_____组成。两车体间有_____，可提供一个从一辆车走到另一辆车的通道。

4. 城市轨道交通车辆按驱动方式不同区分为_____、电动式车门，按开启方式不同区分为_____、_____、_____、外摆式车门。

5. 城市轨道交通车辆按照牵引连挂装置的连接方法，可分为_____、_____、_____（也称半永久牵引杆）三种。

6. 地铁车辆转向架一般由_____、轮对、轴箱装置、_____、_____和_____等部分组成。

7. 城市轨道交通制动系统分动力制动和摩擦制动。电制动又有_____和_____两种形式；摩擦制动有_____、_____和_____。

二、不定项选择题

1. 如果地铁车辆编组形式为—A＊B＊C＝C＊B＊A—，"＊"表示（　　　）。
　　A. 自动车钩　　　B. 半自动车钩　　　C. 半永久车钩　　　D. 密接式车钩

2. 如果地铁车辆编组形式为—A＊B＊C＝C＊B＊A—，"＝"表示（　　　）。
　　A. 自动车钩　　　B. 半自动车钩　　　C. 半永久车钩　　　D. 密接式车钩

3. 在车底架中，连接车钩缓冲装置的是（　　　）。
　　A. 枕梁　　　　　B. 牵引梁　　　　　C. 侧梁　　　　　　D. 地板梁

4. 车门在关闭状态时，门翼外表面与车体外墙成一个平面的车门是（　　　）

A. 内藏门　　　　　B. 外挂门　　　　C. 塞拉门　　　　　D. 外摆式车门
5. 装置司机室端的车钩是（　　　）。
　　A. 自动车钩　　　B. 半自动车钩　　C. 半永久车钩　　　D. 非刚性车钩
6. 半自动车钩的解钩操作，下列哪些是正确的（　　　）。
　　A. 只能在司机室自动解钩　　　　B. 可以在司机室自动解钩或采用手动解钩
　　C. 只能手动解钩　　　　　　　　D. 电器连挂可自动完成
7. 轴箱上装有（　　　）。
　　A. 一系弹簧　　　B. 高度阀　　　　C. 紧急弹簧　　　　D. 二系弹簧
8. 地铁车辆第一优先制动是（　　　）。
　　A. 空气制动　　　B. 再生制动　　　C. 盘形制动　　　　D. 电阻制动
9. 车辆基地的设施包括（　　　）。
　　A. 车辆段　　　　B. 停车场　　　　C. 检修库　　　　　D. 办公生活设施
10. 车辆二系悬挂系统包括（　　　）。
　　A. 空气弹簧　　　B. 紧急弹簧　　　C. 轴箱弹簧　　　　D. 抗测滚扭力杆
11. 关于城轨制动的描述不正确是（　　　）。
　　A. 制动距离短　　　　　　　　　B. 制动力恒定不能调节
　　C. 响应时间短　　　　　　　　　D. 电制动与空气制动平稳配合
12. 车辆经过修理后达到新车水平的修程是（　　　）。
　　A. 定修　　　　　B. 架修　　　　　C. 厂修　　　　　　D. 定修和厂修
13. 城轨车辆按宽度分有 A、B、C 三种车型，其相互关系为（　　　）。
　　A. A＞B＞C　　　B. C＞B＞A　　　C. A＞B＝C　　　　D. A＝B＞C

三、名词解释

1. 再生制动
2. 密接式车钩
3. 盘形制动
4. 定修

四、判断题

1. 盘形制动属于电制动。　　　　　　　　　　　　　　　　　　　　　　　（　　）
2. 地铁车辆的客室门每侧只有两个。　　　　　　　　　　　　　　　　　　（　　）
3. 地铁列车的编组不能采用全动车形式。　　　　　　　　　　　　　　　　（　　）
4. 自动车钩连挂后，两车间的电路、气路可自动接通，而半自动车钩需手工连接。（　　）
5. 半永久车钩的机械、气路和电路的连接和解钩都需要人工操作。　　　　　（　　）
6. 压溃管是可以反复使用的缓冲装置。　　　　　　　　　　　　　　　　　（　　）
7. 地铁车辆的直线电机取消了旋转电机的传动机构，因此转向架结构简单、重量轻。
　　　　　　　　　　　　　　　　　　　　　　　　　　　　　　　　　　（　　）
8. 再生制动的效能在任何时候都是一样的。　　　　　　　　　　　　　　　（　　）
9. 制动系统中的制动控制单元 BCU 是控制制动执行装置的部件。　　　　　（　　）
10. 地铁车辆的停车制动是充风制动、排风缓解。　　　　　　　　　　　　（　　）

五、简答题

1. 城市轨道交通车辆有什么特点？
2. 简述城市轨道交通列车编组方法。
3. 城市轨道交通车辆的车门按用途分为哪些？它们的数目分别是多少？

4. 简述密接式车钩连挂和解钩的过程。
5. 简述轴箱装置、中央牵引装置的作用。
6. 简述车辆悬挂系统的组成和作用。
7. 简述闸瓦制动、电阻制动的工作原理。
8. 什么是程序制动？地铁车辆制动的优先级是什么？
9. 什么是计划修？什么是状态修？计划修的修程有哪些？

项目四　城市轨道交通供电系统

【项目导入】

　　城市轨道交通供电系统是轨道交通的重要组成部分，它不但为列车提供牵引动力，还为运营服务的辅助设施如照明、通风、空调、排水、通信、信号、防灾报警、自动扶梯等提供电力。供电系统由哪几部分组成？它们的作用是什么？城轨供电的电力是如何调度的？本项目将为您一一揭示。

【学习目标】

1. 能掌握城市轨道交通供电系统的组成。
2. 能掌握城市轨道交通 SCADA 系统的组成，了解其作用。

任务一　认识城市轨道交通供电系统

【图示引导】

图 4-1　接触网

🔍 【相关知识】

城市轨道交通的供电系统是负责为其正常运营提供所需电能的重要部门。城市轨道交通列车采用电力牵引，其动力是电能；此外，为运营服务的辅助设施包括照明、通风、空调、排水、通信、信号、防灾报警、自动扶梯等，也都依赖并消耗电能。在运营中供电一旦中断，不仅会造成地铁运输的瘫痪，而且还会危及乘客生命安全和造成财产的损失，因此高度安全、可靠而又经济合理的供给电力是城市轨道交通正常运营的重要保证和前提。

一、供电系统的组成

城市轨道交通是一个重要的供电用户，为一级负荷。一级负荷规定，应由两路独立的电源供电。当任何一路电源发生故障中断供电时，另一路应保证城市轨道交通一级重要负荷的全部用电需要。

城市轨道交通供电系统一般包括高压供电系统、牵引供电系统和动力照明供电系统，如图4-2所示。前者属于外部供电系统，后两者属于城市轨道交通内部供电系统。

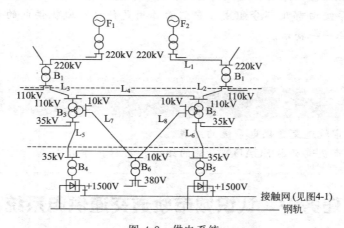

图 4-2 供电系统

F_1、F_2—发电厂；$L_1 \sim L_8$—传输线路；$B_1 \sim B_3$—主变电所；
B_4、B_5—牵引变电所；B_6—降压变电所

1. 高压供电源系统

高压供电源系统是城市电网对轨道交通系统内部的变电所的供电方式，有集中式供电、分散式供电和混合式供电三种供电方式。采用何种方式的高压供电源一般视各城市的情况而定。

(1) 集中式供电　是设置专用主变电所。主变电所有两路独立的110kV电源，由主变电所变压为内部供电系统所需的电压级，一般为10kV或35kV。我国上海、广州及香港地铁即为此种供电方式。

(2) 分散式供电　是沿城市轨道交通线路沿线直接由城市电网引入多路电源，电源电压等级一般为10kV，供给各牵引变电所。分散式供电应保证每座牵引变电所和降压变电所皆能获得双路电源。

(3) 混合式供电　是集中式和分散式两种供电方式的结合。它以集中供电为主，个别地段引入城市电网电源作为集中式供电的补充。北京地铁1号线和环线即采用此种供电方式。

2. 牵引供电系统

牵引供电系统供给城市轨道交通电动车辆运行所需的电能，该系统的组成及相关内容在后面做详细介绍。

3. 动力照明供电系统

动力照明供电系统由降压变电所及动力照明组成。

（1）降压变电所　降压变电所将三相电源进线电压降为三相 380V 交流电。一般每个车站均应设降压变电所；地下车站负荷较大，一般设于站台两端；负荷较小时可以几个车站合设一个；也可以将降压变电所附设在某个牵引变电所之中，构成牵引与降压混合变电所（例如地下车站一端的降压变电所）。

（2）动力照明供电系统　动力照明供电是给车站空调、自动扶梯、通信信号等设备供电。降压变电所通过配电所（室）将三相 380V 和单相 220V 交流电分别供给动力照明设备，各配电所（室）对本车站及其两侧区间动力和照明等设备配电。

① 照明系统。车站照明系统采用 380V 三相五线制、220V 单相三线制方式供电。系统范围大致包括站台层、站厅层公共区的一般照明、节电照明（包括站名牌标示照明）、事故照明（包括疏散诱导指示照明）、广告照明和设备及管理用房的一般照明、事故照明；出入口的疏散诱导指示照明、一般照明与事故照明；电缆廊道的一般照明及区间隧道的一般照明、事故照明。

根据各场所照明负荷的重要性，照明负荷可分为三个等级：节电照明、事故照明、疏散诱导指示照明为一级负荷；一般照明及各类指示牌为二级负荷；广告照明为三级负荷。

② 照明系统的控制位置及控制方法。车站照明系统可分为就地级控制、照明配电室集中控制和站控室集中控制三级控制。

就地级控制。各设备及管理用房进门处设有就地开关箱或开关盒，可通过开关箱或开关盒上的开关控制相应设备及管理用房的一般照明。区间隧道一般照明可由设于隧道两端入口处的区间隧道一般照明配电箱控制。

照明配电室集中控制。照明配电室内设有相应照明场所的照明配电箱，可在室内集中控制相应场所的一般照明、节电照明、事故照明及广告照明。

正常情况下，配电箱所有开关均应全部合上，以便通过就地级控制和站控室集中控制相应场所照明。

站控室集中控制。站控室内设有照明控制柜，通过柜面上转换开关和按钮可实现站台层、站厅层公共区一般照明、节电照明、广告照明的手动/自动控制（手动控制是指通过照明控制柜上按钮或照明配电室照明配电箱上按钮开/关控制；自动控制是指通过机电设备监控系统 EMCS 实现控制）及区间隧道一般照明手动控制。

在机电设备监控系统 EMCS 上可监控站台层、站厅层公共区一般照明、节电照明、广告照明的工作状态（手动/停/自动）。

③ 低压配电系统。车站低压配电系统采用 380V 三相五线制、220V 单相三线制方式供电。系统范围大致包括站台层、站厅层和设备及管理用房的环控、排水、消防、电梯、自动扶梯、自动售检票及通信、信号、站控室等系统动力设备的供配电和车站环控室所供配电设备的电控控制。

根据用电设备的不同用途和重要性，车站用电负荷分为三级：一级负荷包括通信系统、信号系统、火灾报警系统、气体灭火系统、机电设备监控系统、屏蔽门、消防泵、废水泵、雨水泵、防淹门、站控室、事故风机及其风阀等；二级负荷包括非事故风机及风阀、污水泵、集水泵、自动扶梯、工作人员电梯、轮椅牵引机、自动售检票设备、民用通信电源、维修电源及冷水机组油加热器等；三级负荷包括冷水机组、冷冻水泵、冷却水泵、冷却塔风机、电开水器、清扫电源等。

系统所供配电设备可分为由车站低压变电所直接供配电的设备和由环控室供配电的设备。

④ 低压配电系统的控制位置及控制方式

由低压变电所直接供配电的各系统设备。低压配电系统提供电源至各设备附近的配电箱或电源切换箱，工作人员可在低压所或设备附近的配电箱或电源切换箱上对各设备作电源通断或切换操作控制。

由环控室直接供配电的设备。低压配电系统提供电源至各设备附近的配电箱或电源切换箱，工作人员可在环控室或设备附近的配电箱或电源切换箱上对各设备作电源通断或切换操作控制。

对环控室直接控制的环控设备。采用三地控制方式，即就地控制（设备附近）、环控室控制及站控室控制（通过 EMCS 系统控制）。

自动扶梯正常时由现场控制。事故状态下可在站控室内按动应急停机按钮停止所有自动扶梯运行。

二、牵引供电系统

1. 牵引供电系统的组成

牵引供电系统主要由牵引变电所和牵引网两大部分组成。牵引变电所的主要设备是变压器和整流器；牵引网主要由接触网、馈电线、电分段、轨道和回流线组成。牵引网又分为架空式和接触轨式，如图 4-3 所示。

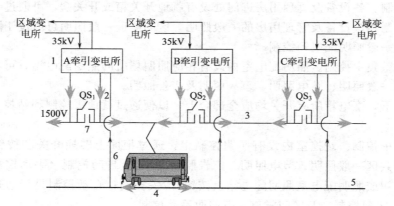

图 4-3 地铁牵引供电系统示意图

1—牵引变电所；2—馈电线；3—接触网（轨）；4—电动列车；5—钢轨；6—回流线；7—电分段

区域变电所或主变电所将供电部门送来的三相高压交流电降压为所需电压等级（如 35kV），将它通过三相线路送到牵引变电所，再降压并整流为适应于电动车组工作的 1500V 或 750V 直流电。这种直流电通过电动车组受流装置与接触网或接触轨滑动接触将直流电引入电动车组。工作后的电流经车体、轮对、轨道经由回流线流回到牵引变电所。

① 牵引变电所。供给地铁一定区域内牵引电能的变电所。

② 接触网（或接触轨）。经过电动列车的受电器向电动列车供给电能的导电网。

③ 馈电线。从牵引变电所向接触网输送牵引电能的导线。

④ 回流线。用以供牵引电流返回牵引变电所的导线。

⑤ 电分段。电分段是将接触网从电气连接上相互分开的装置，为便于检修和缩小事故范围，将接触网分成若干段称为电分段。

⑥ 轨道。列车行走时，利用走行轨作为牵引电流回流的电路。在采用跨坐式单轨电动车组时，需沿线路专门铺设单独的回流线。

2. 牵引变电所

牵引变电所的任务是将由区域变电所或主变电所获取的中压电压等级电能，经降压与整流变换为可供列车牵引用直流电（1500V 或 750V），并以直流电的形式把电能经馈电线送至接触网。

牵引变电所的容量与设置距离根据牵引供电计算结果，并作经济技术分析比较后确定。牵引变电所沿线路布置，每一个牵引变电所有一定供电范围。供电距离过长会使末端电压过低及电能损耗过大；供电距离过短又会使变电所数目太多而不经济。一般设置在车站和车辆段附近，相邻牵引变电所之间距离在 2~4km。

3. 牵引变电所的供电方式

牵引变电所向牵引网的供电方式主要依牵引变电所的分布情况、供电臂的长短、线路状态的供电可靠性而定，通常有单边供电和双边供电两种。

为了能安全、可靠地供电，通常在相邻的两个牵引变电所之间的接触网中央处断开，将两牵引变电所之间的接触网分成相互绝缘的两部分，每一部分都称为供电分区。在供电分区的末端设置有断路器和隔离开关的分区亭，以便对接触网起到分断与保护作用，同时还可以通过分区亭内的开关设备将供电分区联结起来，如图 4-4 所示。

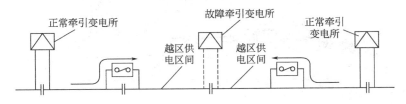

图 4-4　牵引变电所供电示意图

每个供电分区的接触网只从一端的牵引变电所获取电流，这种供电方式为单边供电。如果将分区亭开关闭合，则相邻牵引变电所之间的两个相接触网供电分区可同时从两个牵引变电所获取电流，这种供电方式称为双边供电。

单边供电时，一旦接触网发生故障只影响本供电分区，因此故障范围较小。双边供电虽然可提高供电电压水平，但一旦发生故障，影响范围较大，因此目前较少应用。

当某个牵引变电所发生故障或停电检修时，该变电所承担的供电臂供电任务通过分区亭开关闭合，由两侧相邻的牵引变电所负责越区供电。在越区供电方式下，供电末端的接触网（或接触轨）的电压较低，电能损耗较大，因此要视情况适当减少同时处在该供电区段的列车数目。越区供电只是在不得已的情况下短时采用的一种运行方式。

4. 接触网

接触网有架空线式和接触轨式两种形式。

(1) 架空式接触网 架空式接触网是架设在走行轨道上部的接触网，由电动列车（车辆）顶部伸出的受电弓与之接触取得电能。按线路形式可分为地面架空式和隧道架空式；按悬挂方式又可分为柔性（悬挂）接触网和刚性（悬挂）接触网。

① 地面架空式。地面架空式接触网由以下几部分组成。

接触悬挂，包括承力索、吊弦和接触线。接触悬挂方式很多，图4-5为弹性链形悬挂。

支持装置，包括腕臂、拉杆和绝缘子。其作用是用以支持接触悬挂，将其负荷传给支柱或其他建筑物的结构。

定位装置，包括定位器和定位管。其作用是保证接触线与受电弓的相对位置在规定范围内。

支柱与基础，用以支承接触悬挂和支持装置，并将接触悬挂固定在规定高度。地面架空式接触网属于柔性接触悬挂，其特点是弹性好。

② 隧道架空式。隧道内的支持与固定装置主要要考虑隧道内的断面尺寸限制。为了减小隧道的净空，需要在隧道内采用一些特殊的支持与固定装置，常用的有"人"字形、"T"字形以及弹性支架的支持与固定装置等。采用弹性支架的结构如图4-6所示。

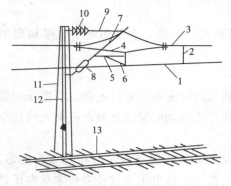

图 4-5 地面架空式接触网
1—接触线；2—吊弦；3—承力索；4—弹性吊弦；
5—定位管；6—定位器；7—腕臂；
8—棒式绝缘子；9—拉杆；10—悬式绝缘子；
11—支柱；12—接地线；13—钢轨

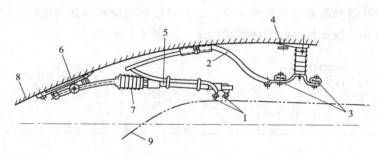

图 4-6 隧道架空式接触网
1—接触线；2—连接线；3—馈电线；4—接地线；5—调节臂；
6—弹性支架；7—绝缘子；8—隧道洞顶；9—受电弓

安装在绝缘子上的馈电线通过连接线与接触线连接，使接触网受电。接触线由调节臂固定，调节臂带棒式绝缘子一端固定安装在隧道洞顶一侧的弹性支架上。调节臂可用来调整接触线与轨面之间的高度，弹性支架通过调节臂使接触线与受电弓之间保持足够的弹性，以保证它们之间的良好接触受流。

③ 刚性悬挂。刚性接触网是采用绝缘子来悬挂刚体导线，如同把第三轨架到了隧道顶部，省去了柔性悬挂的腕臂或弹性支座，降低了车辆上方的空间，如图4-7所示。

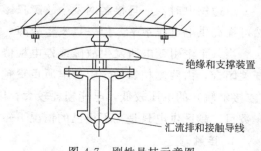

图 4-7 刚性悬挂示意图

刚性悬挂所需要的隧道净空小，投资小，而且导电铜线无张力架设，不必设置下锚装置，也不会发生断线事故。零部件少、载流量大、安全可靠且维护量小，大大降低了维护成本，其优越性是柔性悬挂难以比拟的。

(2) 接触轨式　接触轨是沿着走行轨道一侧平行铺设的附加第三轨，故又称第三轨式接触网，如图 4-8 所示。接触轨电压多采用 IEC 标准，为 DC 600V、DC 750V，少数采用 DC 1500V。我国的标准电压为 DC 750V 和 DC 1500V 两种，国内大部分第三轨式接触网电压为 DC 750V，广州地铁 4 号线采用 DC 1500V 第三轨式接触网。这种高压第三轨受流，作为一种新技术，其发展前途很大。

图 4-8　第三轨式接触网

采用第三轨式接触网的优点是电动车辆受电靴与第三轨接触面较大且对其磨损极小，故维护简单；另外修建地下线可降低净空，减小开挖土方。

第三轨式接触网，其接触方式有上磨式、下磨式和侧磨式三种。

① 上磨式。上磨式接触轨如图 4-9 所示。上磨式接触轨装在专用绝缘子上，底朝下。取流时，接触靴自上压向接触轨。上磨式的接触力不由受流器（集电靴）的重量和磨耗情况决定，而只受弹簧支座特性的控制，受流平稳，并能减少在间隙和道岔等处的电流冲击。上磨式接触轨固定方便，但不易加防护罩。

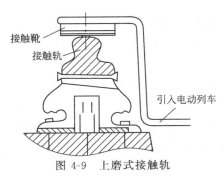
图 4-9　上磨式接触轨

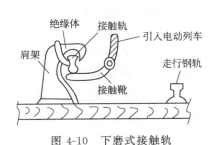
图 4-10　下磨式接触轨

② 下磨式。下磨式接触轨如图 4-10 所示。下磨式的接触轨底朝上，紧固在绝缘子上，并且由固定在轨枕上的弓形肩架予以支持。下磨式的优点是可以加防护罩，对工作人员较为安全，但安装结构较为复杂，费用较高，在经常冰冻和下雪而造成集电困难的地区使用较为普遍。

③ 侧磨式。侧磨式接触轨在工作上与上磨式相似。侧磨式接触轨为高导电率钢制成的特殊断面的钢轨。接触轨通过的地方要设置工作人员使用的人行道，在其余地点必须考虑设

置保护木板或其他合适材料的保护板以防触电。

在车站接触轨总是设在远离站台轨道的一边,以免乘客摔落在轨道上触电。在线路露天地段,沿线要用木板保护起来,以免散落物引起电路故障。

【实践操作】

绘制城市轨道交通供电系统示意图。

任务二　电力调度及地下迷流

【图示引导】

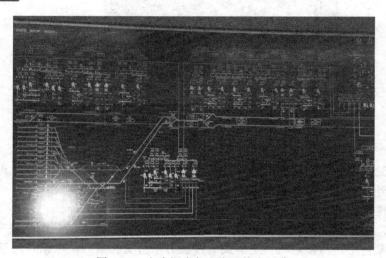

图 4-11　电力调度与电力监控大屏幕

一、电力监控 SCADA 系统

为保证城市轨道交通列车安全运行,必须对供电系统的主变电所、牵引变电所、降压变电所的供电设备的运行状态进行监视、控制及数据采集,为此,需要设置电力监控系统。

1. 电力监控系统的任务

电力监控系统（简称 SCADA 系统）实现在控制中心（OCC）对供电系统进行集中管理和调度,并进行实时控制和数据采集。除利用遥控、遥信、遥测、遥调功能监控供电系统设备的运行情况,及时掌握和处理供电系统的各种事故、报警事件功能外,利用该系统的后台工作站还可以对系统进行数据归档和统计报表功能,以更好地管理供电系统。控制中心电力调度与电力监控大屏幕如图 4-11 所示。

城市轨道交通运行的管理和调度是由控制中心来实现的,其中的电力调度是供电系统运行的管理和调度部门;而城市轨道交通供电系统的各类变电所及其他主要设备是沿线路分散设置的,要保证系统运行的安全、可靠及经济性,就必须由电力调度人员对系统进行集中管理和调度,实现系统运行状态的监视和运行方式的控制。早期的集中调度是通过调度电话来实施的,是通过值班人员对系统运行方式进行监视和控制,它属于一种效率低、可靠性差的间接监控方式。目前,随着远动技术的发展,现代化的集中调度已由电力调度人员通过远动监控设备对各类变电所进行直接的集中监视与控制。

电力监控就是调度所与各被控端之间实现遥控、遥测、遥信和遥调技术的总和，它的主要任务就是集中监视和集中控制。

2. SCADA 系统的组成

SCADA 设备是调度端与各被控制端之间实现遥信、遥测、遥控和遥调功能的设备。这些设备所组成的远动监控系统由三部分组成，即设在控制中心的主机、各变电所的远程控制终端以及连接终端与中心的通信网络。城市轨道交通 SCADA 系统的示意图如图 4-12 所示。

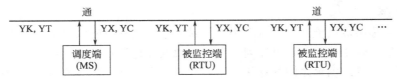

图 4-12　SCADA 系统示意图

（1）遥控（YK）　是从调度所发出命令以实现远方操作和切换。遥控的内容包括：

① 主变电所、开闭所、中心降压变电所、牵引变电所、降压变电所内 10kV 及以上电压等级的断路器、负荷开关及系统用电动隔离开关；

② 牵引变电所的直流快速断路器、直流电源总隔离开关、降压变电所的低压进线断路器、低压母联断路器、三级负荷低压总开关；

③ 接触网电源隔离开关；

④ 有载调压变压器的调压开关。

（2）遥信（YX）　是指将被控站设备的状态（如断路器的位置信号、报警信号等）传输给调度端。遥信的内容包括：

① 遥信对象的位置信号；

② 高中压断路器、直流快速断路器的各种故障跳闸信号；

③ 变压器、整流器的故障信号；

④ 交直流电源系统故障信号；

⑤ 降压变电所低压进线断路器、母联断路器的故障跳闸信号；

⑥ 钢轨电位限制装置的动作信号；

⑦ 预告信号；

⑧ 断路器手车位置信号；

⑨ 无人值班变电所的大门开启信号。

（3）遥调（YT）　是调度所直接对被控站某些设备的工作状态和参数的调度，如调节变电所的母线电压值。

（4）遥测（YC）　是指将被控站的运行参数（如功率、电压、电流、电度和温度等参数）传输给调度端。

调度端装置设置在控制中心内，一般称为主站（MS）；被监控端设置在变电所内，一般称为分站或远方数据终端（RTU）。调度端与被监控端之间通过通信通道传送遥控、遥信、遥调和遥测信息。

3. SCADA 系统的优点

对供电系统的监控有以下优点。

① 集中监控可提高系统运行的安全可靠和经济性。正常时，可实现合理的系统运行方式；事故时，可及时直接显示和记录事故发生时间和内容，有利于加快事故处理速度。

② 集中监控使调度人员直接控制运行的方式改变，运行操作效率及其可靠性高。值班人员在变电所内仅需对电气设备进行监护，劳动条件得到改善。

③ 有利于变电所实现无人值班化，可节省变电所基建和运行费用。

目前，国外城市轨道交通供电系统均采用计算机远动监控设备来实现集中监视与控制。在我国，城市轨道交通牵引供电系统已被规定应优先采用计算机远动监控设备。

二、地下迷流

1. 地下迷流

地下迷流又称杂散电流。在直流牵引供电系统中，在理想的状况下，牵引电流由牵引变电所的正极出发，经由接触网、电动列车和回流轨（即走行轨）返回牵引变电所的负极。但钢轨与隧道或道床等结构钢之间的绝缘电阻不是无限大，这样势必造成流经牵引轨的牵引电流不能全部经由钢轨流回牵引变电所的负极，有一部分牵引电流会泄漏到隧道或道床等结构钢上，然后经过结构钢和大地流回牵引变电所的负极，这部分泄漏到隧道或道床等结构钢上的电流就是地下迷流。

2. 地下迷流的影响

地铁中的地下迷流是一种有害的电流，会对地铁中的电气设备设施的正常运行造成不同程度的影响，并对隧道、道床的结构钢和附近的金属管线造成危害。

① 若地下迷流流入电气接触地装置，将引起过高的接地电位，使某些设备无法正常工作。

② 若钢轨（走行轨）局部或整体对地的绝缘变差，则此钢轨（走行轨）对大地的泄漏电流增大，地下迷流增大，这时有可能引起牵引变电所的框架保护动作。而框架保护动作则使整个牵引变电所的开关跳闸，全所失电，还会联跳相邻所对应的馈线开关，造成较大范围的停电事故，影响地铁的正常运营。

③ 地下迷流的存在主要是对地铁周围的埋地金属管道、通讯电缆外皮以及车站和区间隧道主体结构中的钢筋发生电化学腐蚀。这种电化学腐蚀不仅能缩短金属管线的使用寿命，而且还会降低地铁钢筋混凝土主体结构的强度和耐久性，甚至酿成灾难性事故。

3. 地下迷流的防护

减少地下迷流可采取以下措施：

① 选择比较高的牵引供电额定电压，减少地下迷流；

② 采用地下迷流较少的双边供电电压；

③ 尽量减小钢轨间的接触电阻，增设附加回流线；

④ 提高钢轨与地面间的绝缘程度；

⑤ 尽可能远离或避免与回流钢轨平行设置地下金属管道、电缆等，并采用适当的防腐措施；

⑥ 定期检查轨道绝缘、钢轨接触电阻，进行地下迷流监测。

习　题

一、填空题

1. 城市轨道交通供电系统一般包括_____、_____和_____。

2. _____是城市电网对轨道交通系统内部的变电所的供电方式，有集中供电、

_____和_____三种供电方式。
3. 动力照明供电系统由_____及_____组成。
4. 牵引网按受流方式分为_____或_____，车站照明系统电压采用_____三相五线制、_____单相三线制方式供电。
5. 动力照明系统的控制方法有_____、_____、_____。
6. 牵引供电系统主要由_____和_____两大部分组成。
7. 牵引变电所的主要设备是_____和_____，牵引网主要由_____、_____、_____、_____和_____组成。
8. 牵引网又分为_____和_____。架空式接触网按悬挂方式又可分为_____和刚性（悬挂）接触网。
9. 牵引变电所的供电方式通常有_____和_____两种。
10. 第三轨式接触网，其接触方式有_____、_____和_____三种。

二、不定项选择题

1. 地铁电网主变电站的输出电压为（　　）。
   A. 110kV　　　B. 220kV　　　C. 35kV 和 10kV　　　D. 250kV
2. 地铁牵引变电站的输入电压为（　　）。
   A. 110kV　　　B. 10kV　　　C. 35kV　　　D. 1500V
3. 下面不属于一类或二类负荷的设备有（　　）。
   A. 售检票机　　　B. 防灾报警　　　C. 通信信号　　　D. 空调
4. 下列描述哪些是不正确的？（　　）
   A. 钢轨对地绝缘性差导致地下迷流
   B. 在牵引变电所附件，杂散电流从钢轨流向金属导体，对地形成阴极区
   C. 地下迷流除了腐蚀地下管网外，不会对地面用的设备造成危害
   D. 对地下迷流应实施监控并采取有效措施防护
5. 降压变电所的输出电压是（　　）。
   A. 380V　　　B. 10kV　　　C. 35kV　　　D. 1500V
6. 动力照明系统的控制方法有（　　）。
   A. 就地控制　　　　　　　　　B. 控制中心控制
   C. 照明配电室集中控制　　　　D. 站控室控制
7. 低压配电系统中，下列属于一级负荷的有（　　）。
   A. 通信系统　　　B. 信号系统　　　C. 屏蔽门　　　D. 事故风机及风阀
8. 低压配电系统中下列属于二级负荷的有（　　）。
   A. 冷水机组　　　B. 自动扶梯　　　C. 火灾报警系统　　　D. 自动售检票设备

三、名词解释

1. 集中供电
2. 电分段
3. 越区供电
4. 地下迷流

四、判断题

1. 牵引变电所的作用主要是降压和整流。　　　　　　　　　　　　　　　　（　　）
2. 城轨动力照明用电电压为 220V 或 380V。　　　　　　　　　　　　　　（　　）
3. 城轨车辆从接触网接收的是交流电。　　　　　　　　　　　　　　　　（　　）

4. 第三轨受电中上接触式和下接触式在安全性能上没有差别。（ ）
5. 远动监控中遥测是指被控站运行参数如功率、电压、电流等，传给调度端。（ ）
6. 第三轨受电的电压是 750V 或 1500V 直流电。（ ）
7. 动力照明系统中事故照明、各类指示牌为一类负荷。（ ）
8. 相邻牵引变电所间的距离一般为 2~4 千米。（ ）

五、简答题

1. 什么是分散式供电？什么是混合式供电？
2. 减压变电所有什么功能？如何设置？
3. 城市轨道交通的动力照明系统的供电范围有哪些？
4. 简述城市轨道交通动力照明系统的控制位置及控制方法。
5. 城市轨道交通的低压配电系统供电范围有哪些？
6. 简述牵引供电系统电压、电流的变化。
7. 什么是单边供电？什么是双边供电？各有什么优缺点？
8. 简述上磨式、下磨式、侧磨式接触轨的优缺点。
9. 什么是 SCADA 系统？SCADA 系统有什么功能？

项目五　城市轨道交通信号与通信系统

【项目导入】

我们在城市轨道交通现场看见许多信号灯，它们都有什么作用呢？其显示意义是什么？又受什么控制呢？城市轨道交通控制中心、车站及移动的工作人员（如司机）间是怎样通信联络的呢？本项目将帮您解答这些问题。

【学习目标】

1. 能识别城市轨道交通信号及其显示意义。
2. 会使用城市轨道交通联锁和闭塞设备。
3. 能掌握列车控制系统相关知识。
4. 会使用城市轨道交通通信系统设备。

任务一　识别城市轨道交通信号及显示

【图示引导】

图 5-1　地铁手信号

【相关知识】

一、信号的分类

1. 视觉信号和听觉信号

视觉信号是以信号灯的颜色或信号装置的位置变化来显示信号意义，如色灯信号机、信号旗、信号牌等；听觉信号是以声音的多少、长短等方式来显示信号意义，如口哨、响墩等。一般以视觉信号为主要信号，听觉信号为辅助信号。

2. 固定信号和移动信号

固定信号是固定设置在规定位置的信号装置所显示的信号，如地面信号机等；移动信号是根据需要可以临时设置的信号装置所显示的信号，如信号牌、手提信号灯（如图5-2所示）、信号旗、徒手信号（如图5-1的第三个图）等。一般以固定信号为主要信号，移动信号为辅助信号。

3. 地面信号和车载信号

地面信号设置在线路附近供司机辨识的信号；车载信号是通过传输设备，将地面信号或其他方式传输的信号直接引入车辆，并能显示的信号。

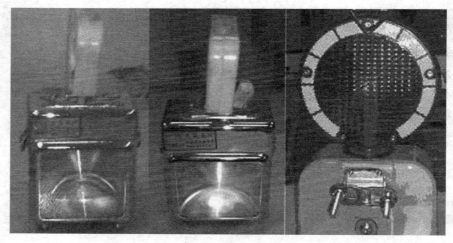

图5-2　手提信号灯

二、地面信号机的设置和显示意义

1. 地面信号的位置

城市轨道交通的地面信号机设于列车运行方向右侧，在地下部分一般安装在隧道壁上。特殊情况可设于列车运行方向的左侧或其他位置。

2. 信号的颜色

城市轨道交通信号的基本色为红、黄、绿三种，再辅以蓝色、月白色，构成城市轨道交通信号的基本显示系统。

红色表示停车，禁止越过信号机，即信号处于关闭状态（信号熄灭或显示不明的情况，也视为停车信号）；绿色表示可按规定速度通过，即信号处于正常开放状态；黄色表示注意减速运行，即信号处于有条件的开放状态。

月白色若作为调车信号,则表示允许越过调车信号机调车;若作为引导信号,应加上红色信号显示,准许列车越过红灯,以不超过 20km/h 的速度进站,并随时做好停车准备;蓝色为调车信号,表示禁止越过调车信号机调车。

3. 信号机的设置

城市轨道交通规定在 ATC 控制区域的线路上道岔区设防护信号机或道岔状态表示器,其他类型的信号机可根据需要设置。道岔表示器(如图 5-3 所示)表示道岔的位置及其开通的方向。

(1) 正线上的信号机设置

① 防护信号机:正线上的道岔区设防护信号机。防护信号机设于道岔岔前和岔后的适当地点,如图 5-4 所示。对通过道岔的列车显示信号,防护道岔开通的线路或进路的安全。具有出站性质以外的防护信号机应设引导信号。具有两个以上运行方向的信号机可设进路表示器,进路表示器表示股道上进路开通的方向。

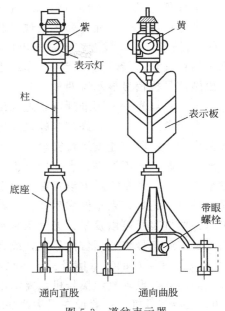

图 5-3 道岔表示器

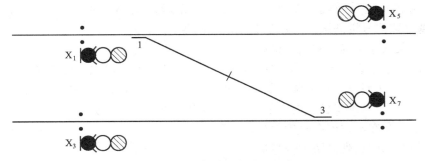

图 5-4 防护信号机的设置地点

防护信号机有以下四种显示信号:

一个绿色灯光——表示该信号机所防护进路的道岔开通区间,准许列车按规定速度越过该防护信号机进入区间;

一个白色灯光——表示所防护的道岔开通折返线,准许列车按规定速度越过该信号机,运行至折返点;

一个红色灯光——不准越过该信号机(该道岔开通的进路无空闲);

一个白色灯光加一个红色闪光——表示所防护的区间要求列车以不超过 20km/h 的速度越过该信号机,有条件进入区间。

② 通过信号机:采用 ATC 系统的城市轨道交通,区间分界点不设地面信号机,设反光材料制成的分界标。只有行车间隔较大采用自动闭塞作为过渡方式时才设区间通过信号机。

③ 进站信号机:设置在车站入口(站界)外方适当距离处,用来防护车站内作业的安全,指示列车能否由区间进入车站的信号机。

进站信号机信号显示有以下两种:

一个红色灯光——不准列车越过进站信号机（不准进站）；

一个绿色灯光——允许列车按规定速度越过该进站信号机（允许进站）。

④ 出站信号机：设置在车站的出口，即列车由车站向区间发车处的前方，用来防护区间列车运行安全，指示列车能否由车站进入区间。

出站信号机信号显示有两种：

一个红色灯光——不准列车越过该出站信号机（不准出站）；

一个绿色灯光——允许列车越过该出站信号机，出发进入区间（站外区间有足够的制动距离保证列车按限定速度运行安全）。

地铁车站一般不设进、出站信号机，在出站方向的站台侧列车停车位置前方适当地点设置发车指示器。发车表示器设置在站台上列车发车始端位置，向司机表示能否关门及发车的时间。平时不亮灯，列车停靠后其灯光显示如下：白色闪光表示离发车还有 5 秒，提示司机关车门；白灯表示可以发车；无显示表示不能关门、发车。也可以根据需要设进站、出站信号机以及进站信号机的预告信号机，或者只设出站信号机。

⑤ 出站信号机的复示信号机。当出站信号机因地形地物影响而观察不清时，需在出站信号机的内方，设置复示信号机，复示出站信号机的显示信号。

⑥ 阻挡信号机。一般设在尽头线的终端，表示列车停车位置。阻挡信号机的信号显示：

一个红色灯光——列车或车辆不准越过该信号机。

⑦ 引导信号机。当主体信号机因故障等原因不能正确显示信号时，通过人工办理手续，显示一个白色灯光加一个红色灯光（闪光）。其显示意义为：准许列车以低速（不超过20km/h）越过该信号机进站，并随时做好停车准备。

(2) 车辆段（停车场）的信号机设置

在车辆段（停车场）入口处设进段（进场）信号机，在车辆段（停车场）出口处设出段（出场）信号机，在同时能存放两列及以上列车的停车线中间设列车阻挡信号机（可兼作调车信号机），车辆段（停车场）内其他地点根据需要设调车信号机。

调车是指列车在车站内有目的的移动过程。

出入段信号机的配列同防护信号机。

调车信号机：设置在有联锁设备的车站调车作业的进路始端，用来防护调车进路的安全可靠、指示列车能否进入调车进路进行调车作业。

调车信号机有两种信号显示：

一个白色灯光——允许越过该调车信号机（调车进路空闲）；

一个蓝色（或红色灯光）——不准越过该调车信号机（调车进路未排列完毕或该调车进路无空闲）。

(3) 信号机的命名

正线上的防护信号机、阻挡信号机冠以"X"、"S"、"F"、"Z"等，其下缀编号方法：下行方向为单号，上行方向为双号，从站外向站内顺序编号。

车辆段的进段信号机冠以"JD"，下缀编号方法：下行方向为单号，上行方向为双号，从段外向段内顺序编号。列车阻挡信号机和调车信号机冠以"D"，下缀编号方法：下行咽喉为单号，上行咽喉为双号，从段内向段外顺序编号。

【实践操作】

搜集城市轨道交通信号机、手信号图片，并了解手信号的种类，显示时机、地点和显示意义。

任务二　认识城市轨道交通信号系统

【图示引导】

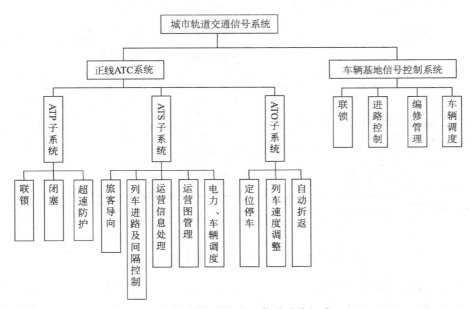

图 5-5　城市轨道交通信号系统组成

【相关知识】

一、城市轨道交通信号系统的组成

城市轨道交通的信号系统是城市轨道交通系统中最重要的设备之一。其作用是指挥行车，保证安全、高效的列车运行。城市轨道交通具有密度高、间隔短、站距短和速度快等特点，因而对交通保障系统有着安全要求高、通过能力大、抗干扰能力强、可靠性高、自动化程度高等要求。

城市轨道交通信号系统通常由列车运行自动控制系统（ATC）和车辆段信号控制系统两大部分组成，用于列车进路控制、列车间隔控制、调度指挥、信息管理、设备工况监测及维护管理等，是一个高效的综合自动化系统，如图 5-5 所示。

1. 正线信号系统

城市轨道交通正线信号设备按地点划分为三部分：控制中心设备、正线车站轨旁设备、车载 ATC 设备。如图 5-6 所示。

（1）控制中心设备

控制中心设备属于 ATS 子系统，包括中心计算机系统、显示大屏、调度员及调度主任工作站、培训工作站、绘图仪和打印机、维护工作站、UPS 及蓄电池等。

中心计算机系统包括系统控制服务器、通信控制服务器、局域网及各自的外部设备。主

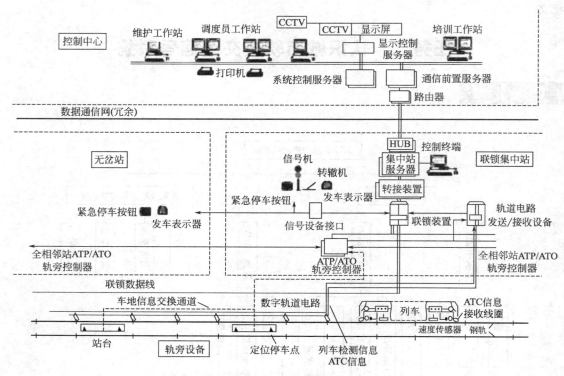

图 5-6　ATC 系统结构示意图

要设备均采用主/备双套热备方式，可自动或人工切换，以保证系统的可靠性，系统能满足自动控制和调度员人工控制的要求；显示大屏用来监视正线列车运行情况及系统设备状态；调度员及调度主任工作站用于行车调度指挥；培训工作站配有列车运行仿真软件，能够显示与调度员工作站相同的内容，有相同的控制功能，能仿真列车在线运行及各种异常情况，但不参与实际的列车控制；绘图仪和打印机用于列车运行图、时刻表及各种报表的打印；维护工作站用于ATS 系统维护、ATC 系统故障报警处理、列车运行回放和车站信号设备的监测。

(2) 集中联锁站、非集中站轨旁信号设备

① 集中联锁站轨旁信号设备

集中联锁站设有 LATS（ATS 的车站分机）、车站联锁设备、ATP/ATO 系统地面设备、电源设备、维修终端、乘客导向、关闭按钮、信号机及发车指示器、转辙机等。

集中站设一台 LATS，用于采集车站设备的信息、折返模式控制、接收控制命令及其表示、实现车站进路的自动控制；ATP/ATO 系统地面设备将在任务五中详细介绍；电源设备是车站集中联锁的供电设备；车站设一套维修用计算机，其显示除与控制内容相同外，还包括所需的维修信息，并能对信号设备进行测试，但不能控制；乘客导向设在站台适当位置，用以显示后续列车到达本站时分和即时各种运营信息；紧急关闭按钮用于在遇到紧急情况或危及行车安全时，关闭信号停发速度码，使列车紧急停车，如图 5-7 所示。在正向出站方向的站台侧，列车停车位置前方设置发车指示器，指示列车驾驶员关门和发车。

② 非集中站及轨旁设备

一般无岔站的信号设备有发车指示器，紧急关闭按钮和乘客导向，个别无岔站也设有信号设备室，这是为了确保轨道电路可靠工作，其轨旁仅有轨道电路的耦合单元等。

图 5-7　站台紧急停车按钮

（3）车载 ATC 设备

城市轨道交通列车的两端设有驾驶室，车载 ATC 设备一般都集中在车里的头尾两端，此部分内容将在任务五中详细介绍。

2. 停车场信号系统

车辆段信号设备包括 ATS 分机、车辆段终端、联锁设备、维修终端、信号机、转辙机、轨道电路、电源设备。车辆段设一台 ATS 分机，车辆段派班室和信号楼控制台室各设一台终端，与车辆段 ATS 分机相连。如图 5-8 所示。

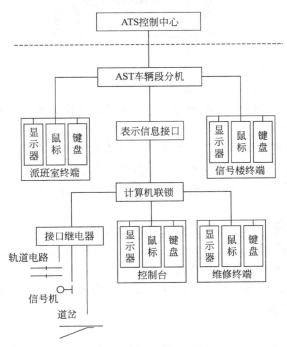

图 5-8　车辆段信号系统

试车线上设若干段与正线相同的 ATP/ATO 地面设备，用于对车载 ATC 设备的试验。试车线设备室内设用于改变试车线运行方向和速度的控制台。试车线设备室配备一套适合于 ATP/ATO 设备的 UPS，不设蓄电池。

车辆段设一套联锁设备,实现车辆段的进路控制,并通过ATS分机与控制中心交换信息。联锁设备只受车辆段值班员人工控制。该部分将在任务三中详细介绍。

二、信号基础设备

城市轨道交通信号基础设备包括继电器、信号机、转辙机、轨道电路、计轴器。

1. 继电器

继电器是利用不同触点的组合,完成不同电路连通与开断的电器开关,由线圈、铁芯、衔铁、推杆、中簧片、前接点、后接点等组成。

继电器的工作原理如图5-9所示。当继电器励磁线圈通电时,衔铁被吸住,推杆升起,中簧片连接前接点,该组触点连接电路接通。当继电器励磁线圈断电时,衔铁由于重力作用落下,推杆下落,中簧片连接后接点,连接该组触点电路,同时断开前组触点电路。

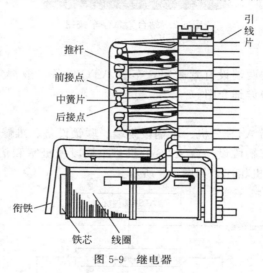

图5-9 继电器

可见,继电器具有开关特性,可利用它的接电通断电路,构成各种控制和表示电路。

2. 信号机

城市轨道交通采用色灯信号机。除了车辆段和有道岔的车站外,一般不设地面信号机。在城市轨道交通中,列车的运行速度不取决于信号的显示,及信号为非速差信号,允许信号的绿灯、黄灯并不表示列车的运行速度,而是代表列车的运行进路是走道岔的直股还是侧股。

色灯信号机以其灯光的颜色、数目和亮灯状态来表示信号。色灯信号机有高柱和矮柱两种。高柱信号机安装在钢筋混凝土机柱上,主要使用在需要显示距离远、观察位置明显的地方,如车辆段的进段、出段信号机,矮柱信号机安装在信号机水泥地基上,一般使用在信号显示距离要求不远、隧道等安装空间受限制的地方。为节省空间,隧道中的信号机大多安装在隧道壁上,如图5-10所示。

3. 转辙机

在联锁区内的每个道岔处都要设置一台电动转辙机,用以转换道岔和锁闭道岔。

4. 轨道电路

轨道电路是以铁路线路的两根钢轨作为导体,两端加以机械绝缘(或电气绝缘),接上送电和受电设备构成的电路。

图 5-10 信号机

① 轨道电路的组成与工作原理

轨道电路由送电端、接受（受电）端、传输线、电源、轨道继电器等组成，如图 5-11 所示是一段轨道电路及其工作原理图。

如图 5-11（a），当轨道上无车占用时，且钢轨完好无损，电路形成通路，轨道电路继电器励磁线圈有电通过，衔铁吸起，中簧片连接前接点，绿灯或黄灯亮，表示该段轨道上无车占用，列车可进入该区段运行。

如图 5-11（b），当轨道上有车占用时，由车轮形成了电路回路，使得轨道继电器励磁线圈失去电流，从而使衔铁落下，中簧片断开前接点连接后接点，绿灯灭，红灯亮，表示该轨道段上有车占用，列车不准进入该区段（停车在该区段防护信号外）。

当轨道发生钢轨断裂时，轨道电路形成断路，轨道继电器同样失去电流导致亮红灯，从而形成了保护作用。

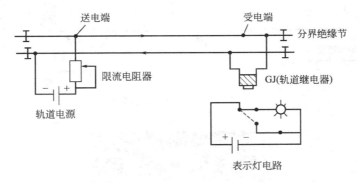

(a) 轨道无车占用

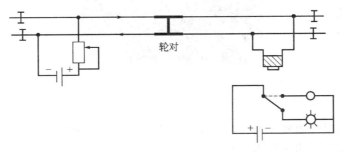

(b) 轨道有车占用

图 5-11 轨道电路工作原理

② 轨道电路的作用

从上述轨道电路的工作原理中可以看出：轨道电路可以检查轨道是否空闲；检查钢轨的完整性；除此之外，正线轨道电路还可以实时传递行车信息。例如音频数字编码轨道电路中传送的行车信息，为 ATC 系统直接提供控制列车运行所需要的前行列车位置、运行前方信号机状态，线路条件等有关信息，以决定列车运行的目标速度，控制列车在当前运行速度下是否停车或减速。对于 ATC 系统来说，带有编码信息的轨道电路是其车—地之间传输信息的通道之一。

5. 计轴器

计轴器是用于完成计算车辆进出区段的轮轴数，分析计算区段是否有车占用的一种技术设备。它具有检查区段占用与空闲的功能，而且不受轨道线路的道床状况等影响。它采用轨道传感器、电子单元和计轴核算器来记录并比较驶入和驶出轨道区段的轴数，作为检查区段的安全设备，其作用和轨道电路等效。

（1）计轴器的组成

计轴器由室内设备和室外设备两部分组成，如图 5-12 所示。室外设备有轮轴传感器（或称磁头，如图 5-13 所示）K1、K2 和电子连接箱；室内设备有运算器、继电器等，或采用微型计算机构成计轴器主机系统。室外设备和室内设备通过传输线路相连接。

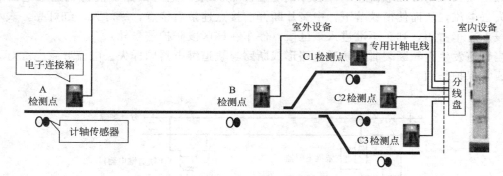

图 5-12　计轴器的组成

图 5-13　计轴磁头

计轴器分为以下部分：

① 计轴点，包括传感器和电气连接箱，主要用于产生车轴脉冲。

② 信息传输部分，用来传递信息。

③ 计数部分，包括计数、比较、监督、表示等装置，对计轴点产生的车轴脉冲进行计数和确定列车运行方向，比较计轴点入口和出口所计轴数及记录计数结果。

④ 电源，提供可靠的供电。

（2）计轴轨道电路基本原理

计轴设备利用轨道传感器、计数器来记录和比较驶入和驶出轨道区段的车轴数。当列车进入轨道区段时，轮对经过驶入端传感器磁头时，会产生计数脉冲，计数处理器先判定运行方向，之后对计数脉冲进行累加计数，同时发出区段占用信息；当列车离开轨道区段，轮对经过驶出端传感器磁头时，其计数处理器进行减轴计算。最后对车轴数的计算结果比较判断，若进入轨道区段的车轴数等于离开的车轴数，就可以认为轨道区段空闲，发出空闲表示信息；否则，认为轨道区段占用。

在采用 CBTC 的城轨线路，当无线传输设备发生故障，可用计轴器检查列车的位置，构成"降级"信号。

任务三　使用联锁设备办理进路

【图示引导】

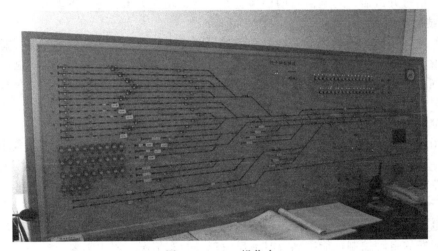

图 5-14　6502 操作台

【相关知识】

联锁设备是保证车站内列车和调车作业的安全，以及提高车站通过能力的一种信号设备。

一、联锁的概念

1. 联锁

列车或机车车辆在车站内运行的经路叫做进路。进路由道岔的开通方向决定，如果道岔开通方向不对，就有可能使两列列车由不同方向开到同一股道上去，或者开到事先已停留车辆的股道上去，从而会引起撞车事故。

为了保障行车安全，进路要由信号机防护。道岔位置不对或者进路上有车，防护这条进路的信号机就不能开放；信号机不开放，就禁止列车开到进路里去，以保证列车运行的安全。

因此，在有关信号机和道岔之间，以及信号机和信号机之间应建立一种相互制约的关系，才能保证车站的安全，我们把这种制约关系叫做联锁。为实现这种联锁关系的设备叫联锁设备。

2. 联锁的基本内容

联锁的基本内容是：防止建立会导致机车车辆相冲突的进路；必须使列车或调车车列经过的所有道岔均锁闭在与进路开通方向相符合的位置；必须使信号机的显示与所建立的进路相符。

联锁必须满足最基本的三个技术条件：

① 进路上各区段空闲时才能开放信号机。如果进路上有车占用，却能开放信号，则会引起列车、调车车列与原停留车冲突。

② 进路上有关道岔在规定位置才能开放信号。如果进路上有关道岔开通位置不对却能开放信号，则会引起列车、调车车列进入异线或挤坏道岔。信号开放后，其防护的进路上的有关道岔必须被锁闭在规定位置，不能转换。

③ 敌对信号未关闭时，防护该进路的信号机不能开放。否则列车或调车车列可能造成正面冲突。信号开放后，与其敌对的信号也必须被锁闭在关闭状态，不能开放。

3. 联锁的种类

如上所述，控制车站的道岔、进路和信号，并实现它们之间的联锁的设备，称为联锁设备。联锁设备可以采用机械的、机电的或电气的方法来实现，可以分散控制也可以集中控制。用电气的方法集中控制和监督全站的道岔、进路和信号机，并实现它们之间联锁的设备称为电气集中联锁设备。城市轨道交通多采用电气集中联锁。

（1）继电集中联锁

若是用继电器组成的电路来进行控制并实现联锁的设备，称为继电式电气集中联锁，简称继电集中联锁。继电集中联锁采用色灯信号机，道岔由转辙机转换，进路上所有区段均设有轨道电路，在信号楼进行集中控制和监督。6502电气集中就是继电式电气集中的一种，是我国自行设计的较先进的铁路信号设备之一，已在全路广泛采用。

由于电气集中联锁把全部道岔、进路和信号集中起来控制和监督，在一定程度上实现了站内行车指挥的自动控制，能准确及时地反映现场行车情况，不再需要分散控制时所需的联系时间，而且完全清除了因联系错误而引起的事故，因而大大提高了行车安全程度和作业效率，并且极大地改善了行车人员的劳动条件。电气集中联锁具有操作简便、办理迅速、表示完善、安全可靠等一系列优点。

（2）微机联锁

若用工控计算机取代继电器的继电电路实行控制并实现联锁，只保留部分单元电路的设备叫做微机联锁电器集中，简称微机联锁。铁科研的TYJL-Ⅱ型微机联锁是我国自己设计的目前较先进的铁路信号设备，已在全路和各大专用线广泛采用。

城市轨道交通正线上的集中控制站和车辆段设有联锁设备，基本上采用计算机联锁。

正线上的集中控制站包括本站及其所控制的非集中站的道岔和信号机，由设于该站的联锁设备控制，其除了实现联锁关系外，还将其联锁的有关信息传送至ATP/ATO系统，并接收ATS系统的命令。通常，正线上集中控制站的联锁设备与ATC设备结合在一起。车辆段设一套联锁设备，用以实现车辆段的进路控制，并通过ATS车辆段分机与控制中心交换信息。

二、6502 电气集中联锁

6502 电气集中联锁有较好的定型电路而得到广泛应用,其主要设备分为室内设备和室外设备,如图 5-15 所示。

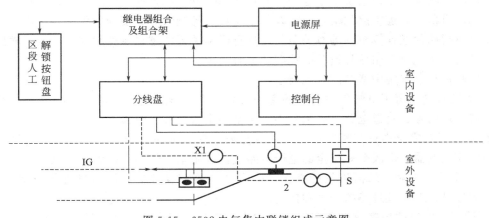

图 5-15 6502 电气集中联锁组成示意图

1. 室内设备

① 控制台和显示屏:如图 5-14 所示,采用模块拼装式显示屏,进路按钮式控制台。主要用于集中控制和监督各条作业进路的道岔转换,信号开放与关闭,进路排列开通与锁闭。控制台与显示屏所在地往往就是车站(车辆基地)的控制中心。

② 区段人工解锁按钮盘:在道岔区段因发生故障导致进路无法解锁,或关闭信号的设备发生故障时,可以采用区段人工解锁按钮盘上的相关按钮来解锁进路、关闭信号。

③ 继电器组合和组合架:由于 6502 型电气集中联锁设备中继电器数量较多,为组装及测试检修方便可靠,将相关的继电器集中安置组成继电器组合,并安装在不同的继电器组合架上。

④ 电源屏:为不间断地提供电气集中联锁所需的各种交流电源和直流电源,而专门设置的电源供应设备。

⑤ 分线盘:作为室内与室外电缆连接的专门设备。

2. 室外设备

① 色灯信号机:设置在各进路规定位置的固定信号机,如进站、出站、防护、调车、复示等信号机。

② 电动或气动道岔:配置电动转辙机的电动道岔或配置有气动装置的气动道岔,均可实现远程集中操纵、监督、控制。

③ 轨道电路:用于监督进路是否空闲,传输相关信息。如当进路空闲时,显示屏上该进路的表示光带无灯光显示;当进路被征用时,显示屏上该进路的标识带亮白色光带,当进路有车占用时,显示屏上该进路的表示光带亮红色。防护该进路的信号机也会因轨道电路呈"分路状态"而关闭。

④ 电缆线路:是连接室内外设备,传送信息的通道,均采用地下电缆方式布置。

三、微机联锁

随着计算机技术的迅速发展,尤其是对于可靠性技术和容错技术的深入研究,出现了计算机联锁,正渐趋成熟并推广使用。由于计算机在逻辑功能和信息处理方面具有很强的功能，它非常适用于车站联锁。计算机联锁安全可靠，处理速度快，与继电集中联锁相比具有十分明显的技术经济优势，它具有广阔的发展前景。

计算机联锁，通常采用通用的工业控制微机，由一套专用的软件来实现车站信号、进路、道岔间的联锁关系。它实质上是一个满足故障—安全原则的逻辑求值器，自动采集、处理信号机、道岔、轨道电路的信息，把车站值班员的控制命令和现场的各种表示信息输入计算机，再根据储存在计算机内的有关条件，进行联锁关系的逻辑运算和判断，然后输出信息至执行机构，实现对车站信号设备的控制和监督。

微机联锁与电气集中联锁的区别在于：

① 微机联锁保留了电气集中联锁的室外设备、电源屏；室内保留了分线盘；道岔启动电路、信号灯信号、轨道电路、联锁网络、选岔网络均由微机联锁取代。

② 逻辑联锁完全由计算机完成，只在执行环节保留了部分继电器。全电子化的微机联锁完全取消继电器，由故障—安全的电子电路直接控制室外的信号机和转辙机。

③ 利用计算机对车站值班员的操作命令和现场监控设备的表示信息进行逻辑运算后，完成对信号机、道岔及进路的联锁和控制。

④ 计算机发出的控制信息和现场发回的表示信息，能由传输通道串行传送，可节省大量的干线电缆。

⑤ 用屏幕显示代替现行的表示盘，大大缩短了体积，简化结构，方便使用，还可根据需要多台并机使用。

⑥ 采用积木式的模块化软件和硬件结构，便于站场变更，并容易实现故障控制、分析等功能。

用于我国城市轨道交通的计算机联锁主要有国产的TYJL-Ⅱ型、DS6-Ⅱ型计算机联锁和国外引进的VPI型计算机联锁（卡斯柯信号有限公司从美国阿尔斯通信号公司引进专利技术，结合中国铁路运营技术条件经过二次开发的系统），德国SIEMENS公司的SICAS计算机联锁，US&S公司研制的MICROLOCKⅡ计算机联锁，前两种主要用于车辆段，后两种主要用于正线。

现以TYJL-Ⅱ型计算机联锁系统和SICAS计算机联锁为例介绍。

1. TYJL-Ⅱ型计算机联锁系统

TYJL-Ⅱ型计算机联锁系统为分布式多微机系统，主要由监控机（又称上位机）、控制台、联锁机、执表机、继电接口电路、电务维修机、电源屏和室外设备组成。系统框图如图5-16所示，其中监控机、联锁机、执表机均为双套，具有热备、自动切换功能。各备用的计算机构成系统与主机同步工作，备用系统可脱机，作为试验维修用。

系统（不包括现场设备）可划分为三个层次：监控机为上层，联锁机是核心层，第三层是继电接口电路。系统的上层使用通用的局域网实现各子系统之间的连接；监控机与控制台之间通过视频线等线缆和切换装置组成的专用显示和命令通道连接。监控机与联锁机、执表机之间通过专用的联锁总线实现安全信息的通信连接，联锁总线是实时的现场控制总线，是系统的核心总线。

（1）控制台

控制台也称MMI，由鼠标和显示器组成。其功能是：显示站场状态，接受操作命令。将站场表示、进路状态、操作结果用彩色监视器或单元表示盘的光带显示给操作人员；将操作人员的操作命令传输给监控机。

（2）监控机

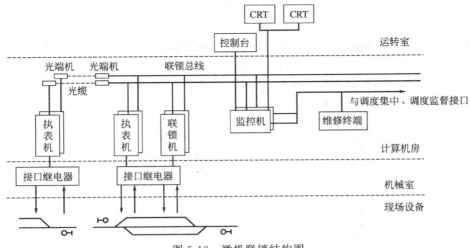

图 5-16 微机联锁结构图

监控系统是计算机联锁系统的操作界面的人机接口控制计算机，它与联锁机通讯，接收联锁机的表示信息，将站场的状态、进路状态、操作提示送监视器；将控制台的操作命令处理后发送给联锁机。

（3）联锁机

联锁机的主要功能是：实现与上位机和执表机的通讯调度；实现信号设备的联锁逻辑处理功能，完成进路确选、锁闭，发出开放信号和动作道岔的控制命令；采集现场信号设备状态，如轨道状态，道岔表示状态，信号机状态等；输出动态控制命令，通过动态驱动盒驱动偏极继电器，控制动作现场设备。

（4）执表机

当站场规模较大，超过联锁机的输入输出容量时，增设执表机。执表机除了没有联锁软件，其他情况与联锁机相同。

（5）接口系统

接口系统主要由继电电路、配线和结合电路以及防护电路等组成，在机械室内，对外与现场设备相连，对内与主控系统相连。

接口系统可分为两大部分，一部分是基本未作更改的 6502 继电集中对室外设备的控制和表示电路（如道岔电路、信号点灯电路等），以这些电路中的相关继电器为界面进行控制和信息采集。另一部分是计算机联锁所特有的，分为采集电路、驱动电路和专用防护电路。

（6）电务维修机

为了方便电务维修人员更好地维护计算机联锁系统，系统中增加了电务维修机（简称维修机）。维修机通过与主备监控机连接，接受计算机联锁系统中的实时信息，储存记录系统的全部运行信息。维修机是计算机联锁系统的重要辅助设备，为维修人员提供人机界面，与其他系统的连接一般也是通过维修机实现的。

除上述硬件外，TYJL-Ⅱ联锁系统还包括人机界面软件包、联锁软件包和辅助系统软件包。各种软件包之间由专用通讯软件沟通。其中人机界面软件主要完成控制台屏幕显示、操作处理、进路预选、站场变化及设备工作状态记录、错误提示等功能，该软件包安装在监控机的 CPU 中。联锁软件是系统的核心软件，它完成的联锁运算包括选路、动作道岔、锁闭进路、开放信号、关闭信号、解锁进路等，联锁软件安装在联锁机的 CPU 中。辅助系统软件主要指维修机软件，它完成系统的记录、存储、诊断功能。

2. SICAS 计算机联锁

计算机联锁设备主要由表示操作层、逻辑层、执行表示层、设备驱动层和现场设备层五层组成。以 SIEMENS 为例，其联锁设备对应分别为：现场操作工作站（LOW）、联锁计算机（SICAS）、现场接口计算机（STEKOP）、接口控制模块（DSTT）以及现场的道岔、轨道电路和信号机。如图 5-17 所示。

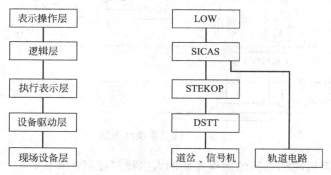

图 5-17 SICAS 计算机联锁总体结构

① 表示操作层。表示操作层是人机界面，是将设备和列车运行情况进行图形化显示，可通过鼠标和键盘操作命令实现联锁命令操作，接受操作员命令给逻辑层处理。对应设备为现场操作工作站（LOW），如图 5-18 所示。现场操作工作站由一台主机（台式 PC）、一台彩色显示器（最多可连接 4 台彩色显示器）、一台记录打印机、一个键盘、一只鼠标和一对音箱组成。设备和行车状况（轨道占用道岔位置和信号显示、锁闭等）在彩色显示器上显示，通过操作鼠标器和键盘，通过命令对话窗口可实现常规和安全相关的联锁命令操作。所有安全相关命令操作、操作员登录/退出操作、设备故障报警将被记录存档。

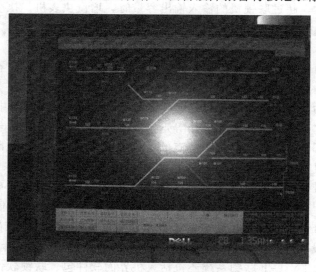

图 5-18 现场工作站 LOW

② 逻辑层。逻辑层是系统核心，是对联锁逻辑的处理。逻辑层应用了 2 取 2，3 取 2 等技术，对应设备为联锁计算机 SICAS。

2 取 2 故障—安全系统。系统由两个各自独立的相同的系统组成，数据由两个通道输入、比较并同时进行处理，如图5-19所示。只有当两个通道的处理结果相同时，结果才能输出。一旦检查出第一个故障，系统将停止工作，这样避免了连续出现故障所引起的危害。

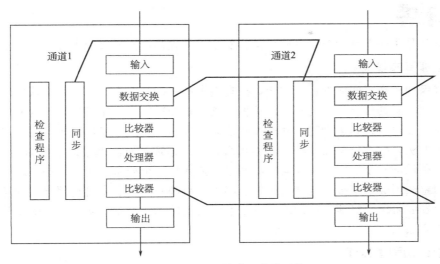

图5-19 2取2故障—安全系统

3取2故障—安全系统。系统由三个各自独立的相同的系统组成，数据由三个通道输入、比较并同时进行处理。只有当两个或三个通道的处理结果相同时，结果才能输出，一旦检查出第一个故障，相关的通道被切除，系统按2取2系统工作方式继续工作。

③ 执行表示层。执行表示层是逻辑层和设备驱动层的接口，它分解逻辑层的命令，控制设备驱动层驱动设备，将采集设备驱动层的表示信息给逻辑层。对应设备是现场接口计算机（STEKOP），它保证接口模块与SICAS计算机联锁连接。STEKOP本身就是一个二取二的计算机，实现联锁计算机与接口控制模块之间的连接，根据联锁计算机给出的命令和接口控制模块的结构，分解命令，输出并控制接口控制模块。

④ 设备驱动层。设备驱动层是现场设备的驱动设备。对应设备是现场控制单元（DSTT），现场控制单元经由并行连接线与联锁计算机相连。联锁计算机直接对DSTT进行控制，或由接口板通过ESTT系统进行控制。DSTT根据SICAS的命令控制现场设备，如道岔、信号机或轨道空闲检测系统。

⑤ 现场设备层。现场设备层如道岔、转辙机、信号机和轨道电路等现场设备。

SICAS与ATS系统、试车线设备、车辆段联锁、防淹门等设备接口。如与洗车机的接口关系是，只有当洗车机给出同意洗车信号时，才有可能排列进入洗车线的进路。否则，不能排列进路。

【实践操作】

利用城轨行车指挥仿真系统，在LOW操作台上排列一条基本进路，操作方法如下：

左键点击进路的始端信号机，再右键点击进路的终端信号机，此时所选始端信号机和终端信号机都会被打上灰色底色，然后左键点击命令按钮栏中的"排列进路"命令，最后左键点击"执行"按钮。

任务四 办理闭塞

【相关知识】

闭塞设备是用来保证列车在区间内运行安全,并提高区间通过能力的区间信号设备。

一、闭塞基本概念

为了确保列车在区间内的运行安全,列车由车站向区间发车时,必须确认区间内没有列车,并需遵循一定的规律组织行车,以免发生列车正面冲突或追尾等事故。这种为保证列车运行的安全,在组织列车运行时,通过设备或人工控制,使连续发出列车保持一定间隔距离安全行车的办法,称为行车闭塞法,简称闭塞。用于办理行车闭塞手续的设备叫闭塞设备。闭塞设备必须保证一个区间内、在同一时间里只能允许一个列车占用这一基本原则。

行车闭塞法历经了电报(电话)闭塞、路签(路牌)闭塞、半自动闭塞、自动闭塞和移动闭塞几个发展阶段,目前常见的闭塞方法有半自动闭塞、自动闭塞、移动闭塞和电话闭塞法(代用闭塞法)。

二、半自动闭塞概述

采用车站出站信号机的允许显示信号作为列车占用站外区间的行车凭证,区间两端的值班员通过专门的闭塞机来办理闭塞手续,即由发车站值班员请求占用区间,由接车站值班员认可接车,发车站才能开放发车信号;当列车进入区间时,发车信号关闭,区间处于闭锁状态;只有当接车站值班员确认列车到达之后,才能使闭塞机处于解锁状态,才能办理第二次列车占用区间的闭塞手续。其中,办理手续由值班员人工完成,信号显示的转换则是由运行中的列车自动完成的,故称为半自动闭塞。由于半自动闭塞制度保障了两个车站之间区间仅有一个列车运行,因此,区间运行安全得到保障;但线路通行能力较低,适用于单线轨道交通。

半自动闭塞的闭塞区间为一个站间(所间)区间,列车占用区间(以后称为闭塞凭证)为出站信号机的允许信号。

三、自动闭塞

1. 自动闭塞的概念

将站间区间划分为若干小区间(称为闭塞分区),并设置通过信号机进行防护。由车站出站信号机和区间内通过信号机的显示共同作为列车占用区间的行车凭证。而且,出站信号机的关闭与通过信号机的信号显示变化,均由行进中的列车来自动完成(除了出站信号机的开放仍由车站值班员在排列列车进路时完成,已包含在联锁环节中),故称之为自动闭塞。自动闭塞中通过信号机把站间区间分成若干个闭塞分区,可有多个列车同时占用(只要能保持安全间隔),大大提高了线路的通过能力。同时还能对区间内是否有列车占用的信息进行检查监督,是列车运行自动化控制的基础。

自动闭塞的闭塞凭证为出站或通过信号机的允许信号,闭塞区间为出站信号机和通过信号机之间的(或两个通过信号机间)的闭塞分区。

2. 自动闭塞的原理

自动闭塞区段设有轨道电路和通过信号机,因而能够正确反映列车的运行情况和钢轨是否完整,并及时传递给通过信号机显示出来,向接近它的列车指示运行条件。目前,我国铁路上广泛采用的是三显示自动闭塞，它用红、黄、绿三种颜色的灯光来指示列车运行的不同条件，如图 5-20 是双线三显示自动闭塞原理图。

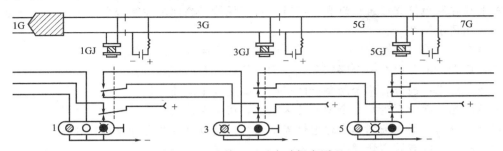

图 5-20　双线三显示自动闭塞原理

由图可见，每一闭塞分区构成一个独立的轨道电路。当分区内无车占用时，轨道继电器有电吸起。当列车在闭塞分区 1G 内运行时，由于轨道继电器 1GJ 被列车的轮对分路，它的前接点断开，继电器通后接点，使 1 号信号机显示红灯，表示该闭塞分区有车占用。3G 内无车，使轨道继电器 3GJ 有电吸起，又因 1GJ 接点落下，使 3GJ 前接点闭合而接通 3 号信号机的黄灯电路，使 3 号信号机亮黄灯，表示它防护的闭塞分区空闲，要求后行列车注意运行，前方只有一个闭塞分区空闲。5 号通过信号机由于轨道继电器 5GJ、3GJ 都在吸起状态，通过 5GJ 和 3GJ 的前接点闭合绿灯电路而亮绿灯，准许后行列车按规定速度运行，前方至少有两个闭塞分区空闲，其余的依次类推。

当线路上的钢轨折断时，由于轨道电路断电，继电器失磁释放衔铁，使信号机显示红灯所以能更好地保证行车安全。

城市轨道交通就是在这种闭塞控制原理的基础之上来实现列车运行自动控制的。但在正线区间是不设这些通过信号机的，而只有在钢轨上发速度码等信息。故城市轨道交通是以车载信号为主体信号，地面信号为辅助信号。由于固定闭塞设备对于列车的防护是自动进行的，它不再需要车站值班员办理闭塞手续，而是根据各个闭塞分区的空闲或占用状态，自动变换通过信号机的显示，指示列车运行。

整个区间都设有轨道电路，从而可以检测列车的完整性。城市轨道交通的 ATC 系统，也是基于自动闭塞控制原理，将区间划分成不同长度的闭塞分区，但区间内不设地面通过信号机，地面信息由钢轨传送至列车，而且向列车传送的信息量要比自动闭塞的信息量更大，这就是列车运行自动防护子系统（ATP）。

3. 显示制度

自动闭塞按显示制度分为二显示、三显示、四显示自动闭塞。信号的显示意义如下。

（1）二显示自动闭塞

红色灯光：前方闭塞分区有车占用，停车，不准越过该信号机。

绿色灯光：前方闭塞分区无车占用，按规定速度运行。

二显示自动闭塞在绿色灯光条件下，有可能仅有一个空闲区间可供列车占用，因此，列车在很多情况下是在红灯下运行，随时准备减速或停车制动。只适合于运行密度低、速度低的轨道交通系统。

（2）三显示自动闭塞

红色灯光：前方闭塞分区有车占用，停车，不准越过该信号机。

黄色灯光：前方仅有一个闭塞分区空闲，减速通过。

绿色灯光：前方至少有两个闭塞分区空闲，按规定速度通过。

三显示自动闭塞在绿色灯光条件下，至少有两个闭塞分区空闲可供列车占用。因此，列车基本上是在绿色灯光或黄色灯光下运行。可以保持较高速度运行或只需要短暂减速运行。

(3) 四显示闭塞

红色灯光：前方闭塞分区有车占用，停车，不准越过该信号机。

黄色灯光：前方仅有一个闭塞分区空闲，低速列车减速通过。

黄绿色灯光：前方有两个闭塞分区空闲，高速列车减速通过。

绿色灯光：前方至少有三个闭塞分区空间，按规定速度通过。

四显示自动闭塞保证列车在绿色灯光下运行，可以充分发挥列车运行速度，比较适合较高速度的铁路区段或城市轨道交通系统。

自动闭塞各种显示制度如图 5-21 所示。从图上可以看出，四显示自动闭塞比三显示、二显示自动闭塞区段有更高的通过能力。

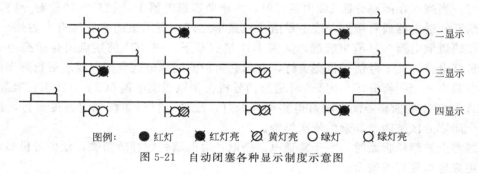

图 5-21　自动闭塞各种显示制度示意图

四、准移动闭塞

准移动闭塞中线路被划分为固定位置、某一长度的闭塞分区，一个分区只能被一列车占用；列车间隔是按后续列车的当前速度下所需的制动距离，加上安全余量计算和控制的，确保不冒进前行列车占用的闭塞分区；制动起点是动态的，终点是固定的某一分区的边界处。

五、移动闭塞

在城市轨道交通中，移动闭塞是一种采用先进的通信、计算机、控制技术相结合的列车控制技术，所以国际上有习惯称为基于通信的列车控制系统 CBTC（Communication Based Train Control）。

移动闭塞没有预先设置闭塞分区，不以固定闭塞分区为列车追踪的最小单元，列车间的最小运行间隔距离由列车在线路上的实际运行位置和运行状态确定，闭塞分区随着列车的行驶，不断地向前移动和调整，所以称为移动闭塞。

移动闭塞方式采取目标距离控制模式。目标距离控制模式根据目标距离、目标速度及列车本身的性能确定列车制动曲线，采用一次制动方式。移动闭塞的追踪目标点是前行列车的尾部，后行列车从最高速开始制动的计算点是根据前行列车的距离（目标距离）、速度（目标速度）、线路情况及列车本身的性能计算决定的，是随时变化的，由于制动的起始点是随线路参数和列车本身性能不同而变化的，空间间隔的长度是不固定的，所以称为移动闭塞。

图 5-22 是移动闭塞原理图。移动闭塞的行车凭证是前方列车向后行列车发出的移动授权，该移动授权实际上是一个数据包，包括前行列车的距离、速度、前方区间线路情况等信息，当后行列车收到这个移动授权后方可进入前方区间；移动闭塞的列车间隔为一个常用制

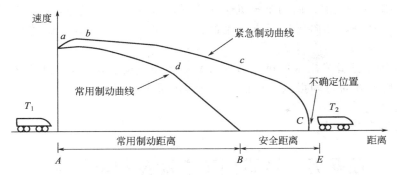

图 5-22　移动闭塞原理

动距离加上一个安全距离,以保证后行列车在一个常用制动距离内停下来,而安全距离是考虑在最不利的情况下列车仍能被安全的分隔开来,不与前行列车追尾。

六、电话闭塞

电话闭塞是当基本闭塞设备不能使用时,由区间两端站的车站值班员利用站间行车电话以发出电话记录号码的方式办理闭塞的一种方法。

电话闭塞不论单线或双线,均按站间区间办理。由于没有机械、电气设备控制,全凭制度约束来保证行车安全,因此办理手续必须严格。为保证同一区间在同一时间内不会用两种闭塞法,在停用基本闭塞法改按电话闭塞法或恢复基本闭塞法时,均须由行车调度员下达调度命令后方准采用。

使用电话闭塞法行车时,列车占用区间的行车凭证为路票或行车许可证,路票的样式如图 5-23 所示。闭塞区间为一个站间区间。

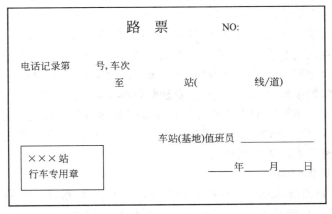

图 5-23　路票

【任务实践】

为 1332 次办理电话闭塞,发车站为 A 站,接车站是 B 站,操作步骤如下:

① A 站向 B 站请求闭塞,"1332 次请求闭塞"。

② B 站确认接车区间,接车线路空闲,接车进路准备妥当后,向 B 站发出:"电话记录号码×××号,××点××分承认 1332 次闭塞。"发车站复诵一次。

③ 填写行车日志、路票。

④ A 站办理发车进路，向列车司机递交路票，显示手信号发车，列车出发后，向 B 站通报发车车次、时分，并向行调报点，用语："A302 次××分开（通过）"，接车站复诵一次。

⑤ 列车整列到达并发出（或进入折返线）后接车站向发车站发出到达列车闭塞解除时及电话记录号码，并向行调报点，用语："电话记录×××号，1332 次××点××分到。"发车站复诵一次。

⑥ 双方填记行车日志。

任务五　认识列车自动控制系统 ATC

【相关知识】

一、列车自动控制系统 ATC 概述

列车自动控制系统 ATC（Automatic Train Control），简称列控系统，就是对列车运行全过程或一部分作业实现自动控制的系统。其特征为：列车通过获取的地面信息和命令，控制列车运行，并调整与前行列车之间必须保持的距离，以保证按照空间间隔运行的技术方法，它是靠控制列车运行速度的方式来实现的。

1. ATC 系统的组成

ATC 包括三个子系统：列车自动保护系统 ATP（Automatic Train Protection）；列车自动驾驶系统 ATO（Automatic Train Operation）；列车自动监控系统 ATS（Automatic Train Supervision）。

ATP/ATO 子系统是 ATC 系统的核心之一。列车自动保护系统 ATP 通过列车 ATP 系统和地面 ATP 系统间的信息传输，来实现列车间安全间距的监控、速度控制、列车的超速防护、安全开关门的监督和进路的安全监控等功能，从而防止列车碰撞与出轨，确保列车和乘客的安全；列车自动驾驶系统 ATO，主要通过车载 ATO 系统完成站间自动运行、列车速度调节和进站定点停车，并接受控制中心（OCC）的运行调度命令，实现列车的运行自动调整；列车自动监控系统 ATS，主要功能是监督列车状态、产生列车时刻表、自动调整列车运行时刻和保证列车按时刻表正点运行、生成运行报告和统计报告、向旅客导向系统提供信息等。ATP、ATO、ATS 三个子系统既相互独立又相互联系，组成完整的 ATC 系统，确保列车安全、快速、短间隔时间和有序地运行。

2. ATC 系统的设备分布

ATC 系统按所处的地域划分可包括：控制中心（OCC）系统、车站及轨旁系统、车载设备系统、车辆段/停车场系统。ATC 列车自动系统框图如图 5-24 所示。

在控制中心内，装有分布式计算机系统、中心数据传输系统、信息管理系统等。

控制中心是以计算机为主体的控制设备。每一个控制中心有一套三取二的计算机系统进行全部数据处理及行车指挥。在这三台计算机中有两台计算机用于重要操作，采用交叉比较输出，第三台计算机用于热备份。控制中心还包括相应的数据传输设备，即应有一台高速数传设备对下属车站及运行中的列车实现双向数据传递。

在中心计算机系统中存有固定的被控区域的各种数据，如线路坡度与曲线数据以及目前线路允许速度，还应包括轨道电路状态、信号机位置及显示状态，应答器位置及工作状态等；运行中的列车的各种数据，如列车位置、列车制动效果等将通过各站分机传送到中心计

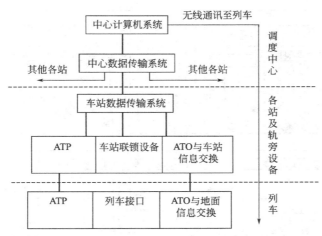

图 5-24 列车控制系统 ATC 框图

算机。控制中心计算机根据各种数据计算出行车指挥命令,并通过数据传输设备传送到车载计算机中。通过这些命令如行车目标速度、到达下一个目标的行车距离以及车载计算机应使用的速度曲线及制动曲线等,并根据最大允许速度自动驾驶列车。

3. 闭塞的实现

城市轨道交通列车间隔控制(即闭塞)均由列车运行自动完成,故装备有列控系统的城市轨道交通均为自动闭塞。由于采用了 ATC 系统,各个轨道电路区段(即闭塞分区)均不设通过信号机,而由车载 ATP 系统予以显示。也没有铁路那样专用的闭塞设备的概念,闭塞作用由 ATP 系统完成,其原理将在"ATP 子系统"中介绍。

按照闭塞实现的方式,城市轨道交通的闭塞可分为固定闭塞、准移动闭塞、移动闭塞。

固定闭塞将线路划分为固定的区段,不论前、后列车的位置,还是前、后列车的间距都是用固定的地面设备(如轨道电路等)检测和表示的。准移动闭塞(也可称为半固定闭塞)是介于固定闭塞和移动闭塞之间的一种闭塞方式。准移动自动闭塞对前后车的监测不同,前车的监测仍然使用固定闭塞的方式,而后车的监测使用移动的方式,获得后车的具体位置,这样后车可根据自身的位置、速度等情况选择制动点来实施制动,保证必需的行车间隔。移动闭塞不设固定闭塞区段,前后车的位置和间距都是随着列车的运行而变化的,采用移动的定位方式,其原理已在前面叙述过。

二、基于轨道电路的 ATC 系统

(一)ATP 子系统

ATP 系统是 ATC 的基本环节,属于故障—安全系统,必须符合故障—安全的原则。它是保证行车安全、防止列车进入前方列车占用区段和防止超速运行的设备。ATP 子系统不断将来自联锁设备和操作层面上的信息、线路信息、前方目标点的距离和允许速度信息等从地面通过轨道电路等传至车上,从而由车载设备计算得到当前所允许的速度,或由行车指挥中心计算出目标速度传至车上,由车载设备测得实际运行速度,如果列车速度大于 ATP 的保护速度,ATP 车载设备发出制动指令,列车自动制动,当列车速度降至 ATP 指示速度以下时,自动缓解。这样对列车速度实行监督,使之始终在安全速度下运行,以缩短列车运行间隔,保证行车安全。

1. ATP 设备组成

ATP 系统由轨旁设备和车载设备这两部分组成,如图 5-25 所示。

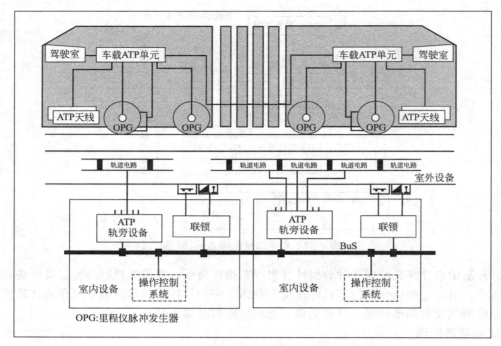

图 5-25 ATP 设备框图

(1) ATP 轨旁设备组成

ATP 轨旁设备主要由 ATP 轨旁单元、相关的发送（接收）设备组成，还包括与 ATS、ATO、联锁设备的接口设备。基于无绝缘模拟轨道电路的 ATP 系统，利用轨道电路向列车发送速度命令等模拟信号发送数据信息到车上；而数字编码轨道电路的 ATP 子系统由轨旁设备通过轨道电路发送给列车的，主要以发送"目标速度"信息为主，但也有发送"进路地图"的"距离定位"制式，这为移动闭塞奠定了基础。

(2) ATP 车载设备组成

ATP 车载设备一般由 ATP 车载单元、测速装置（速度传感器）和接收（发送）装置组成。如图 5-26 所示。ATP 车载设备根据地面设备提供的信号动态信息、线路静态参数、临时限速信息及有关动车组数据，生成控制速度和目标距离模式曲线，实现超速防护、制动保证、零速检测、车门控制、后退防护等。

有的系统是列车两头各一套车载 ATP 设备，互为备用；有的系统是列车两头各一套，但不互为备用，只控制各自方向的行驶；还有的系统只有一套。另外在车辆驾驶室的显示器上安装有信号的显示软件。

ATP 车载单元一般由计算机通道组成，有的采用 2 取 2 计算机系统，有的采用 3 取 2 计算机系统，当两个中的一个通道故障时，整个车载单元安全切断。

速度传感器（如图 5-27 所示）是车轴脉冲发生器，用它来获取列车实际运行速度和运行距离信息。一般设置两个速度传感器，分别设在第一节车的不同轴和不同侧。

ATP/TWC 接收线圈，如图 5-28 所示，设于列车头部车辆第一个轮对前，线圈的中心线对准每根钢轨的中心，两组接收线圈串接，接收地面 ATP 速度信息、开门信息以及 TWC 信息。

TWC（车地通信子系统）发送天线，安装在第一节车的底部，第一轮轴前方，其中心对准轨道线路的中心线，通过天线将列车运行状态信息等送至地面，经集中联锁站 TWC 模块，将信息转送至控制中心。

标志器线圈和对位线圈属于 ATO 设备，将在后面介绍。

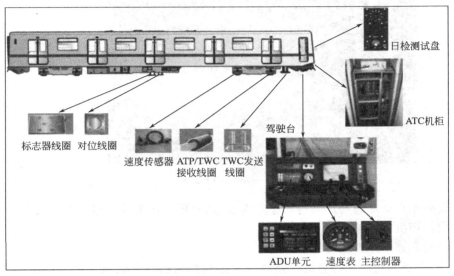

图 5-26　ATC 车载设备

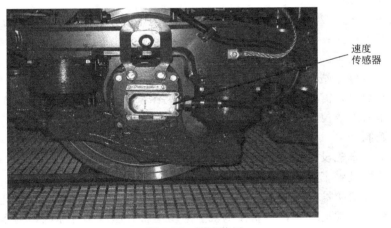

图 5-27　测速装置

2. ATP 的功能

（1）列车检测

采用轨道电路等作为列车检测设备。当轨道电路区段空闲时，发送轨道电路检测电码，此时轨道电路的功能是检测是否空闲，检测结果送往联锁装置。

（2）列车自动限速

ATP 轨旁单元从联锁和轨道电路获得驾驶指令，ATP 车载设备通过此数据计算现有位置的列车允许速度，实际的列车速度和驶过的距离由测速装置测量，如果列车的实际速度超出 ATP 限速，ATP 车载设备发出制动命令，发出报警后控制列车进行常用全制动或实施紧

图 5-28　ATP 天线

急制动，使列车自动地制动；当列车速度降至 ATP 所指示的速度以下时，便自动缓解。而运行操作仍由司机完成。

（3）接收和处理来自地面的信息

地面 ATP 子系统，通过轨道电路将列车运行所需的信息发送出去，车载 ATP 设备会实时接收这些信息，并对这些信息进行实时分析处理，以及时对列车的运行状态和运行速度进行控制。通常这些信息包括列车允许运行的最大速度和门口命令等。

（4）防止列车相撞

ATP 系统可以防止列车相撞，包括以下内容：①防止运营列车追尾前行列车；②防止列车进入未开通的进路；③防止列车冲出尽头线路；④防止列车进入封锁区段；⑤防止列车进入发生故障的进路等。

（5）车辆安全停靠站台

列车停靠站台时，需要列车完全停稳不动，确保乘客安全上下车。ATP 系统会检测列车的速度和列车所处的位置，保证列车在站台区域安全停靠。

（6）车门控制

通常情况下，车辆没停稳或在车辆段转换轨时，ATP 不允许车门开启。列车在车站预定停车区域内停稳且停车点的误差在允许范围内，ATP 允许车门开关操作。

（7）空转、打滑防护

列车在线路上正常运行时，车轮在钢轨上滚动运行，但因某种原因，列车车辆会发生空转或滑行，此时，一方面会对车辆的轮对造成损伤，另一方面会危及行车安全。ATP 系统会检测列车空转和打滑情况，并及时采取措施，控制列车运行状态。

（8）防止列车发生溜逸

当列车停留在坡道上时，ATP 会给列车施加一定的制动力，保证列车不会发生溜逸，防止发生安全事故。

3. 列车驾驶模式

（1）ATO 模式（自动列车驾驶）

采用 ATO 模式时，司机负责监督 ATP/ATO 指示，列车状况，所要通过的轨道、道岔、信号的状态，必要时加以干预。ATO 模式在正线的正常运行（包括折返线和试车线）时使用。

(2) AR 模式（自动折返）

AR 模式包括列车的自动换向和有折返轨的自动折返。其中有折返轨的自动折返又可分为人工折返和无人折返。AR 模式在折返站和具有换向功能的轨道区段使用。

(3) SM 模式（监督人工驾驶）

在 SM 模式下，司机必须根据显示屏显示的推荐速度驾驶列车，当实际速度在推荐速度 $-1km/h$ 到推荐速度 $+4km/h$ 这个范围时，会有声音报警，当实际速度大于推荐速度 $4km/h$ 时，ATP 产生紧急制动，司机要负责监督列车状况，所要通过的轨道、道岔、信号的状态。司机以 SM 驾驶列车进站时，当 ATP 给出门释放命令后，司机手动开门。SM 模式在：①ATO 故障；②运行时轨道上发现有障碍物（如人）；③列车在下雨时在地面站行驶时使用。

(4) RM 模式（限制人工驾驶）

采用 RM 模式时，列车由司机驾驶，司机负责监督 ATP/ATO 指示显示，列车状况，所要通过的轨道、道岔、信号的状态，速度不能大于 25km/h，ATP 只提供 25km/h 的超速防护。RM 模式在：①车辆段运行；②联锁、轨道电路、ATP 轨旁设备故障；③列车紧急制动以后使用。

(5) URM 模式（非限制人工驾驶）

采用 URM 模式时，列车的运行完全由司机负责，没有 ATP 的监控。URM 模式在：①车载 ATP 设备故障；②车辆部分设备检修和调试时使用。

（二）ATO 系统

ATO 即列车自动驾驶，它代替司机操作列车驱动、制动设备，自动实现列车的启动、加速、匀速惰性、制动等驾驶功能。使用 ATO 后，可使列车经常处于最佳运行状态，高质量的自动驾驶，提高列车运行效率，提高列车正点率及旅客乘坐舒适度，减少能量消耗和轮轨磨耗。

1. ATO 设备组成

ATO 子系统包括轨旁和车载 ATO 单元两部分。

ATO 轨旁设备通常兼用 ATP 轨旁设备，接收与列车自动运行有关的信息。它包括：设在每个车站 ATC 设备室内的车站停车模块或 ATO 通信器、沿每个站台设置的一组地面标志线圈或环路以及和 ATP、联锁系统的接口设备。ATO 车载设备包括每一端司机室内的一个由微型计算机构成的 ATO 控制器以及车底部的标志线圈和对位天线。

ATO 具有一个双向通信系统，通过 ATO 允许列车直接与车站内的 ATS 连接，可以实现最佳的运营控制，完成下列 ATO 功能：程序停车、运行图和时刻表调整、轨旁/列车数据交换、目的地和进路控制功能。

ATO 还具有定位停车系统，为列车提供精确的位置信息，包括车底部的标志线圈和对位天线、每个车站 ATC 设备室内的车站停车模块和沿每个站台设置的一组地面标志线圈。

车载对位天线（如图 5-26 所示），置于第一节车的底部，它沿车辆的纵向中心线安装，用于接收对位停车点的地面"对位线圈"信息，并向地面传送列车"已经对位"的信息，通过地面"对位线圈"和"对位模块"，交换对位信息和向地面发送列车长度信息，使相应长度的站台屏蔽门开启。

标志器检测线圈（如图 5-26 所示），也安装在第一节车的底部，沿车辆的纵向中心线设置，位于对位天线的后方，用于检测地面标志器信息。

车载 ATC 设备根据 ATC 系统的不同而不同。数字编码轨道电路"目标速度"制式的

ATC 系统，其车载设备中不设标志器接收线圈和对位天线，它通过接收在站台区域设置的 TWC 环线信息及环线交叉点的定位信息等，实现车地信息交换和车站程序对位停车。

2. ATO 的功能

ATO 系统的功能分为基本控制功能和服务功能。基本控制功能是自动驾驶、自动折返、车门打开，这三个控制功能相互之间独立地运行；服务功能包括：列车位置、允许速度、巡航/惰行、PTI（positive train identification 有车标志）支持功能等。

（1）自动驾驶

可完成：①自动调整列车运行速度；②停车点的目标制动；③从车站自动发车；④区间内临时停车；⑤区间限速。

（2）无人自动折返

无人自动折返是一种特殊情况下的驾驶模式，在这种驾驶模式下无需司机控制，而且列车上的全部控制台将被锁闭。

只要接收到无人驾驶折返运行许可时，就自动进入 AR 模式。授权经驾驶室 MMI 显示给司机，司机必须确认这个显示，并得到授权，锁闭控制台。只有按下站台的 AR 按钮以后，才实施无人驾驶列车折返运行。ATC 轨旁设备提供所需的数据以驾驶列车进入折返轨，列车将自动回到出发站台；列车一到出发站台，ATC 车载设备就会退出 AR 模式。

（3）自动控制车门开闭

由 ATP 系统监督开门条件，当 ATP 系统给出开门命令时，可以按事前的设定由 ATO 系统自动地打开车门，也可由司机手动打开正确一侧的车门。

（4）列车位置

列车位置功能从 ATP 功能中接收到当前列车的位置和速度等详细信息。根据上一次计算后所运行的距离来调整列车的实际位置。

（5）车站程序停车

线路上的车站都有预先确定的停站时间间隔。控制中心 ATS 监督列车时刻表，计算需要的停站时间以保证列车正点到达下一个车站。由集中站 ATS 通过 ATO 环线传给 ATO 车载设备。在控制中心要求下，列车可跳过某车站，跳停命令由控制中心通过集中站 ATS 传给列车。

（6）定位停车

当设置站台屏蔽门时，应保证车门与屏蔽门对应，车门的开度和屏蔽门的开度要配合良好，ATO 定点停车精度可达 $\pm 0.25m$。

（7）巡航/惰行功能

巡航/惰行功能的任务是按照时刻表自动实现列车区间运行的惰行控制，同时节省能源，保证最大能量效率。由 ATO 和 ATS 确定的列车运行时间，ATO 计算能源优化轨迹。

（8）列车识别系统 PTI

PTI 系统不另设车载设备，而集中在 ATO 系统内，但有独立的软、硬件，负责 PTI 编码、调制及发送。

PTI 支持功能是通过多种渠道传输和接收各种数据，在特定的位置传给 ATS，向 ATS 报告列车的识别信息、目的号码和乘务组号和列车位置、车门信息、列车状态（停车或运行）等数据，以优化列车运行。

机车上的 PTI 天线负责发送列车特征数据电码，钢轨间的回路环线（在区间内每隔一定距离设一个接收环线，停车站正线设一个接收环线）用于接收机车天线发送的数据，并将其由光缆或电缆传至控制中心。

3. ATO 和 ATP 的关系

在 ATP 系统的基础上安装了 ATO 系统，列车就可采用手动方式或自动方式进行驾驶。在选择自动驾驶方式时，ATO 系统代替司机操纵，诸如列车启动加速、匀速惰行、制动等基本驾驶功能均能自动进行。然而，不论是由司机手动驾驶还是由 ATO 系统自动驾驶，ATP 系统始终是执行其速度监督和超速防护功能。可以这样认为：

手动驾驶＝司机人工驾驶＋ATP 系统
自动驾驶＝ATO 系统自动驾驶＋ATP 系统

ATP 系统主要负责"超速防护"，起保证安全的作用，是不可缺少的安全保障；ATO 系统主要负责正常情况下的列车高质量地运行，是提高列车运行水平的质量（准点、平稳、节能）的技术措施。因此，ATP 是 ATO 的基础，ATO 不能脱离 ATP 单独工作，必须从 ATP 系统获得基础信息；而且，只有在 ATP 的基础上才能实现 ATO，列车安全运行才有保证；ATO 是 ATP 的发展和技术延伸，ATO 在 ATP 的基础上实现自动驾驶，而不仅仅停留在超速防护的水准上。

（三）ATS 子系统

列车自动监控系统 ATS 是一种基于计算机网络的、智能化自动控制系统。在 ATP、ATO 系统的支持下完成对列车运行的自动监控，它负责监视和控制线路中所有列车的运行状态。

1. ATS 系统组成

ATS 子系统负责监视和控制整个地铁线路中列车的运行状态。它由控制中心 ATS 设备、车站 ATS 设备、车载 ATS 设备、车辆段 ATS 设备组成。中央 ATS 与本地 ATS 之间通过通信设备不停地交换信息，信息的传输一般以光纤作媒介。其系统结构如图 5-29 所示。

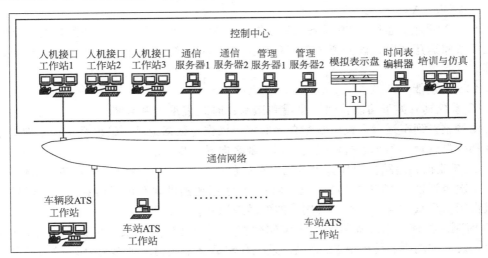

图 5-29　ATS 系统结构图

（1）控制中心 ATS 设备

① 人机接口工作站：输入行车计划，调整行车偏差，发布控制命令等；设备实现信息的人机交换、向控制中心计算机、局域网等传送控制命令、表示信息等。

② 中心调度表示盘：显示全线信号设备运用状态，列车位置信息、特征参数，屏蔽门开

启状态，与车厂联络线的联系等。

③数据传输计算机系统：用于实现控制中心、车站、车载设备的数据通信，以及对车场联络线的监督，是控制中心、车站列车、车厂间的局域计算机网络。

④绘图及打印设备：自动或人工介入绘制列车运行图，打印列车运行图、各种数据报表等。

(2) 车站 ATS 设备

①车站控制盘：用于监控管内的列车运营过程、列车位置、列车特征信息、屏蔽门状态、信号运用状态，提供列车非正常运行报警、信号设备、屏蔽门设备等故障报警；在调度授权条件下调整管内列车运行时间，完成操纵道岔、办理进路、开放信号，以及封锁、限速等操作。

②数据传输系统：接收、发送车站与控制中心、车站与车载系统的列车控制命令及列车、设备的运用、报警信息等。

③自动进路选择系统：正常情况下，由控制中心下传控制命令，验证列车目的地代码、车次号等，实现列车进路的自动排列；当控制中心与车站信息传输中断时，接受司机在列车驾驶台发出的（RTU）远程终端排列进路的请求，完成 RTU 排列进路任务。

④车—地信息交换系统（TWC）。在线列车通过车—地 TWC 设备向车站发送车次号、目的地、列车长度等信息（通过车站与控制中心数据传输系统传至控制中心），实现列车跟踪、中心监视显示，信息发往车站，控制联锁装置，自动办理进路等。需要调整列车运行时差时，地面 TWC 设备将速度信息、赶点命令等发往列车，实现列车运行调整。

(3) 车载 ATS 设备

车载 ATS 设备主要是 TWC 信息发送设备、车载计算机，用于存储列车特征信息，接受控制命令，向地面 TWC 设备传送列车特征信息、运行速度等。

(4) 车辆段 ATS 设备

控制中心调度员通过 ATS 设备在显示屏上实时了解车辆段与运营正线间列车运行、分区占用及线路运用情况，以方便与车厂联合调度，办理接/发列车进路和列车自动追踪排列进路等。

2. ATS 的功能

ATS 系统具有如下功能：列车监视和追踪；时刻表编制和管理；自动排列进路、列车运行自动调整；列车运行和设备状态自动监视；操作与数据记录、输出及统计处理；车辆段修程及乘务员管理；列车运行模拟机培训；乘客向导信息显示等。

①列车监视和追踪。用计算机再现列车的运行，列车运行有轨道空闲和占用信号驱动。列车由车次号识别，ATS 给 MMI、旅客信息显示系统提供列车位置信息。列车运行的识别由轨道占用信号从"空闲"到"占用"的翻转来识别。

②时刻表处理。系统提供时刻表编制数据库，调度员人工设置数据产生计划时刻表，计划时刻表从控制中心传到 ATS 分机，系统存储适合不同情况的多套计划时刻表，系统随时对时刻表的状态进行比较。通过设在车辆段的终端，向车辆段管理及行车人员提供必要的信息，以便编制车辆运用计划和行车计划。

③自动排列进路和故障情况下的降级处理。正常情况下，控制中心对进路、信号机和道岔实现集中控制，也可由调度员人工介入设置进路，对列车运行进行调整。ATS 故障情况下，由 ATS 车站完成自动进路或根据列车识别号进行自动信号控制；也可由车站人工进行进路控制。

④ 列车运行调整。不断对计划时刻表和实际时刻表比较，通过调整停站时间和列车运行等级，自动调整列车按计划时刻表运行；当运行紊乱时，可由调度员人工进行人工调整。

⑤ 在中央专用设备上提供模拟和演示功能，用于培训及参观。

⑥ 能自动进行运行报表统计，并根据要求进行显示打印。

⑦ 向通信无线、广播、旅客向导系统提供必要的信息。

三、基于 CBTC 的 ATC 系统

随着计算机技术、通信技术和控制技术的飞速发展，综合利用三种技术代替轨道电路构成新型系统已成为列车控制系统的发展方向。其核心是通信技术的应用，出现了"基于通信的列车控制系统"（Communication Based Train Control，简称 CBTC）。IEEE 将 CBTC 定义为：利用高精度的列车定位（不依赖于轨道电路），拥有双向连续、大容量的车—地数据通信能力，依靠车载、地面的安全功能处理器实现的连续列车自动控制系统。定义中指出，CBTC 中的通信必须是连续的，这样才能实现连续自动列车控制。基于 CBTC 的 ATC 系统根据通信介质不同又分为有线和无线两种。有线是基于轨间电缆（感应环线），无线通信采用波导管、漏泄电缆和无线空间天线三种方式。

下面，主要介绍基于无线的 CBTC 系统。

基于无线通信的 CBTC 系统是指通过无线通信方式（而不是轨道电路），来确定列车位置和实现车—地双向实时通信。列车通过轨道上的应答器，确定列车绝对位置，轨旁 CBTC 设备，根据各列车的当前位置、运行方向、速度等要素，向所管辖的列车发送"移动授权条件"，即向列车传送运行的距离、最高的运行速度，从而保证列车间的安全间隔距离。

（一）CBTC 系统结构

CBTC 系统的主要组成部分有：列车自动监控子系统（ATS）、数据存储单元（DSU）、区域控制器（ZC）、车载控制器（VOBC）及司机显示、数据通信系统（DCS）。其中数据通信系统包括骨干网、网络交换机、无线接入点及车载移动无线设备等，如图 5-30 所示。

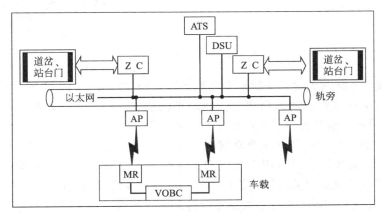

图 5-30 CBTC 结构示意图

1. 车载控制器（VOBC）

如图 5-31 所示，列车上的设备包括 1 个车载控制器、2 个移动无线设备和 2 个驾驶员显示单元。驾驶员显示单元（如图 5-32 所示）显示的内容包括：最大允许速度、当前运行速度、到站距离、列车运行模式、停站时间倒计时、系统出错信息等。驾驶员输入信息包括：驾驶员身份、列车运行模式及其他开关、按钮等。

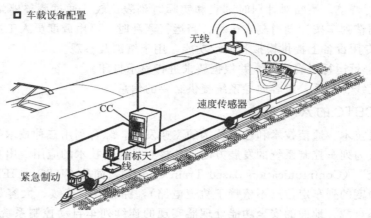

图 5-31 基于 CBTC 的车载设备

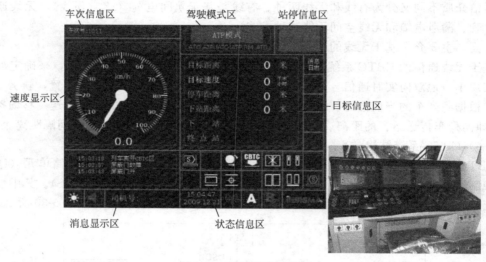

图 5-32 驾驶员显示单元

  CBTC 车载子系统的关键设备就是车载控制器（VOBC 或 CC），它通过检测轨道上的应答器，从数据库中检索收到的数据信息，确定车辆位置，同时负责列车速度的监测，根据 ZC 发来的移动授权、轨旁设备、进路状态和车载数据地图，计算安全防护曲线和运行曲线，实现列车自动防护（ATP）和列车自动驾驶（ATO）的功能。速度传感器、加速度计和查询器（信标）与车载控制器接口用于确定列车的位置。列车驾驶员显示器（TOD）被连接到了车载控制器以便显示相关的驾驶信息、设备状态以及给驾驶员的报警信息。两个移动通信系统（MR）天线位于列车端并连接到车载控制器，实现与轨旁设备间的信息传递。

  车载子系统设备还包括：用于检测站台轨旁接近盘的接近传感器，用于检测线路定位信标的应答查询天线，用于测量列车速度的速度传感器等。

  车载数据通信系统（DCS）由移动通信系统（MR）和 MR 天线构成。在列车每端，安装有一个 MR 或两个 MR 天线。MR 是车载无线设备，用来在车载设备（如 ATP 和 ATO）和轨旁设备间传输数据。

2. 数据库存储单元（DSU）

  数据库存储单元是一个安全型设备，包含了其他列车控制子系统使用的数据库和配置文件。在区域控制器和车载控制器之间，使用一个安全的通信协议，从数据库存储单元下载线路数据库。线路数据库都有一个版本号，在每个区域控制器和数据库存储单元之间，每隔一定时间就会对版本号进行交叉检测。当列车第一次进入系统时以及之后每隔一定时间，在车载控制器和区域控制器之间也会进行相同的检测。

3. 数据通信系统

CBTC 系统的所有设备都和数据通信系统（DCS）相连。DCS 设备包括：轨旁光纤骨干网、轨旁无线设备接入点（AP）、车载无线设备、控制中心和集中联锁站的局域网及交换机。如图 5-33 所示。

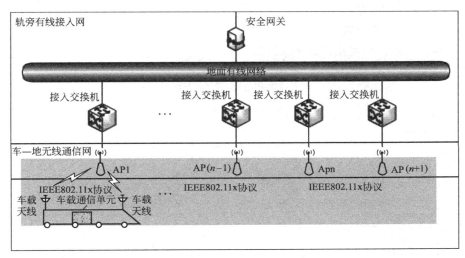

图 5-33 CBTC 系统的数据通信网图

车地无线通信系统主要由三部分组成：轨旁无线接入点（AP）、车载通信单元、空间无线通道。轨旁无线接入点 AP 通过接入交换机接入到轨旁接入网中，轨旁接入网连接在骨干网上，而 AP 的另一端通过天线组的辐射，以空间自由波为介质，与列车车载通信单元进行通信。由于车—地无线网络传输的是列车位置、速度、方向及运行命令等重要信息，因此对传输的实时性、丢包率等都有严格要求。AP 的距离约 300 米。

每列车上的无线系统包括两个完全冗余的车载通信单元，从 AP 传来的信号由它们接收。车载通信单元包括两个冗余的无线单元，它们之间协同工作，每个无线单元都与两个一组的车载天线相连。空间无线通道由铺设在轨旁的无线接入点 AP 的辐射区域组成，以轨道为中心呈带状分布在轨道沿线。

基于无线通信的 CBTC 系统，轨旁定向天线与车载天线之间，通过无线基站窝网进行信息交换。无线通信网采用重叠方式布置，轨旁无线蜂窝以 100% 的重叠率进行设计，保证在一个无线基站故障时，列车信号不会丢失。

4. 区域控制器 ZC

区域控制器与联锁区一一对应，用于接收其控制范围内列车通过无线通道发出的所有位置信息；根据控制中心发出的进路请求，控制道岔、信号机，并完成联锁功能；它负责根据所有已知障碍物的位置和运行权限来确定其区域内所有列车的运行权限。障碍物包括其他列车、封闭区段、失去状态的道岔以及任何外部因素，如紧急停车按钮、站台屏蔽门、防淹门和隔离保护门的动作等。ZC 还负责对相邻区域控制器的移动授权请求作出回应，完成列车从一个区域到另一个区域的交接。

5. 列车自动监控系统 ATS

列车自动监控（ATS）子系统是一个非安全子系统，ATS 向区域控制器发送对应于每列车的排列进路指令，排列进路的指令必须和列车所接收的进路相一致。如果排列的进路不正确（如列车 A 分配到列车 B 的进路），相应的车载控制器将会检测到道岔设置和本列车的运行进路不符，从而阻止列车通过该道岔。

ATS 控制中心调度员提供人机界面，ATS 的调度监督屏上，显示线路状态、信号设备状态、各列车位置、列车工作状态；同时，ATS 也提供调度员各种调度命令，如临时限速、车站"跳停"、关闭区域等。

（二）CBTC 的工作原理

CBTC 各部分的工作可用图 5-34 描述。

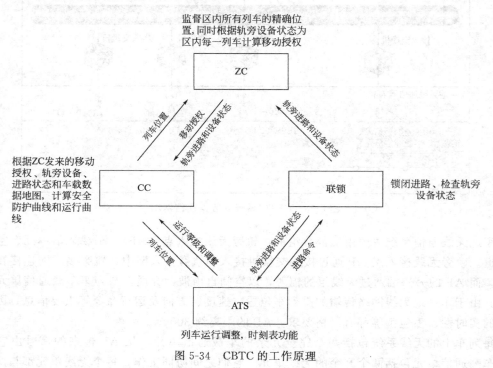

图 5-34　CBTC 的工作原理

三、ATC 系统控制模式

ATC 系统包括下列控制等级：控制中心自动控制模式；控制中心自动控制时的人工介入控制或利用 ATS 系统的人工控制模式；车站自动控制模式；车站人工控制模式。以上控制等级应遵循的原则是：车站人工控制优先于控制中心人工控制、控制中心人工控制优先于控制中心的自动控制或车站自动控制。一个系统在同一时间只能处于一种模式。

1. 控制中心自动控制模式（CA）

在控制中心自动控制模式下，列车进路可根据时刻表及列车运行自动调整系统由 ATS 自动排列，控制中心调度员可以对列车运行自动调整系统进行人工干预。

2. 控制中心自动控制时的人工介入控制或利用 ATS 系统的人工控制模式（CM）

在控制中心自动控制时，控制中心调度员也可关闭某个联锁区或某个联锁区内部分信号机或某一指定列车的自动进路设定，直接在控制中心的工作站上对列车进行控制，在关闭联锁区自动进路设定时,控制中心调度员可发出命令,利用联锁设备自动进路控制功能,随着前行列车的运行,自动排列一条后续列车的固定进路。在自动进路功能出现故障的情况下,调度员可以人工设置进路。

在 CM 模式中,车站的人工控制转到 ATS 系统。一旦车站工作于该模式,则由 ATS 系统启动控制而不由车站控制计算机启动控制。然而,车站控制计算机继续接收表示,更新显示和采集数据。

3. 车站自动控制模式

在控制中心设备故障或通信线路故障时,控制中心将无法对联锁车站的远程控制终端进行控制,此时将自动进入列车自动监控后备模式,由列车上的车次号发送系统发出的带列车去向的车次信息,通过远程控制终端自动产生进路命令,由联锁设备的自动功能来自动设定进路,即随着列车运行,自动排列一条固定进路。

4. 车站人工控制模式

当 ATS 因故不能设置进路(不论人工方式还是自动进路方式),或由于某种运营上的需要而不能由中心控制时,可改为现地操纵模式。在现地操纵台上人工排列进路。

车站自动控制和车站人工控制也可合称车站控制(LC)。当车站工作于 LC 模式时,不能由 ATS 系统控制。然而,ATS 系统将继续收到表示,更新显示和采集数据。

各种控制模式间可相互转换。

【实践操作】

利用 ATC 系统实验设备观察:正常运营模式下列车的运行组织;车站控制下的列车运行组织。

习　　题

一、填空题

1. 联锁设备保证_____的运行安全,闭塞设备保证_____的运行安全。
2. 信号设备的基本颜色有红、黄、绿,辅助颜色有_____、_____。
3. 进站信号机设在_____,防护信号机设在_____。
4. 联锁设备分为_____和_____两种。
5. 6502 室内设备包括_____、_____、_____和电源屏。室外设备包括_____、_____、_____和电缆线路。
6. 移动闭塞的行车凭证是_____,闭塞区间是_____,半自动闭塞的行车凭证是_____,自动闭塞的闭塞区间是_____。
7. ATC 包括三个子系统:_____、_____、_____。
8. ATC 系统按所处的地域划分可包括:_____、_____、车载设备系统、_____。
9. ATP 轨旁设备主要由_____和其相关的_____组成;ATP 车载设备一般由_____、_____、_____组成。
10. 列车驾驶模式包括_____、_____、RM 模式(限制人工驾驶)、_____、AR 模式(自动折返)。
11. 无线调度系统是_____与_____通信的唯一手段,也是_____和抢险人员实现通信的重要手段。
12. 广播系统主要由_____、_____和_____组成。

二、不定项选择题
1. 联锁是哪两部分之间形成的相互制约的关系（　　）。
　　A. 道岔和信号机、信号机和信号机之间　　B. 车辆与车辆之间
　　C. 车辆与调度中心之间　　D. 车站与调度中心之间
2. 四显示自动闭塞的黄绿灯表示前方有（　　）。
　　A. 一个闭塞分区空闲　　B. 两个闭塞分区空闲
　　C. 三个闭塞分区空闲　　D. 以上均不对
3. 信号旗属于（　　）。
　　A. 听觉信号和移动信号　　B. 听觉信号和固定信号
　　C. 视觉信号和移动信号　　D. 机车信号
4. 月白色是（　　）。
　　A. 调车的允许信号　　B. 调车的禁止信号
　　C. 区间的通过信号　　D. 禁止出站信号
5. ATO 是（　　）。
　　A. 列车自动控制系统　　B. 列车自动保护系统
　　C. 列车自动监控系统　　D. 列车自动运行系统
6. 在控制中心能完成进路排列的系统是（　　）。
　　A. ATS　　B. ATO　　C. ATP　　D. SCADA
7. SM 模式是（　　）。
　　A. 限制人工驾驶模式　　B. 非限制人工驾驶模式
　　C. 监督人工驾驶模式　　D. 自动折返模式
8. 当车载设备故障时应采用（　　）驾驶模式。
　　A. ATO　　B. SM　　C. RM　　D. URM
9. ATO 的功能是（　　）。
　　A. 自动驾驶　　B. 无人折返　　C. 闭塞　　D. 定位停车
10. 在 ATC 系统中闭塞是由（　　）实现的。
　　A. ATO　　B. ATS　　C. ATP　　D. 另设专门的闭塞设备

三、名词解释
1. 轨道电路
2. 联锁
3. 闭塞
4. RM 模式
5. LOW

四、判断题
1. 自动闭塞的行车凭证和半自动闭塞一样，均是出站信号机的开放。（　　）
2. 到达进路的始端是进站信号机，终端是出站信号机。（　　）
3. 利用轨道电路可检查轨道占用情况。（　　）
4. 微机联锁省去了所有的继电器部分，体积小，功能强。（　　）
5. 移动闭塞的闭塞分区是后续列车一个常用制动距离。（　　）
6. 三显示自动闭塞中绿色灯光表示前方有三个闭塞分区空闲。（　　）
7. 控制中心和车站有 ATS 设备，车辆基地没有。（　　）
8. 地铁正线和车辆段使用的是相同的信号系统。（　　）

9. 调度电话不需要拨号，只要摘机就可呼叫。　　　　　　　　　　　　　　（　　）
10. 广播系统由控制中心和车站两级控制，以控制中心广播为主。　　　　（　　）

五、简答题
1. 简述轨道电路的组成及工作原理。轨道电路的作用是什么？
2. 联锁的基本内容是什么？
3. 简述 ATP 系统的主要工作原理。
4. ATC 系统是如何实现闭塞的？
5. 列车的驾驶模式有哪些？分别在什么情况下使用？
6. 简述 ATO 的功能。
7. ATS 系统的运行模式有哪些？分别在什么情况下使用？
8. 简述城市轨道交通专用电话系统包括哪些？简述调度电话的组成。
9. 站间行车电话和直通电话的作用和特点是什么？

项目六　车站机电设备系统

【项目导入】

在城市轨道交通中，除了线路、车辆、供电、信号与通信设备外，还有一些很重要的设备，它们是城市轨道交通运营不可或缺的组成部分。这些设备包括 BAS、PDS、FAS、ESC、给排水系统等，它们在城市轨道交通中起着何种作用？本项目将为您揭示。

【学习目标】

1. 会使用防灾报警系统和自动灭火系统。
2. 能掌握通风空调、给排水系统相关知识
3. 会用站台级和手动级方式操作屏蔽门。
4. 会使用城市轨道交通机电监控系统。

任务一　防灾报警系统和自动灭火系统

【图示引导】

图 6-1　灭火器

图 6-2　烟感探测器

项目六 车站机电设备系统

【相关知识】

一、防灾报警系统

地下车站和区间隧道由于空间狭小,消防救灾十分困难,火灾的早期发现和早期扑救对消防救灾来说显得尤为重要。因此为保障城市轨道交通的安全运营,需设置火灾自动报警系统(Fire Alarm System,FAS),对城市轨道交通全线进行火灾探测、报警和控制。

FAS系统分布在站厅、站台、一般设备用房和办公用房等位置能监视车站消防设备(见图6-1)的运行状态,接收车站火灾探测器(见图6-2)、手动报警按钮等现场设备的报警信号并显示报警位置;优先接收控制中心发出的消防救灾指令和安全疏散命令,并能在火灾时发出模式指令使机电设备监控系统运行转入火灾模式,实现消防联动;同时可通过事故广播系统和闭路电视系统组织疏散乘客,对气体灭火系统保护区域进行火灾监视,达到及早发现火灾,通报并发送火灾联动指令的作用。

FAS系统由中央级设备、车站级设备以及将其联系起来的通讯网络组成。如图6-3所示。

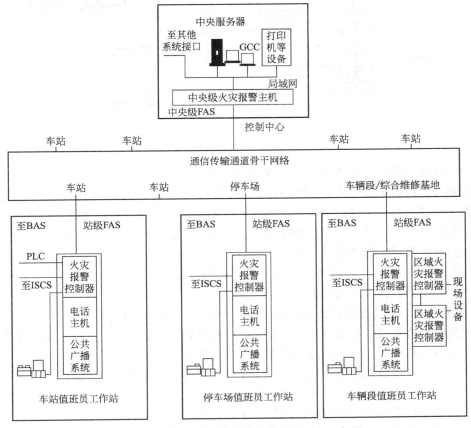

图6-3 火灾自动报警系统全线系统构成示意图

(1)中央级设备 OCC控制中心实现对地铁全线的消防集中监控管理,是全线消防指挥中心。OCC 控制中心配置两台功能相同的图形控制计算机，图形控制系统接收并储存全线消防设备主要运行状态，接收全线车站、车辆段、主变电所及集中冷站的火灾报警并显示报警部位，包括火灾报警、监视报警、设备离线故障报警、网络故障报警、报警存储、操作人员的各项操作记录等。各项记录（如故障、设备维修、清洗等）都可以在图形控制系统上进行在线编辑、分类检索（按车站、时间、设备类型、故障类型、报警类型分类）、能跟踪人员的操作记录并输出至打印机或磁盘等，进行历史档案管理。

（2）车站级设备　车站火灾报警系统由火灾报警控制盘、图形监视计算机、现场设备、消防联动控制系统和消防广播系统组成，如图 6-4 所示。车站火灾报警系统监视车站消防设备的运行状态，接收车站火灾报警信号并显示报警部位，优先接收控制中心发出的消防救灾指令和安全疏散命令。

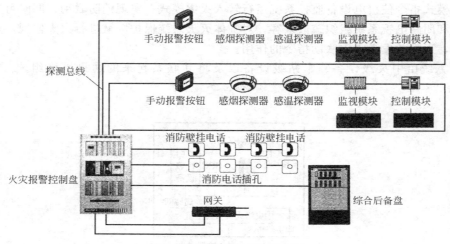

图 6-4　车站级 FAS 构成框图

① 火灾报警控制盘。通过车站的火灾报警控制盘上的数据接口，或消防联动控制盘上的手动控制按钮向机电设备监控系统（EMCS）发出模式指令，由 EMCS 系统启动消防联动设备。火灾报警控制盘上设有消防电话主机，负责本车站的消防电话通讯。车站火灾自动报警系统与气体自动灭火系统相连，可接受气体自动灭火系统的火灾预报警信号、火灾确认信号、系统故障信号等反馈信号。

② 图形监视计算机。车站的图形监视计算机的配置、软件及功能与中央图形控制中心计算机相同，但只监视本车站的火灾报警系统。

③ 现场设备。现场设备包括火灾探测器、手动火灾报警按钮、感温电缆等。

火灾探测器有智能式光电感烟探测器和光束式感烟探测器。智能式光电感烟探测器布置在车站各设备管理用房、站厅及站台旅客公共区和通道等区域，可监视环境中有没有火灾发生。探测器根据环境的火灾特征物理量，如温度、烟雾、气体和辐射光强等，进行火灾是否发生的判断，如果是火警就立即向火灾报警控制盘发送报警信号。在大空间长距离的库房设有红外光束式感烟探测器，如车辆段的检修库和运用库等地。

手动火灾报警按钮布置在站厅层、站台层、出入口通道和设备区等区域，报警区域内每个防火分区至少设有一只手动火灾报警按钮。在上述区域中若设有消火栓箱，则手动火灾报警按钮安装在靠近消火栓箱处明显和便于操作的墙上。

在站台板下的电缆廊道设感温电缆,感温电缆按电缆桥架分层,蛇行走向布置。

④ 消防联动控制系统。FAS所有的防排烟系统联动控制功能由机电设备监控系统(BAS)实现。FAS和BAS在各车站均设有自动控制接口,FAS发出的指令具有最高优先权,当发生火灾时,FAS通过车站的自动控制接口发出指令,BAS按指令将其所监控的设备运行转换为预定的火灾运行模式。

各车站设有消防联动控制柜。联动控制柜通过控制电缆与重要消防设备的控制回路相连,联动柜上有各种带自锁按键,用于火灾时自动控制系统失灵的情况下手动控制各种消防设备。火灾报警及消防联动流程如图6-5所示。

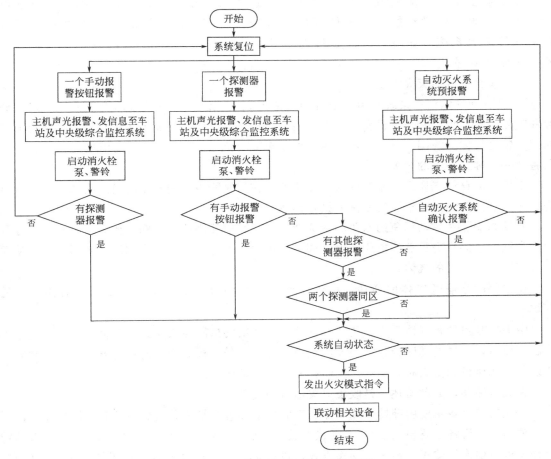

图 6-5 火灾报警及消防联动流程图

此外,FAS系统还包括消防广播通信和闭路电视监控系统系统。火灾报警在车站内没设警铃或警笛,而设有火灾事故广播。火灾事故广播不单独设置,与车站广播系统合用。平时为车站广播用,火灾时能在消防控制室将广播音响强行切转到火灾事故广播状态,火灾事故广播具有优先权。消防指挥中心设专用电话用于向公安消防部门报警。

FAS在车站内设有消防报警电话插孔,而在区间隧道则与轨旁电话系统合用,并结合有线和无线通信系统的使用实现消防指挥通信系统的全部功能。站内及轨旁电话系统在各消防控制室、值班室、消防水泵房和通风空调机房设置直通通话话机；区间隧道设置轨旁电话机。

在消防指挥中心设置调度电话总机，各消防控制室设置调度分机，FAS与行车调度等共用一套闭路电视监视系统。

（3）通讯网络 火灾自动报警系统全线网络为独立的光纤环网，负责中央级和车站级设备通讯。

二、自动灭火系统

自动气体灭火系统布置在重要的设备房，如高低压室、通信设备室、环控电控室、信号设备室等，能实现火警信号采集、系统信息处理、声光报警控制、信息报告、相关环控设备联动控制和气体释放全过程自动控制。常用的自动灭火系统有全自动气体灭火系统（如卤代烷灭火系统、惰性气体灭火系统）、水消防系统（如消火栓、细水雾系统）。

（1）全自动气体灭火系统

① 全自动气体灭火系统介绍。全自动气体灭火系统设备可以分成两大部分，即药剂储存和喷放设备、报警和控制设备。此系统主要包括存储气体的钢瓶、驱动钢瓶内气体释放的阀门、输送气体的管网、整个系统的中央控制单元（通称控制盘）、火灾探测器、声光报警设备及一些辅助使用的开关。

钢瓶用以存储气体灭火系统的灭火介质安装在气瓶间内。钢瓶室需要严格的管理，人员进出必须登记，并且严禁在钢瓶室内擅自作业。

启动阀安装在主动钢瓶的瓶头阀或选择阀上。目前使用的启动阀主要有电磁阀和电爆管两种类型，它们只需很低的电压或电流即可产生很大的冲击力就能将钢瓶的阀门打开，从而释放存储在钢瓶内的气体。

输送管网是输送气体的通道，由无缝钢管连接而成，从气瓶间敷设到所需要保护的区域。

中央控制单元是气体灭火系统的指挥官，当系统的探测器收集到火灾信号并传送到中央控制单元后，经过处理区分，它会发出相应的电压信号，控制相关的报警器响应，控制联动的设备（如风机和防火阀）动作，控制钢瓶上的启动阀开启。

火灾探测器，如前所述，是收集火灾信息的设备。

声光报警设备主要由警铃、蜂鸣器、事故广播和闪灯组成，起到报警和疏散的作用。

辅助开关设备主要包括手/自动转换开关、紧急止喷按钮和紧急手拉启动器。手/自动转换开关可以切换气体灭火系统的操作方式，在有人进入保护区内时须将系统置于手动状态，无人看管时应将系统置于自动状态。紧急止喷按钮是在气体灭火系统处于延时阶段时需要将系统停止后使用的，这可以避免系统误报带来的损失。紧急手拉启动器是在系统需要立即启动时使用的，该开关一旦打开系统将直接喷放，平常严禁擅自使用。

② 全气体灭火系统的工作方式。气体灭火系统是及时发现保护区的火情并在灭火控制主机上进行报警，同时将火警信号送到车站控制室的FAS主机上，在人员对火势情况进行确认后，FAS发出联动指令打开或关闭相应的阀门，气体灭火系统在延时时间后发出开阀指令打开相应的阀门，灭火剂通过管道输送到保护区的喷嘴喷放气体实施灭火。

气体灭火系统有自动、手动和紧急机械手动操作三种方式。如表6-1所示。

表 6-1 气体灭火系统操作方式

自动控制	手动控制	应急操作
第一步,防护区内的单一探测回路探测到火灾信号后,控制盘启动设在该保护区域内的警铃,同时向火灾自动报警系统提供火灾预报警信号	手拉启动器被拉动后,系统将不经过延时而被直接启动,释放 IG-541 气体。在释放 IG-541 气体灭火系统同时,关闭防火阀	此时可通过操作设在气瓶室的 IG-541 气体区域选择阀上的紧急机械启动器(先启动)和钢瓶瓶头阀上的紧急机械启动器(后启动),来开启整个气体灭火系统
第二步,同一防护区内的两个回路都探测到火灾信号后,控制盘启动设在该防护区域内外的蜂鸣器及闪灯,同时向火灾自动报警系统输出火灾确认信号,并进入延时状态(延时时间为30s)		
第三步,30s 延时结束时,控制盘输出有源信号至钢瓶及选择阀上的电磁阀,气体通过管道进入防护区		

（2）细水雾系统 细水雾灭火系统是水消防系统的一种,其机理是使用经过特殊构造的细水雾喷嘴,通过水与雾化介质作用而产生水微粒,再经吸收火场热量蒸发而产生体积急剧膨胀的水蒸气。另一方面,水蒸气大量产生能降低封闭火场的氧浓度而起到窒息燃烧反应来达到双重物理灭火的效果。此外细小的水颗粒能有效地吸收并分散热辐射。

与气体灭火系统相比,细水雾系统的优势是:灭火介质水源容易获取,灭火可持续能力强;除烟、无害、环保,可承受一定限度的通风,对防护区密闭要求相对较低;对于大、中空间的保护场所具有技术和经济方面的优势。其缺点是:灭火速度慢;护区电源系统的要求也较高,同时系统喷放后对电子电气设备造成二次危害的影响程度也较高,细水雾泵房还需考虑荷载增加、后备电源（UPS）及泵房排水等问题。

另外,在车站的管理用房、站厅层、出入口、车站和区间风道内以及在区间隧道内每100m 设一个消火栓。当火灾发生时,打破消火栓的玻璃,把信号传到车站控制室,由报警控制器主机确认后自动和远程控制消防泵共同启动灭火。

【实践操作】

常用消防设备的操作如下。

1. 便携式灭火器

便携式灭火器主要包括干粉灭火器、泡沫灭火器和二氧化碳灭火器等,使用时应针对固体、液体、气体和电气等不同的火灾类型选择合适的灭火器。地铁车厢内便携式灭火器如图6-6 所示。

扑救火灾时,手提或肩扛灭火器到火场,上下颠倒几次,离火点3～4米时,撕去灭火器上的封记,拔出保险销,见图6-7,一手握紧喷嘴,对准火源,另一只手的大拇指将压把按下,即可喷出灭火材料,迅速摇摆喷嘴,使之横扫整个火区,由近而远,将火扑灭。

2. 消防应急面具

消防应急面具用于火灾中个人逃生。它可防护热气流、热辐射、毒烟、毒气、一氧化碳对头面部及呼吸系统的伤害。

使用方法:打开包装盒,从缺口处撕开包装袋;拿出面具,将面套套入头部;调正眼窗,扣

图 6-6 便携式灭火器

正口鼻罩；用手拉紧头带，扣上尼龙搭扣，如图6-8所示。

图6-7 便携式灭火器保险销

图6-8 消防应急面具

3. 消火栓

消火栓的使用步骤如下：

① 打开消火栓箱，取出水带；

② 抛水带：右手成虎口形握住水带的两个接头，拇指第一关节扣压水带外圈，其他四指扣压水带外圈。同时，左手拇指和四指分别插入水带两头接口内，并握紧两个水带头，两手协力托住水带，用力向正前方抛出，左手握水带头向上抽拉，使水带向正前方摊开；

③ 接水带：右手将水带接头与消防栓接头对接，并顺时针转动至卡紧为止；

④ 接水枪、打开水龙头：迅速拿起另一头水带接头，一手拿着水枪向着火部位冲去，将水枪头接上水带接口，并将水龙头打开；

⑤ 灭火：射水时，采取包围灭火战术，阻止火势和烟雾，使其向四周扩散，以便有效控制，以至将火扑灭。注意，如遇电器火灾，应先断电后灭火。

任务二　环境控制与给排水系统

【相关知识】

一、环境与控制系统概述

城市轨道交通地下环境的空气质量与地面其他场所相差较大，一方面比较封闭、湿度大；另一方面，该环境有多种发热源，如人体散热、站设备散热、列车散热、外界空气带入焓热等。在降温同时也需要采取排热手段，同时送新风空气中的粉尘、有害物质及人员呼出的二氧化碳必须进行过滤和排放，这样就为乘客和工作人员创造一个舒适的环境，保证设备的正常运行，因此环境控制系统显得非常重要。环控系统的作用是：

① 在地铁正常运营时，排除余热余湿为乘客和工作人员创造一个舒适的环境；

② 满足车站各种设备以及管理用房工艺和功能的要求，提供正常情况所需的温、湿度条件；

③ 列车阻塞在区间隧道时，向隧道提供一定的送风量和冷量，以维持乘客短时间内能接收的环境条件；

④ 发生火灾时提供迅速有效的排烟手段，向乘客输送必要的新风，诱导乘客疏散。

环境控制系统（Environment Control System，ECS），由隧道通风系统（含防排烟系统）和车站通风空调系统（含防排烟系统）两大部分组成。其中隧道通风系统又分成区间隧道通风系统和车站隧道通风系统；车站通风空调系统又分成车站公共区通风空调系统（含防排烟系统，简称车站大系统）、车站设备管理用房通风空调系统（含防排烟系统，简称车站小系统）和空调水系统。

二、环境控制系统组成

环境控制系统，由风系统、空调水系统组成，如图 6-9 所示。

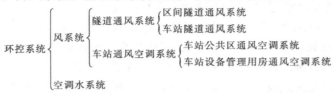

图 6-9 通风空调系统的组成

1. 隧道通风系统

隧道通风系统由车站隧道通风系统和区间隧道通风系统组成。

（1）车站隧道通风系统 车站隧道通风系统主要由排风兼排烟风机、站台下及轨顶风量调节阀、防火阀及排风道组成，其系统如图 6-10 所示。机房布置在车站两端的设备房区内，并联设置两台排风机，负责半个车站隧道的通风。气流组织方式采用轨顶和站台下排风，补风来自车站两端的活塞风井、相邻区间隧道和屏蔽门开启时的漏风。

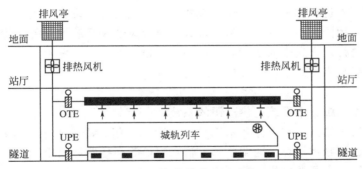

图 6-10 车站隧道通风系统

（2）区间隧道通风系统 区间隧道通风系统主要由可逆反式隧道通风机、推力风机装置、射流风机装置、风阀、消声器、风室和风道组成，如图 6-11 所示。

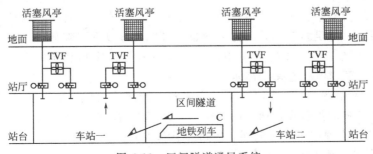

图 6-11 区间隧道通风系统

正常情况下，区间隧道通风系统在早晚运营的前后半小时按预定的运行模式开启隧道通风系统。正常运营期间，只开启车站隧道通风系统，排除列车到站时产生的热量。区间通风是靠列车在隧道内运行过程中产生的活塞风，它通过活塞风阀、活塞风井与相邻隧道、外界进行通风换气。

事故情况下，列车阻塞于区间时，按与行车一致的方向组织气流，对阻塞区间进行机械通风。列车发生火灾而停在区间时，按预定的运行模式以及与多数乘客撤离相反方向送风和排除烟气。

2. 车站通风空调系统

车站通风空调系统由大系统、小系统和水系统组成。

（1）大系统　车站站厅、站台公共区的制冷空调及通风（兼排烟）系统简称大系统。一般情况下车站每端设置一套，服务半个车站。该系统由组合式空调机组、回排风机、新风机、专用排烟风机、各种风阀、防火阀、消音器和风道等组成。

全年设备正常运行模式设有空调季节小新风、空调季节全新风和非空调季节全通模式，模式之间的转换由机电设备监控系统监测的站外空气温度、站内空气温度及空气焓值控制。事故模式分为站厅火灾模式和站台火灾模式。发生火灾时，设置在站厅、站台上的烟感、温感报警，机电设备监控系统接收消防专业火灾报警信号后发出站厅火灾模式或站台火灾模式。

（2）小系统　小系统是车站设备及管理用房的空调通风系统（兼排烟系统）。小系统设备一般位于车站站厅层两端的环控机房和小系统通风机房内。车站通风空调小系统由空调器、排风/排烟风机、新风机、风阀、防火阀、风道等组成。

小系统设有正常运行和火灾事故运行模式。正常运行时，设有通风空调系统的设备管理用房，空调系统采用同大系统的正常运行模式，对只设通风系统的设备、管理用房，全年按设定的通风模式进行。火灾事故运行时，如果车站设备管理用房发生火灾，车站大系统全部停止运行，小系统转入到设定的火灾模式运行。

3. 水系统

水系统是为大系统、小系统提供冷源的系统。

空调水系统指车站制冷空调循环水系统，由冷水机组、冷冻水泵、冷却水泵、冷却塔、集水器、分水器、膨胀水箱、二通调节阀、输水管道等设备器件组成。水系统为车站公共区及车站设备管理用房空调器提供冷源，冷源是冷冻水。

（1）独立冷站供冷系统　独立冷站供冷系统是每个车站内独立设置冷水机组，它通过冷冻水泵将二次冷源供给车站大系统空调或车站小系统空调。

（2）集中供冷水系统　集中供冷是指集中设置制冷机组、联动设备及其他辅助设备，它通过室外管廊、地沟架空、区间隧道敷设冷冻水管，用二次水泵将冷冻水长距离输送到车站空调大系统末端，以满足多个车站所需的冷量。具体可分以下三部分。

① 制冷系统环路。主要由冷水机组、冷冻水一次泵、冷却水系统及其附属设备组成，主要功能是正常运营时制备空调冷冻水。

② 冷冻水二次环路。由二次冷冻泵、变频器、管网等组成，主要功能是通过监视末端的阀门开度计算末端的负荷量，通过调节阀门的开度来满足车站实际冷负荷需求。

③ 末端设备。主要由组合空调器、风机盘管及前后的控制阀门组成。

图 6-12 分别是空调系统中的相关设备。

(a) 冷却塔的主要形式

(b) 冷水机组　　　　　　　　　　　　(c) 空调系统水泵及管线

图 6-12　空调系统中的相关设备

4. 通风空调系统控制

车站及隧道通风空调系统的控制由中央级控制、车站级控制和就地级控制三级组成。

（1）中央级控制　中央控制装置设在控制中心（OCC），该中心配置中央级工作站（OCC 工作站）和全线隧道通风系统中央模拟显示屏。OCC 工作站可对线路的隧道通风系统进行监控，执行隧道通风系统预定的运行模式，或向车站下达各种隧道通风系统运行模式指令，同时还能对全线车站通风空调系统进行监视，向车站大小系统和水系统下达各种运行模式指令。

（2）车站级控制　车站控制装置设在各车站控制室，该控制室配置车站级工作站和消防联动控制盘。在正常情况下，车站级工作站可监视车站所管辖范围内的隧道通风系统、车站大小系统和水系统，向 OCC 传送信息，同时可执行中央控制室下达的各项运行模式指令。在紧急情况和控制中心授权下，车站级工作站为车站消防指挥中心，能根据实际情况将车站大小系统转入紧急运行模式和执行控制中心下达的区间隧道紧急运行模式。当车站工作站出现故障时，在消防联动控制盘上可以执行控制中心下达的所有紧急模式运行指令。

（3）就地级控制　就地控制设置在各车站环控电控室，其具有单台设备就地控制功能以方便设备的调试、检查和维修。就地控制具有优先权。

5. 环境与控制系统的运行方式

环境与控制系统的运行方式通常分为正常状态运行和非正常状态运行方式。

（1）正常状态运行方式　正常运行模式设有空调季节小新风、空调季节全新风和非空调季节全通模式。模式之间的转换由机电设备监控系统监测的站外空气温度、站内空气温度及空气焓值控制。

（2）非正常状态运行方式　环控设备非正常运行方式是指下列情况。列车在区间隧道阻塞；列车在区间隧道内发生火灾；车站站厅发生火灾；车站站台层发生火灾；设备和管理用房发生火灾。当上述情况发生时，环控设备要根据相应的情况改变运行方式对系统做出相应的调整，事故排除后再恢复正常状态运行方式。

三、给排水系统

1. 给排水系统功能

给排水系统的功能是满足车站及车辆段生产、生活和消防用水对水量、水质和水压的要求，保证车站和车辆段排水畅通，为轨道交通安全运营提供服务，同时对车辆段内的生活污水和生产污水进行收集和处理达到排放标准。其中给水系统包括生活给水系统、生产给水系统和水消防给水系统，排水系统则包括污水系统、废水系统和雨水系统。

2. 车站给排水系统的组成

生活用水在车站主要有卫生间、浴室和茶水室等的用水；生产用水主要是空调冷却系统的循环冷却水及补充水；站厅层、站台层和出入口通道等处的地面清洗冲洗水；消防用水主要是消火栓供水系统。

(1) 给水系统　车站给水系统采用城市自来水作为供水水源，生产、生活和消防采用分开的直接给水方式，分别在车站两端从城市自来水管网的干管引入两条进水管，经风亭进入车站，管径为 $DN150\sim DN200$，接管点处水压要求不低于 0.2MPa。两条给水引入管上的电动蝶阀及隧道两端的消防电动蝶阀由车站控制室 EMCS 系统实行监控，两条引入管互为备用。

① 生活、生产给水系统。地下车站生产、生活给水由车站附近的大口径自来水管道引出，在地面下设有水表井，内有水表和阀门。供水管一般沿车站风道出的入口等部位进车站。陈展站厅层供水管道安装在靠墙的顶部；车站站台层供水管道安装在站台板下；车站站厅、站台设有冲洗水箱供车站冲洗使用。

地面车站生活给水采用直接供水方式，有的车站采用低位水池、高位水箱和水泵的供水方式。水源由城市自来水管网供水。由水泵将水提升至高位水箱内，在高位水箱内设有水位控制装置，控制水泵运行，保证高位水箱保持一定的水量，因此当车站停电停水时可延时供水。此种方式供水压力稳定可靠，但系统设备投资较大，设备安装维护保养工作量大。车站设有站内总阀门，然后一路管道沿站厅层顶部两侧延伸至车站两端，另一路沿车站站台板下向车站另一端延伸。与地下车站一样，在站厅两侧和站台扶梯旁等处设有冲洗栓，供车站冲洗使用。

② 消防给水系统。消防给水系统由水源（城市自来水）、消防水泵、管道、阀门、消火栓（喷头）、水流指示器等组成。消防给水系统管网压力能满足消防时对水压水量的要求，不需再另设加压系统。对于地面车站和控制中心，如果管网压力不能满足消防时对水压水量要求，则需设消防水泵进行加压。

(2) 排水系统　车站排水系统主要排除厕所、盥洗室、茶水间冲洗等生活污水以及生产、消防等废水，敞开式出入口部分的雨水以及隧道结构渗水。

① 污水排水系统。主要由集水井、潜污泵、管道及附件、化粪池、压力井、排水检查井等组成。将站厅或站台按就近原则汇集的厕所、盥洗室、茶水间冲洗水等生活污水通过潜水泵提升，经过地面压力井消能后进入车站地面化粪池，再排入城市污水管网，其过程如图 6-13 所示。

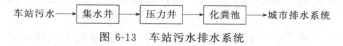

图 6-13　车站污水排水系统

② 废水排水系统。车站废水主要包括结构渗水、冲洗废水、消防废水以及敞开部位的雨水、车站站厅和站台的冲洗废水。车站排水系统主要由集水井、潜污泵、管道及附件、压力井、排水检查井等组成。将车站内按就近原则汇集的生产、消防废水、结构渗漏水通过潜水泵提升，经过地面压力井消能后排入城市污水管网，其流程如图 6-14 所示。

车站废水 ⟶ 集水井 ⟶ 压力井 ⟶ 城市排水系统

图 6-14　车站废水排水系统

③ 区间隧道排水。区间隧道内主要有结构渗漏水、消防废水、冲洗废水等。城市轨道交通采用高站位线路结构，故在两地铁车站之间中部的线路低洼处设置排水泵站，废水由线路两侧明沟汇集到泵站集水池。

④ 在地下车站的风井等部位设有泵站和集水池，主要汇集封井口雨水和车站结构渗漏水。

任务三　屏蔽门/安全门、防淹门、电梯系统

【图示引导】

图 6-15　站台屏蔽门

图 6-16　半高安全门（滑动门未打开）

图 6-17　半高安全门（滑动门已打开）

【相关知识】

一、屏蔽门/安全门

1. 屏蔽门/安全门概述

站台安全门是一个集建筑、机械、电子、信号、控制、装饰等学科于一体的综合性门系统，设置于地铁或轻轨车站站台的边缘。该门系统在整个站台长度上将站台区域与轨道区域分隔开来。列车进出站，安全门系统随着列车车门的开闭而自动同步开闭。站台安全门的形式主要有：屏蔽式、全高式和半高式三种。如图6-15～图6-17所示。

（1）屏蔽式安全门系统 屏蔽式安全门系统即屏蔽门系统（Platform Screen Door，PSD），是一道自上而下的全封闭玻璃隔断墙，沿着车站全站台边缘设置，把站台区域与列车区域分隔开来。其主要的功能和特点是：列车进站时配合列车车门动作打开或关闭滑动门，为乘客提供上下车通道；屏蔽门系统的使用，隔断了站台侧公共区空间与轨道侧空间，减少或避免了人员跌落轨道的安全问题；隔离了列车运行时所产生的噪声、活塞风，保证了站内乘客良好的候车环境，避免了活塞风所造成的站内空调冷量的损失，节省了运营成本，同时还可减少了设备容量及数量、减少了土建工程量等投资建设成本，产生了良好的社会、经济效益。

（2）全高式安全门系统 与屏蔽式安全门系统相比较，两者的结构型式基本相同，只是全高式安全门系统的上部不封闭，门体的下部可以根据需要设置通风口。其主要的功能和特点是：除不能实现站台与轨道区间的密封隔离以外，全高式安全门系统和屏蔽式安全门系统具有相同的优点；可比较容易地升级为屏蔽式安全门系统。

（3）半高式安全门系统 半高式安全门的高度一般为1.2～1.7m，安装在站台边缘，将站台区域与轨道区域分隔开来，主要目的就是提高安全性。与前两种型式相比，其主要的功能和特点是：可防止乘客拥挤或意外掉下站台和跳轨自杀，保证乘客的安全；安装简单快捷，与土建接口较少；造价低、建设周期短。

下面以屏蔽门为例，介绍其相关知识。

2. 屏蔽门的组成

屏蔽门由门体、门机、控制系统及电源组成。

（1）门体结构 门体（如图6-18所示）包括顶箱、门状态指示灯、门本体、立柱、踢脚板、门槛组成。门本体结构包括滑动门、固定门、应急门和端门组成，如图6-19所示。

①滑动门。是正常运行时乘客上下车的通道，其数量与列车车门数有关（如某站台设滑动门24道，共48扇，每道门全开后所形成的通道规格不小于1900mm×2150mm）。

滑动门设有障碍物探测功能，能探测到的最小障碍物为5mm（厚）×40mm（宽）（视

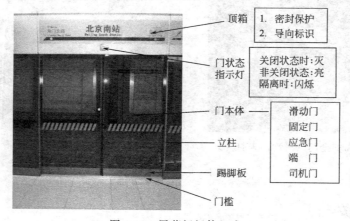

图6-18　屏蔽门门体组成

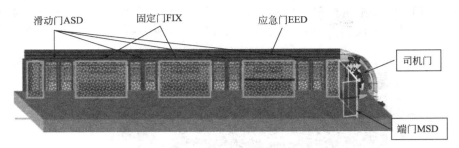

图 6-19 屏蔽门门本体的组成

品牌而定）的物体。滑动门关门受阻时，门操作机构能通过探测器检测到有障碍物存在并释放关门力，停顿 2 秒后（0～10s 可调）继续关闭。若障碍物仍存在，门立即全开，然后再次关门，重复关门三次（1～5 次可调）门仍不能关闭，滑动门全开并进行报警，ISCS 设备可显示具体故障信息和位置，门状态指示灯闪烁，等待处理。

滑动门上设有手动解锁装置，紧急情况时，乘客可从轨道侧手动开门，工作人员可从站台侧用钥匙解锁开门。如图 6-20 所示。

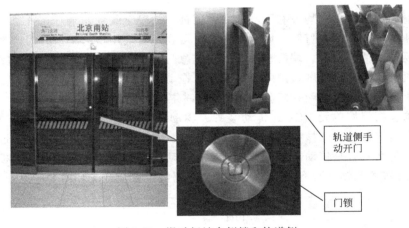

图 6-20 滑动门站台侧锁和轨道侧

② 固定门。设置在两个滑动门、滑动门与端门之间，在站台公共区与隧道区域之间起屏蔽作用。

③ 应急门。应急门不带动力，根据情况可设置多道应急门。如某轨道交通公司单列站台屏蔽门中第 1 号门单元与第 2 号门单元间、第 5 号门单元与第 6 号门单元间、第 9 号门单元与第 10 号门单元间、第 15 号门单元与第 16 号门单元间、第 19 号门单元与第 20 号门单元间、第 23 号门单元与第 24 号门单元间共设置 6 道（12 扇）应急门。屏蔽门每扇应急门的净开度不小于 1100mm×2150mm。

应急门除屏蔽作用外，在列车进站停车时，由于列车故障无法将车门与滑动门对准时，为乘客疏散提供应急通道，应保证列车停在车站任何位置时均有至少一个车门对准应急门，应急门在轨道侧设有开门把手，紧急情况时乘客可从轨道侧按压开门杠杆解锁，向站台侧旋转 90°推开应急门，在站台上站务人员也可以用钥匙打开。

④ 端门（如图 6-21 所示）。设置在站台两端，共两扇，由列车驾驶员或站务员手动打开，端门上轨行区侧设置有横向的手动开门推杆，站台区侧设有门锁，可由工作人员用钥匙

手动开门。端门一方面把站台和轨行区隔离开；另一方面，当列车在区间发生火灾且无法驶入车站停车时，乘客可从端门疏散到站台；也可供站务或维修人员进入站台设备区和隧道区间。

图 6-21 端门

端门、滑动门与应急门均设有不同形式的门锁作为安全装置。乘客在紧急或故障情况下可以在轨道侧将门手动解锁打开，同时站务人员可在站台侧用钥匙解锁开门；滑动门与应急门锁闭信号反馈至信号系统，端门、滑动门与应急门状态反馈到 PSC 后，传递给主控系统。

（2）门机结构　门机是屏蔽门的执行系统，拖动滑动门进行开门、关门等运动，门机安装在顶箱内。一道滑动门的两扇门公用一套门机来控制。

门机结构包括门控单元 DCU、传动装置、驱动装置（电机）、锁紧装置，如图 6-22 所示。门控单元是门机系统的核心，具有自诊断功能，并且对滑动门的整个运行过程进行制动和加速控制。传动装置是传动同步（齿形）带。驱动装置中的传动带驱动门挂板实现滑动门开/关。锁紧装置的闸锁上装有 4 个开关，两个锁闭监控安全开关，两个应急安全开关。

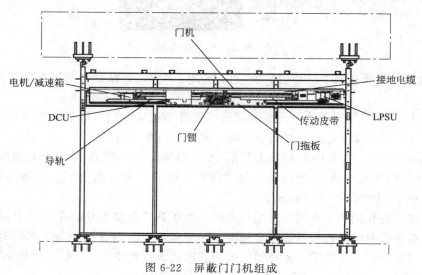

图 6-22 屏蔽门门机组成

（3）控制系统　屏蔽门/安全门控制系统是由以下部件组成（以标准车站为例）：中央接口盘（PSC）、站台端头就地控制盒（PSL）、门机单元控制器（PEDC，每个 PSC 含有两个

PEDC)、屏蔽门控制开关（PCS）；操作指示盘（PSA）、屏蔽门状态报警盘（PSAP）、声光报警装置、模式开关（自动/旁路/测试）、测试开关、门机控制器（DCU）、安全继电器、总线网络和硬线控制线路等组成，以每个车站为单位构成一个完整的监控系统。

① 中央接口盘（PSC）设置于屏蔽门设备房，每个车站有一套PSC控制两列屏蔽门，且每列屏蔽门都由一套独立的逻辑控制子系统组成，确保一侧屏蔽门的故障不影响另一侧屏蔽门的正常运行。每套子系统包括控制单元、PSL、控制回路及就地控制盒等；以确保某一道门的故障不影响同侧其他门的正常运行。

② 就地控制盘（PSL）设置于每个站台的列车出站端，与列车正常停车时驾驶室的门相对应，在控制盘上设置屏蔽门钥匙开关、控制按钮、门状态指示灯及测试按钮。PSC与DCU通过工业局域网和硬线方式连接进行信息交换，PSC与信号系统之间连接，同时PSC通过数据线与车站设备监控系统联网，将屏蔽门系统的故障状态送至监控系统在车控室的工作站。

③ DCU是安全门电机的控制装置，每个滑动门单元都配置一个DCU，控制两个门扇的动作，并采集安全门的各种状态、故障信息发送至PSC。全高安全门的DCU安装在顶箱内，由CPU、存储单元、接口单元、电机的驱动电路及相关软件等组成。DCU内装有一个微处理器，是存储数据、电动机速度曲线和软件的存储单元，并具有自诊断功能。DCU内还配置模式（自动/旁路/测试）开关控制输入接口、手动开/关门开关控制输入接口和门状态指示灯、两路冗余网络总线接口以及用于连接PSL、PEDC的硬线接口，并提供声光报警装置的I/O接口、开/关门指令的接口，并可对相邻EED的开关状态信号进行检测。

DCU执行系统级和站台级设备发来的控制命令。个别门DCU故障时，不影响同侧其他安全门的正常工作。

④ 声光报警装置。声光报警装置分别设置在每档屏蔽门顶盒面板上。

⑤ 模式、测试开关。模式开关位于每档屏蔽门的上方，具有自动/旁路/测试选择功能。当模式开关处于"旁路"状态时，该档屏蔽门与整个屏蔽门控制网络脱离；测试开关能向DCU发出开/关门指令，用于对该档屏蔽门进行测试；并且利用测试开关，能够对屏蔽门故障时发出的报警声进行消声。

⑥ 屏蔽门状态报警盘（PSAP）。PSAP布置在每个车站的站台控制室内，具有声光报警器且有消声功能，能够对屏蔽门系统的状态进行实时监控。

⑦ 操作指示盘（PSA）。操作指示盘（PSA）布置在车站控制室内，它具有足够的存储单元，并通过网络接口连接至PSC，其MMI中文人机界面能显示各档屏蔽门的开关状态和故障信息，并可通过PSA内置的编程/调试接口实现对系统进行编程、数据及程序下载、参数修改等编程控制功能。

⑧ 屏蔽门控制开关（PCS）。PCS位于车站控制室内，由相应钥匙进行控制，可以对屏蔽门的开关门动作进行控制，钥匙由车站值班员负责管理。

⑨ 现场总线。现场总线（FieldBus）是现场通信网络和控制系统的集成，屏蔽门控制系统是屏蔽门系统中比较重要的组成部分，现场总线技术在屏蔽门控制系统中起到关键的作用。屏蔽门控制系统采用网络技术，把挂接在网络上、作为现场总线节点的各设备连接为网络集成式的全分布控制系统，以实现对屏蔽门的控制功能以及参数值更改、报警、显示、监视等综合自动化功能。屏蔽门控制系统网络如图6-23所示。

控制系统与信号系统进行信息交换，控制屏蔽门的开关门，保证屏蔽门开关门与列车车

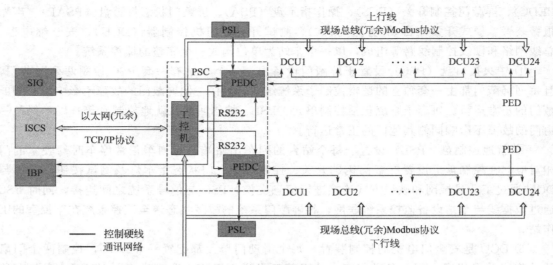

图 6-23　屏蔽门控制系统网络

门的动作一致性；同时监视屏蔽门开关状态及设备的运行状态采集故障及状态信息和报警；通过通讯口与设备监控系统相连接，传送屏蔽门系统的各种状态及故障信息至车控室，车控室的车站计算机或模拟显示屏上均可显示屏蔽门的状态，并作档案记录，但车控室不设置对屏蔽门/安全门系统进行控制的功能。

（4）电源　屏蔽门系统的供电电源为一类负荷，由低压配电系统提供。

3. 屏蔽门的控制方式

屏蔽门由控制系统实现系统级控制、站台级控制和手动操作三级五种控制方式。如图 6-24 所示，即：

- 信号系统通过 PSC 控制安全门，即系统级控制。
- IBP 盘，即紧急级控制。
- 就地控制盘（PSL），即站台级控制。
- 就地控制盒（LCB），即单挡门就地级控制。
- 手动级控制。

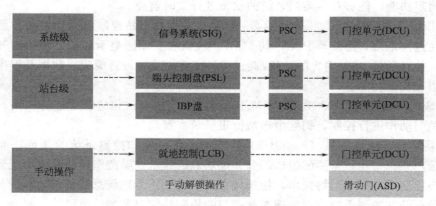

图 6-24　屏蔽门控制方式与优先级

（1）系统级控制　系统级控制是在正常运行模式下由信号系统对屏蔽门进行开、关门的控制方式。列车到站并停在允许的误差范围内时，ATC发出"开门"命令，经过信号系统传到屏蔽门系统PSC，由PSC控制门控单元DCU打开滑动门；列车驶出站台时，列车司机操作列车关门按钮，关门命令经信号系统传输至PSC，最后由DCU实现滑动门的关闭；当所有的滑动门完全关闭并锁紧时，DCU向PSC反馈"闭锁"信息到信号系统，列车可驶离车站。屏蔽门系统级控制过程如下：

> **屏蔽门系统级控制过程：**
> ■ 开门操作
> ——PSC、PSL和IBP上的"所有ASD/EED关闭且锁紧"指示灯熄灭；
> ——从PSC到信号系统的"所有ASD/EED关闭且锁紧"信号撤销；
> ——PSC、PSL、IBP上"开门"指示灯亮。
> ■ 关门操作
> ——列车停靠在站台的安全范围内，来自信号系统的"开门"命令撤销，安全门执行关门程序；
> ——PSC上"ASD/EED开门"指示灯应熄灭；
> ——PSC、PSL和IBP上的"所有ASD/EED关闭且锁紧"指示灯亮。

（2）站台级控制　当因信号系统（SIG）故障失效或站台门系统控制柜（PSC）对站台门控制单元（DCU）控制故障时，由司机或站务人员在就地控制盘PSL（如图6-25所示）上进行操作控制，操作时信号系统被完全忽略。

> **屏蔽门站台级操作**（以某地铁公司设备为例）：
> ① 插入PSL钥匙，并向右转到"就地控制"位。如图6-25所示。
> ② 按下"开短车门"按钮，确认屏蔽门开启，黄灯亮。
> ③ 乘客上下车完毕后，按下"关门"按钮，确认屏蔽门关闭，路灯亮。
> ④ 将PSL钥匙转回左位，并拔出。
> 注意：
> ● 车控室的PSA、IBP盘和PSL、PSC上关闭且锁紧指示灯同步显示；
> ● 若在列车未驶入安全位置，安全员就松开互锁开关，则信号系统立即向轨道发送停车码是列车停车，造成列车紧急停车后果出现。

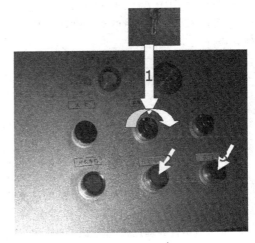

图6-25　PSL盘

（3）手动操作　个别门在控制系统因故障不能打开，工作人员在站台侧用钥匙或乘客在轨道侧操作开门把手打开滑动门。如图6-26所示。

> **现场手动开启滑动门**
> ① 将T型钥匙插入滑动门锁，向右旋转90°并保持。如图6-26所示。
> ② 将两扇滑动门用力向两边推开，拔出钥匙，门头灯亮。
> ③ 关门时，将钥匙插入需手动关闭的滑动门的锁孔，逆时针转90°，用力推拉两扇门至关闭，门头灯灭，拔出钥匙。

图 6-26　屏蔽门现场手动操作

（4）IBP 控制　当车站、区间发生火灾等紧急事件情况，需要车站疏散时，通过设置在综控室 IBP 盘上的紧急控制按钮，开启安全门，如图 6-27 所示。IBP 盘是所有安全门系统控制级别中的最高级，当 IBP 在控制状态下，任何级别都无法控制屏蔽门系统的操作。

注意：
　　IBP 应急操作只在紧急情况下使用，不具备正常运营时的操作功能，待突发事件处理过后，须对此项操作进行核实、记录存档、恢复确认

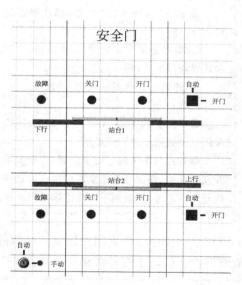

图 6-27　IBP 盘上安全门控制

（5）就地控制盒 LCB 控制　当站台上个别屏蔽门出现故障时，需要手动开启/关闭或进行隔离操作，可以通过每个屏蔽门楣梁上安装的 LCB 控制盒（如图 6-28 所示），对该道门进行局部控制，实现对该门的开关动作。

每一道门均有 LCB 钥匙开关,包括一个自动/隔离/手动关/手动开四位钥匙开关,在站台侧工作人员可通过钥匙进行模式转换,钥匙只有在自动位时,方可取出。

站台门的模式有:自动、手动、隔离;全封闭屏蔽门的模式开关在滑动门的门梁上,半

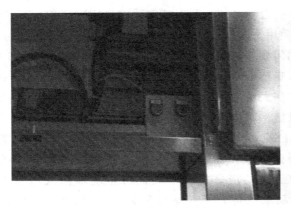 

图 6-28 LCB 控制盒与钥匙开关

高式屏蔽门的模式开关在滑动门的固定侧盒里,将模式开关的专用钥匙插进钥匙孔转至规定位置即可。紧急运行模式优先于站台级控制,站台级控制优先于系统级控制。当某个门道出现故障不能关闭时,插入模式开关钥匙切换到隔离位置,隔离该挡门,使 PSD 处于隔离模式。

单道门局部控制方式如下:

自动模式:PSD 运行在正常模式,接受来自 SIG、PSL 及 IBP 的远程控制。PSD 及 EED 锁块的状态由 SIG 进行监控。当钥匙开关在自动位时,绿色 LED 点亮。

关门/开门模式:来自 SIG、PSL 及 IBP 的命令被忽略,PSD 关门/开门或保持关门/开门状态。PSD 及 EED 锁块的安全开关触点被旁路,意味着它们的状态不被 SIG 监控。

隔离模式:PSD 的电源被切除。可以用工作人员的钥匙或手动解锁打开门,也可以手动移动门。PSD 及 EED 锁块的安全开关触点不被旁路,意味着它们的状态被 SIG 监控。

> **模式开关操作:**
> ① 当某扇滑动门出现故障不能关闭时,插入模式开关钥匙切换到隔离位置(转向左边),隔离该扇门。
> ② 排除故障后,将该扇门的模式钥匙开关切换到自动位置(中间位置),将门恢复自动控制。
> ③ 钥匙从开关上取出并带走。
> **注意:**
> LCB 打到手动位则门状态信号旁路,安全门系统不检查 ASD 的状态。(开门、关门都可以行车)安全由安全员负责。

此外,屏蔽门系统设有火灾控制模式,在相应的火灾模式下,车站值班人员可于车站控制室操作消防联动盘操作屏蔽门紧急开关,配合打开滑动门,疏散乘客和配合环控系统排烟。上述控制模式的控制优先权从高到低依次为人工操作(或称手动操作)模式、火灾控制模式、站台级控制模式、系统级控制模式。

4. 屏蔽门的其他操作

（1）应急门（EED）/司机手推门（DSD）　部分站台的站台门系统需要延长到有效站台以外，延长段中对应司机室位置设置的开门为司机手推门。EED/DSD 可向站台侧旋转 90°平开，能定位保持在 90°开度，不能自动复位，利于疏散乘客。EED/DSD 设置有门锁装置，站台人员/列车司机可在站台侧使用钥匙开门。

（2）应急情况的操作　单个滑动门故障，导致列车不能正常发车，站台侧工作人员将此门的状态设为隔离，退出服务，不影响整个站台门系统工作。当系统级控制和站台级控制均不能操作站台门时在站台侧由站台工作人员用钥匙打开滑动门；在轨道侧由司机通过车内广播通知乘客使用滑动门上的手动解锁把手自行开启站台门。

（3）端门（MSD）操作　在站台门系统正常运营状态下，端头活动门处于关闭和锁紧状态，是公共区和隧道区间的屏障。在正常情况下，端门作为车站工作人员进出隧道的通道。站台工作人员可推压轨道侧的应急推杆解锁同时推动端门或站台工作人员在站台侧通过专用钥匙解锁同时拉动端门可将其向站台侧旋转 90 度平开，且可定位保持在 90 度位置。当端门打开角度在 0～90 度之间时，端门可在其上部的闭门器的复位力作用下自动关闭。

（4）互锁解除操作　当屏蔽门与信号联锁发生故障时，车站需操作互锁解除开关接发列车。一般由站务人员操作，先在 PSL 盘上使用开关门钥匙操作屏蔽门至关闭位（CLOSE）后，再使用互锁解除钥匙操作互锁解除开关。

① 接车时，站台工作人员使用互锁解除钥匙将 PSL 盘上的滑动门及应急门（ASD/EED）互锁解除开关转至互锁解除位置并保持，确认列车到站停稳后松开钥匙开关。

② 发车时，站台工作人员确认无夹人、夹物，开启的屏蔽门已做好安全防护后，使用互锁解除钥匙将 ASD/EED 互锁解除开关转至互锁解除位置并保持，确认列车驶出安全区段后松开钥匙开关。

③ 取出钥匙并带走。

（5）屏蔽门控制开关操作　车站控制室内设有操作屏蔽门的紧急控制开关。当发生火灾时，车站工作人员视具体情况可经授权操作此开关打开或关闭屏蔽门。屏蔽门的紧急控制开关的操作为：

① 将钥匙插入屏蔽门控制开关；

② 转到开门位置，整侧屏蔽门将打开；

③ 转到关门位置，整侧屏蔽门将关闭。

（6）门体损坏　车站授权管理员立即保护破损的玻璃门，用 LCB 隔离 PSD 和 EPSD 活动门保证无人受伤，附近无人粉碎整个玻璃门，移走松散的玻璃部件用临时替换板遮盖玻璃门或用胶带粘住主门体未脱落的破裂的玻璃，防止列车进出站时因活塞风导致玻璃脱落伤人。

二、防淹门

1. 防淹门的功能

如果地铁正线隧道途经江河主航道河床，为了防止因突发事故发生造成隧道破裂后江水涌进地铁站，在过江隧道的两端车站设置防淹门，以便在江水涌进时能紧急关闭防淹门，封闭过江隧道，防止事故扩大，避免人员伤亡和设备财产损失。如广州地铁一、二号线穿过珠江于过江隧道（包括上下行隧道）的两端车站设置防淹门。一号、二号线各有四道防淹门。

按照采用的原理、结构不同。防淹门分为两种形式：液压掩门式防淹门、电动闸门式防淹门。

防淹门系统设计了自动报警装置，当水位高度及水位上升速度高于设定值时，控制系统产生电笛和电铃声音报警。

2. 防淹门系统组成

防淹门系统是机电一体化设备，集成了机械制造技术、液压技术、液位检测、PLC控制技术应用。该系统大致由液位检测开关组合、门体（门扇）、门体位置检测开关、就地控制操作柜、站控室操作柜组成。

3. 防淹门控制方式

防淹门系统均设置了防淹门控制室就地级控制和车控室远方控制二级控制功能，且防淹门控制室就地级控制具有优先权。就地级控制由就地控制柜完成，车控室控制通过车控室操作盘实现。

防淹门控制系统与FAS系统设置信息接口，传送如下信息：开门状态、关门状态、一级水位报警、二级水位报警。这些信息将能够在车控室FAS图形控制终端对应的画面显示。

三、电梯系统

车站电梯系统由自动扶梯、液压电梯和楼梯升降机组成，是城市轨道交通系统的一个重要组成部分，它每天担负着运送大量客流的任务。电梯系统作为地铁车站内疏散乘客的重要工具，对客流的及时疏散起到了至关重要的作用。

站台至站厅间自动扶梯根据车站远期客流量配备上、下行自动扶梯；出入口及过街隧道根据人流量设置上、下行或上行自动扶梯；当提升高度达到6米以上时，设上、下行自动扶梯以保证人流的疏散和服务质量。为保证残疾人乘客的正常出行，车站内还设置了残疾人电梯、楼梯升降机以满足特殊人群的需要。楼梯升降机是一种较新颖的设备，属于电梯的一个分支。安装在车站站台到站厅和地面到站厅步行楼梯一侧设有轮椅平台，提供给坐轮椅的乘客上下楼梯使用，弥补了车站现有液压梯不能到达地面的不足，它是轨道交通系统一个组成部分，可安全、可靠地运行。

【实践操作】

屏蔽门与车门间滞留乘客的处理如下。

（1）巡视岗　马上向司机显示紧急停车手信号，并通知司机及车控室；赶到事发屏蔽门处，用屏蔽门专用钥匙手动打开屏蔽门；乘客安全回到站台并关闭屏蔽门后，向司机显示"好了"信号，报车控室；做好乘客安抚工作。

（2）司机　马上紧急停车并播放临时停车广播；列车停稳后在PSL打开屏蔽门，并重开一次客车车门；确认站台显示"好了"信号，关闭屏蔽门，并报告行调；列车停下后，如列车头部已离开站台，用对讲机与车站联系，并按照车站的指挥进行处理。

（3）行车值班员　通知司机，报告行调；通知值班站长到现场处理，并安排站厅岗位到站台协助；加强与现场的信息沟通，及时反馈；播放站台广播维持站台秩序；若接到值班站长通知列车已越过乘客且掉落轨道后，马上报告行调，同时按乘客坠轨程序进行处理。

任务四　机电设备监控系统与综合监控系统

【图示引导】

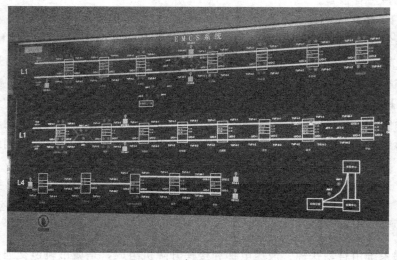

图 6-29　环控调度监视大屏幕

【相关知识】

一、机电设备监控系统（见图 6-29）

城市轨道交通正常运营是通过多种机电设备与各类控制系统来保证的，机电设备监控系统英文简写为 EMCS（Electrical Mechanical Control System），我国地铁规范成其为 BAS（Building Automatic System）。

BAS 原为楼宇自动控制系统，该系统应用到轨道交通，主要对城市轨道交通车站和隧道区间的机电设备如空调、通风、动力、照明、电梯、站台屏蔽门、集中冷站、给排水系统等进行监视和控制，使各机电设备进行有条不紊、综合协调、科学地控制和管理，有效地解决了节能、节省维护管理工作量和运行费用。BAS 的监控范围如图 6-30 所示。

1. BAS 系统的构成

城市轨道交通 BAS 系统由设置在控制中心的中央级监控系统、设置在各个车站车控室的车站级监控系统及就地级监控设备组成。另外，在车辆段设置维修工作站和后备工作站。维修中心工作站作为控制中心服务器的远程维修终端，承担全线设备的维护管理。

后备中心工作站作为控制中心工作站的远程备用终端，当控制中心工作站"失效"时，可维持对全线各车站最基本的操作功能；后备中心工作站作为控制中心工作站的远程备用终端，当控制中心工作站"失效"时，可维持对全线各车站最基本的操作功能。

系统网络结构分为车站监控系统局域网，城市轨道交通骨干网和 OCC 控制中心局域网。车站局域网与 OCC 控制中心局域网均采用冗余的高速以太网，局域网之间通过骨干网进行数据和命令的传输。其网络构成如图 6-31 所示。

（1）中央级监控系统的组成　中央级监控系统由中央级局域网络组成，网络内包括主/

项目六　车站机电设备系统

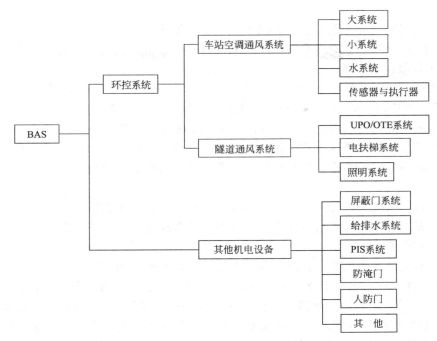

图 6-30　BAS 的监控范围

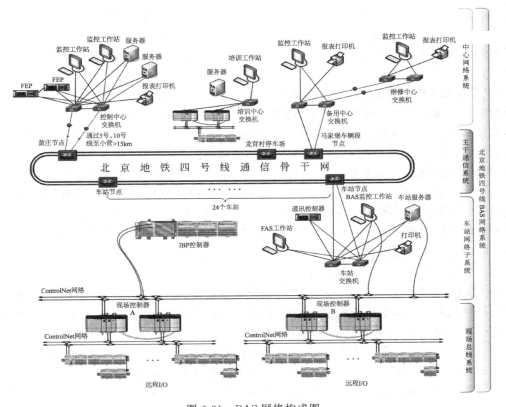

图 6-31　BAS 网络构成图

备监控工作站、主/备服务器、档案管理计算机、打印机服务器、通信转换接口、打印机、

141

大屏幕显示系统等设备。

① 中央级局域网：采用高速工业以太网，网络冗余配置，采用 TCP/IP 协议，中央级局域网把控制中心的所有 BAS 设备联系起来，通过城市轨道交通骨干网实现中央级局域网与车站 BAS 局域网均连接。

② 中央级监控工作站：在控制中心配置两台监控工作站，执行 BAS 监控和数据采集功能，主要用于环控调度员的日常环控设备操作、监视和调度管理工作。

③ 服务器：采用冗余的两台服务器，实现全线数据的管理。

④ 维护工作站：主要供维护工程师在控制中心从事全线 BAS 系统软件的维护、组态、运行参数的定义、系统数据库的维护及用户操作画面的修改、增加，故障的检查和资料查询等。

⑤ 打印机：实现事件打印、报表打印和日常维护管理打印功能。

⑥ 大屏幕系统：可与其他系统共用，用于显示全线各站被监控设备的工作状态，便于调度人员及时了解设备情况。

⑦ 不间断电源：在控制中心设置不间断电源，保证 BAS 系统供电电源的稳定可靠。

（2）车站级监控系统的组成　车站级监控系统为在开放的、高可靠性，设有车站监控工作站（车站服务器）、车站控制器（主控 PLC）及综合后备控制盘（IBP）等设备。车站级监控系统主要监控隧道及车站的通风系统、空调大系统、空调小系统、冷水系统、照明系统、给排水系统等设备；监测公共区、设备室等地点的温湿度；并配置与屏蔽门、人防密闭隔断门、自动扶梯、电梯、FAS 系统的数据接口，对上述设备进行监控；同时在车站控制室设置综合后备控制盘（IBP），实现紧急状态下对环控设备的手动模式控制。

① 车站局域网：采用高速工业以太网，网络冗余配置，采用 TCP/IP 协议，车站局域网把车站的所有 BAS 设备连接起来，并通过城市轨道交通骨干网实现与中央级局域网的连接。

② 车站级监控工作站：负责正常及事故情况下对车站各系统设备的监视、管理、控制指令的发出。接受并执行中央级 BAS 监控工作站发出的控制命令，并将设备运行状态信息上传到中央级监控工作站。同时车站监控工作站接收和处理由 BAS 控制器上传的设备运行状态和数据，并向 BAS 控制器下达对设备的控制指令。

③ 车站控制系统：采用硬件冗余的大型 PLC 产品，组成 BAS 系统控制网络，对设备进行监视、控制和管理。车站控制系统的主控站 PLC 接受来自中央监控站和车站监控站的控制命令、控制模式、设定值的更改和其他关联参数的修改信息，并通过连接在车站网络上的就地控制器，实现对车站所属设备和区间隧道通风设备按照一定控制策略进行开停控制、联锁控制、模式控制、优化控制等控制功能，以及设备运行状态、数据采集和管理功能，并实时将这些状态信息送到车站服务器中。

④ 综合后备控制盘（IBP）：设置在车站控制室，作为车站监控工作站的后备设备，可以对隧道通风系统、车站环控大系统和小系统设备进行监控，是在紧急情况下使用的按键式模拟监控盘。图 6-32 是 IBP 后备盘的一部分。当发生火灾或列车阻塞，同时车站监控站或通信网络发生故障时，作为系统操作备用，由行车值班员按不同的事故区域和性质在 IBP 盘上启动对应的运行模式，向 BAS 控制器（PLC）发出相应的控制模式命令。

（3）就地级设备的组成　就地级监控设备根据机电设备的设置情况配置，在环控电控室、照明配电室，环控机房、水泵房、扶梯附近设就地控制柜（箱）、检测器、传感器等，实现环境控制数据的采集以及对各种设备的运行控制盒监视功能。

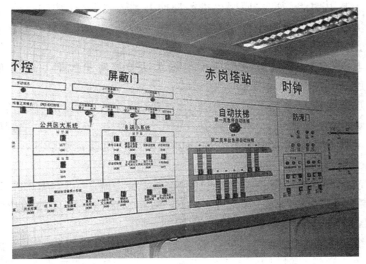

图 6-32 IBP 综合后备盘

2. BAS 系统的功能

(1) 空调通风系统的监控功能

① 空调系统

监控对象：车站公共区暖通空调系统（简称：大系统）监控对象包括车站送/排风机、大型表冷器、相关风阀等。车站设备管理用房暖通空调系统（简称：小系统）监控对象包括车站送/排风机、空调机组、后备空调系统、排风/排烟机、相关风阀等。

功能：空调机组的启停控制；风机状态显示；过载报警；过滤网状态显示及报警；就地/遥控指示；新、送、混、回风温度检测；新、送、混、回风湿度检测；空调机冷冻水流量调节；对变速风机进行变风量控制；接收 FAS 系统的指令，对风机联动控制；风机、风阀、调节阀之间的连锁控制及风阀的状态显示。

② 区间隧道通风系统

监控对象：区间隧道通风系统的监控对象包括车站送/排风机（兼区间风机）、区间射流风机、轴流风机（软启动）、迂回风道门、相关风阀等。

功能：隧道风机的启停控制；正反转控制；风机状态显示；过载报警；就地/遥控指示；接收 FAS 系统的指令，对隧道风机联动控制。送排风机的启停控制；风机状态显示；过载报警；送风温度、湿度检测；排风温度、湿度检测；就地/遥控指示；接收 FAS 系统的指令，对送排风机联动控制。

(2) 空调制冷冷水系统的监控功能

① 冷水机组的启停控制；运行状态显示；过载报警；就地/遥控指示；冷冻水进出口温度、压力检测；冷却水进出口温度、压力检测；运行时间和启停次数记录。

② 冷却水系统的冷却水泵启停控制及状态显示；冷却塔风机启停控制及状态显示；冷却水泵、冷却塔风机过载报警；水路电动阀开启、关断控制及状态显示；冷却水泵、电动蝶阀就地/遥控显示。

③ 制冷系统的控制系统应预留数据通信接口，以获取冷水机组和水系统的有关参数。

(3) 照明系统的监控功能　照明系统的监控对象包括工作照明、节电照明、广告照明、出入口照明、区间照明、事故照明电源等。

对工作照明、节电照明、广告照明可进行照明开关设备分/合控制；分/合状态监视；故障报警；照明用电量检测等。对正常照明系统应能定时和实时控制其开、关状态，并接收其运行的反馈信号。

（4）低压配电系统的监控功能　低压配电系统的监控对象包括0.4kV低压开关柜。可进行该控制柜的通/断监视、控制、电参数检测、设备故障监视。

（5）对给排水系统应具有以下监控功能　给排水系统的监控对象包括废水泵、污水泵、雨水泵、区间排水泵、电动阀门、电伴热等（包括消防管电伴热）。功能包括水泵启停控制；水泵运行状态显示；水泵故障报警；水位显示及危险水位报警；水泵运行时间统计，主、备泵运行切换控制；车站用水量记录。

（6）防淹门系统和兼顾民防系统的监控功能　显示防淹门、防护隔断门、防护密闭门、密闭门的开/关状态；接收防淹门、防护隔断门、防护密闭门、密闭门的故障报警信号，并将报警信号送FAS系统。

（7）电梯系统的的监控功能　监控对象包括站台-站厅电梯系统设备、出入口电梯系统设备。可进行自动扶梯启/停控制；上行、下行、停止、维修状态监视；故障、急停报警。监视电梯运行状态、关闭、维修信号；报警故障、乘客报警信号。

（8）对屏蔽门系统，BAS应具有运行状态显示和故障报警，在火灾等紧急情况下，应手动进行控制。BAS对安全门系统只监不控。

（9）BAS与FAS的控制分工

① 共享设备控制　对于共享设备，正常工况、堵塞工况均由BAS进行模式控制。火灾模式优先于其他模式。在火灾工况下，BAS可视为FAS的智能联动控制单元。

② 专用设备控制　对于消防专用设备由FAS进行火灾联动控制。

③ 模式转换过程　发生火灾时，FAS报警控制器将火灾信息传送到FAS图形工作站进行火灾报警，经人工确认后，FAS报警控制器和FAS图形工作站分别将火灾模式指令通过通讯方式传送到BAS的PLC和BAS服务器，由BAS的PLC自动将正常运行模式切换到火灾运行模式。

3. BAS的分级控制

典型的BAS系统为两级管理三级控制。两级管理是中央级和分站两级，中央级设置在控制中心，为主控级；分站级为各个车站或相关楼宇建筑，为分站级，如车辆段、集中冷站等。机电设备监控系统由中央级、车站级及就地级监控设备、集中冷站监控设备和维修工程师工作站组成。BAS系统控制结构分为中央级、车站级及就地级三级控制。

（1）中央级　中央级监控系统由控制中心局域网络构成，控制中心监控各分站的通风、空调、给排水、照明、自动扶梯等设备的运行状态并提供事故报警；监视防灾报警系统接口报警，在发生灾害时，调度运行救援模式；记录主要设备的运行状态、运行时间；定期输出各类数据、报告。

（2）车站级　车站级监控系统设于车站控制室内，由局域网构成，车站控制监控车站的通风、空调、给排水、照明、自动扶梯等设备的运行状态并提供事故报警；协调全站设备的运行，必要时进行人工调整；实施记录本站各测试点的参数，监测集水池高、低水位及危险水位并报警；向控制中心传送设备信息，并执行其命令；接受防灾报警系统报警，并按灾害模式运行。

（3）就地级　就地级监控设备根据机电设备的设置情况，在环控电控室、照明配电室，环控机房、水泵房、扶梯附近设就地控制柜（箱）、检测器、传感器等。就地级负责向车站控制室传送所控设备的工作状态，执行车站控制室的控制命令，实现就地的调试与控制，具备独立运行能力。

4. 模式控制

BAS 系统主要包括以下几种运行模式。

（1）正常模式　是行车按计划进行、各系统运行正常、主要设备运行正常时的工作模式，是最常用的一类工作模式。正常模式下，BAS 主要按照时间表的编排，对各种机电设备进行常规控制。

（2）灾害模式　是发生火灾、水灾或其他重大灾害性事故情况下的工作模式，其中按灾害事件发生的位置又分为区间灾害和车站灾害等几种。当火灾报警控制器的报警信号被确认时，火灾报警控制器将火灾的位置以及联动控制指令发送到 BAS，令 BAS 进入火灾控制模式。此时，BAS 按照火灾报警控制器的模式控制指令，强制执行预先编制的控制预案，调用相应模式的控制程序，或按照人工操作指令执行相应的动作配合车站和区间的防排烟控制和人员疏散。

（3）阻塞模式　是列车在区间或车站运行受阻，导致无法按计划行车时的工作模式。相关的车站 BAS 设备接收来自中央控制室防灾指挥中心的阻塞模式控制指令，转入阻塞工作模式。阻塞模式下，BAS 按照接收到的列车阻塞位置以及区间、车站的人员情况，执行预先编制的控制预案，配合进行车站和区间的通风控制和人员疏散。

二、综合监控系统

综合监控系统（ISCS）是一个高度集成的综合自动化监控系统，其目的主要是通过集成地铁多个主要弱电系统（包括电力监控系统、环境与设备监控系统、门禁系统、火灾自动报警系统、信号系统、自动售检票系统、屏蔽门系统、闭路电视监控系统、广播系统、无线系统、时钟系统、乘客信息系统），形成统一的监控层硬件平台和软件平台，从而实现对地铁主要弱电设备的集中监控和管理功能，实现对列车运行情况和客流统计数据的关联监视功能，最终实现相关各系统之间的信息共享和协调互动功能。通过综合监控系统的统一用户界面，运营管理人员能够更加方便、有效地监控管理整条线路的运作情况。

地铁综合监控系统实现了电力监控系统（SCADA）、环境与设备监控系统（BAS）、火灾自动报警系统（FAS）、屏蔽门（PSD）等系统的集成，实现了信号系统（SIG）、自动售检票系统（AFC）、广播系统（PA）、闭路电视系统（CCTV）、乘客信息系统（PIS）和时钟系统（CLK）的互联，如图 6-33 所示。通过综合监控系统对地铁、轻轨车站、区间的空调、通风、电力、火灾报警、闭路电视、广播及电话、给排水、照明、车站动力、自动扶梯等设备的运行状态进行自动化管理，使设备按预设状态自动运行，节省能源，方便管理，可使设备发挥最佳效益，而达到为乘客提供更加安全、舒适、可靠的乘车环境。

1. 综合监控系统的构成

综合监控系统由位于控制中心的中央级综合监控系统和系统仿真测试平台、位于车站的车站级综合监控系统、位于车辆段的车辆段综合监控系统等多个部分组成。通过全线通信传输网把车站、车辆段与中央的各级综合监控系统连接到一起，从而形成一个有机的整体。如图 6-34 所示。

综合监控系统采用两级管理三级控制的分层分布式结构。两级管理分别是中央级管理和车站级管理，三级控制分别是中央级控制、车站级控制和现场级控制。综合监控系统的整体

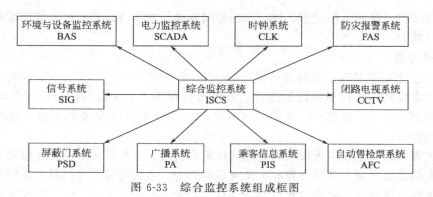

图 6-33 综合监控系统组成框图

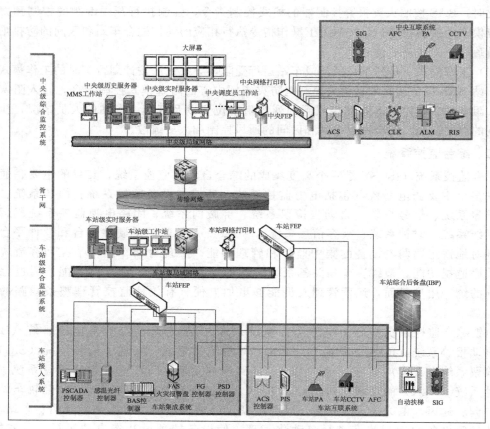

图 6-34 综合监控系统布置图

层次划分如图 6-35 所示。

（1）中央级　中央级综合监控系统在控制中心设置中央级局域网，通过全线的主干网将各车站监控网的监控信息汇集到控制中心，并在控制中心与乘客信息服务系统（PIDS）、自动售检票系统（AFC）、广播系统（PA）、闭路电视系统（CCTV）、调度电话系统（DLT）、时钟系统（CLK）、信号系统（SIG）、通信集中网管系统（TEL/ALARM）、车载信息系统（TIS）等系统进行互联，从而实现多个相关系统的综合集中监控功能。

中央级综合监控系统对全线重要监控对象的状态、性能等数据进行实时的收集及处理，通过各种调度员工作站和大屏幕以图形、图像、表格和文本的形式显示出来，供调度人员参考和使用。并且根据一定的逻辑关系自动向分布在各站点的被监控对象或系统发送模式、程控、点控等控制命令,或由调度员人工发布控制命令,从而完成对全线环境、设备和乘客的集中监控。

(2) 车站级 车站级综合监控系统通过分布在本站(或车辆段)范围内的站级局域网络,将本站范围内的各有关机电系统(SCADA、BAS、FAS 和 PSD 等)集成在一起,并与站点的 PA、CCTV、AFC 和 PIS 等系统互联,使它们能相互协调工作。其中,车辆段范围内的机电系统只包括 SCADA、BAS 和 FAS,无互联系统。

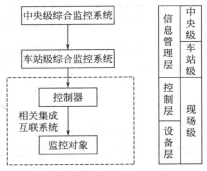

图 6-35 综合监控系统整体层次示意图

当车站级综合监控系统工作在正常模式时,车站级的各种状态信息均上传至中央级综合监控系统,控制命令主要由中央级直接下达。除个别需要车站监控的控制命令外,车站级仅进行设备状态监视,无控制权。当综合监控系统工作在灾害模式、故障模式及阻塞模式时,控制中心视具体情况下放控制权限,使车站级可以在一定权限范围内对车站设备进行控制。系统恢复正常工作模式后,车站级以上控制权限应上交或由中央级收回。

(3) 现场级 由变电所综合自动化系统(PSCADA)、环境与设备监控系统(BAS)、火灾自动报警系统(FAS)、防淹门(FG)、屏蔽门(PSD)、门禁系统(ACS)等系统及其所监控的现场设备组成。以上系统直接连接各种现场设备,同时又与综合监控系统的车站级或中央级进行数据通信。

2. 综合监控系统主要功能

中央级综合监控系统一方面必须实现被集成系统已有的主要功能,另一方面必须按照系统工作模式实现必要的联动功能。

(1) 正常工况时的功能 正常工况下,综合监控系统进入正常工作模式,即综合监控系统的日常监控管理模式。OCC 监管着全线各车站、各有关系统的运作情况。

(2) 灾害时的功能 当车站、控制指挥中心的现场探测设备探测到火灾报警信息,并经 FAS 自动确认或人工确认后,综合监控系统自动启动相关灾害模式。此时综合监控系统将综合现场报警、列车位置等有关信息,使各有关系统协调工作。

当列车在站台、隧道区间受阻时,综合监控系统自动进入阻塞模式。OCC 大屏幕显示进入阻塞模式的信息,报警体系在 OCC 和各车站车控室提醒操作员进入阻塞模式,各有关系统也将协调互动。

(3) 电力监控系统(SCADA)功能 在控制中心,实现 SCADA 系统的遥控、遥信、遥测和遥调功能。车站级综合监控系统对变电所设备、牵引网设备运行状态和运行参数进行实时监视。

(4) 环境与设备监控系统(BAS)功能 在控制中心或车站监视各车站所辖区域的通风与空调系统、给排水系统、空调水系统、自动扶梯、照明系统、导向标志、车站事故照明电源等系统的运行状态;监控集中供冷站的运行状态;监视、记录各车站站厅站台和管理设备用房的温度和湿度等环境参数;系统提供主要 BAS 系统设备的故障信息警报功能。

根据通风空调系统提供的环控工艺要求,对区间隧道通风系统设备进行正常模式控制及灾害模式控制,对机电设备进行模式和时间表控制。

(5) 火灾报警系统(FAS)功能 在车站或控制中心接收并储存本站或全线火灾报警信

息、显示报警部位、并具有火灾确认的功能；接收并储存火灾自动报警系统四类设备（即探测设备、模块、火灾报警控制盘和电源）的主要运行状态。

（6）屏蔽门系统（PSD）功能　监视各站屏蔽门的工作状态以及对每个车站、每个门单元的运营统计等功能。

（7）门禁系统（ACS）功能　监视门禁系统的工作状态和故障信息，并实现对门禁系统的授权管理。

（8）自动售检票系统（AFC）功能　监视 AFC 系统提供的客流信息和 AFC 主要设备故障信息，提醒调度员注意车站的运营组织。

（9）广播系统（PA）功能　在控制中心可以多种模式对全线的广播进行控制。在车站可以多种模式对本站的广播进行控制。

（10）闭路电视系统（CCTV）功能　在控制中心可自动或手动切换全线各站 CCTV 的画面，在车站可自动或手动切换本站 CCTV 的画面等。

（11）DLL 中央级功能　中央级能反映全线所有调度电话的分布图、调度电话的工作状态和故障状态，能实现通话拨号功能、选叫功能、录音等功能。

（12）时钟系统（CLK）功能　在 OCC 综合监控系统接收时钟系统信息，可使综合监控系统及其集成或互联系统同步工作，并可向接入综合监控系统的各相关系统提供时钟信息。

（13）信号系统（ATS）功能　实时监视列车相关信息，并从 ATS 得到列车时刻表信息实现进站列车自动广播、车站信息显示。同时接受并显示信号系统重要故障信息，可供维修调度等了解行车设备的状态。

（14）通信集中告警系统（TEL/ALARM）功能　该功能将通信系统中各子系统的有关告警信息集中进行收集，显示在综合监控系统的维修调度终端上，可实现不同等级故障的分级显示，对全线通信设备故障及时告警，具有声光告警功能、并能显示、记录和打印，以期迅速组织力量进行维修，确保通信畅通和功能恢复正常。

（15）乘客信息显示系统（PIS）功能　综合监控系统能编辑并向 PIS 系统提供待播出的文件信息，待播出的文本信息可设定信息播放的优先级，在系统正常、灾害、阻塞等模式下启动 PIS 相关信息显示。

（16）大屏幕显示（OPS）功能　控制中心的大屏幕能实现 ISCS、FAS、CCTV、ATS 等系统信息的动态综合显示。

习　题

一、填空题

1. FAS 系统由＿＿＿＿设备、＿＿＿＿设备以及将其联系起来的通讯网络组成。
2. FAS 的现场设备包括＿＿＿＿、＿＿＿＿、感温电缆等。
3. 全自动气体灭火系统设备可以分成两大部分，即＿＿＿＿、＿＿＿＿。
4. 隧道通风系统由＿＿＿＿和＿＿＿＿组成。车站及隧道通风空调系统的控制由＿＿＿＿、＿＿＿＿和＿＿＿＿三级组成。
5. 车站通风空调系统由＿＿＿＿、＿＿＿＿和＿＿＿＿组成。
6. 给水系统包括生活给水系统、＿＿＿＿和＿＿＿＿，排水系统则包括污水系统、

_____和_____。

7. 屏蔽门由_____、门机、_____及电源组成。屏蔽门由控制系统实现系统级控制、_____和_____三级控制方式。

8. BAS系统两级管理是_____和_____，中央级设置在_____，为主控级；分站级为各个_____，为分站级。

9. BAS系统主要包括以下几种运行模式：正常模式、_____、_____。

二、不定项选择题

1. 屏蔽门的门体包括（　　）。
    A. 滑动门　　　B. 紧急疏散门　　　C. 端门　　　D. 固定门
2. 屏蔽门的站台级操作是通过（　　）实现的。
    A. PSC　　　B. PSL　　　C. ATC　　　D. DUC
3. 防淹门的控制方式有（　　）。
    A. 车控室控制　　　B. 控制中心控制　　　C. 就地级控制
4. 综合监控系统的控制方式有（　　）。
    A. 中央级　　　B. 车站级　　　C. 就地级
5. 机电设备监控系统是指（　　）。
    A. ECS　　　B. BAS　　　C. ISCS　　　D. GIS

三、名词解释

1. 空调大系统
2. 空调小系统
3. 屏蔽门
4. 防淹门
5. BAS

四、判断题

1. 车控室有火灾报警控制盘，在站台、站厅、出入口等地设有手动火灾报警按钮。（　　）
2. 消防联动控制功能由 BAS 实现。（　　）
3. 正常情况下隧道通风和车站通风系统均需开启。（　　）
4. 当列车阻塞区间时按与行车相反的方向对阻塞区间进行机械通风。（　　）
5. 屏蔽门只能从站台侧打开，不能从轨道侧打开。（　　）

五、简答题

1. 简述火灾报警及消防联动流程。
2. FAS 系统的功能是什么？
3. 车站级 FAS 系统的组成是什么？火灾报警控制盘有什么功能？
4. FAS 系统是如何实现消防联动的？
5. 简述气体自动灭火系统的分布及功能。
6. 环境与控制系统的作用是什么？
7. 简述区间隧道通风系统的运行模式。
8. 简述空调大系统的运行模式。
9. 简述屏蔽门系统控制方式及实现方法。
10. 中央级 BAS 系统的功能是什么？
11. 综合监控系统集成了哪些系统功能？

项目七　城市轨道交通行车组织

【项目导入】

　　城市轨道交通靠什么方法保证列车正点、安全地运输乘客？它的行车指挥体系是什么？有哪些岗位？其工作内容是什么？如果发生了紧急故障又是如何处理的？本项目将为您揭示。

【学习目标】

1. 认识城市轨道交通行车指挥体系。
2. 识读列车运行图。
3. 掌握正常情况下和特殊情况下的列车运行组织。
4. 掌握行车调度、车站和车辆基地行车组织方法。

任务一　认识城市轨道交通行车指挥体系

【图示引导】

图 7-1　OCC 控制中心

【相关知识】

一、城市轨道交通行车组织及指挥概述

1. 城市轨道交通行车组织特点

城市轨道交通与城市道路公共交通相比，具有安全、高速、舒适、污染少、大运量的特点，同时与长途铁路干线客运相比也有明显特点。主要表现在：均采用双线运行；全日客流分布在时间上有较为明显的高峰（早、晚高峰）和低谷之分，个别线路可能会出现多个高峰（或称为平峰）。高峰时段客流量集中，时间性强，在空间上又有不同的区间客流密度分布，如在某个时段某个区间的客流量特别大。列车运行间隔时间短，发车密度高，全日运营时间内无法实施设备维护保养，需在运营时间外用专门的检修时间进行。与长途干线铁路一样，它具有运行指挥集中、设备先进、牵涉部门较多的特点。

2. 城市轨道交通行车组织原则

行车组织工作必须坚持安全生产的方针，贯彻高度集中、统一指挥、逐级负责的原则发扬协作精神。各单位、各部门要主动配合，紧密联系，协同动作，不断提高效率，安全、准时、高效地完成客运服务工作。

因此，城市轨道要在运输组织上实行高度集中、统一指挥、按图行车；在功能上，实现车辆、车务、机电、通信信号、供电、工建等专业紧密配合，确保隧道、线路、供电、车厂、通信信号、机电各系统设备状态良好，运行正常；在行车安全控制方面，要依靠合理行车组织和可靠的设备运行来保证行车间隔和正确的行车路径。

3. 行车组织机构及其主要工作

（1）运营控制中心（OCC）　城市轨道交通有一套完成的行车组织机构，如图 7-1、图 7-2 所示。

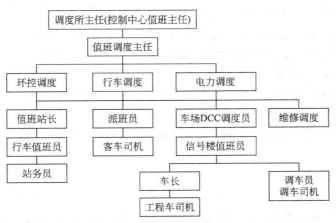

图 7-2　行车指挥层次

运营控制中心是城市轨道交通系统运营日常管理、设备维修、行车组织的指挥中心，设有主任调度员、行车调度员、电力调度员、环控调度员，有的还设有维修调度员。通过各调度员对全线列车运营和设备运行情况进行总的监视、控制、协调、指挥和调度。运营控制中心也是城市轨道交通系统运营信息的收发中心，所有与行车有关的信息必须通过 OCC 集散。

值班主任是调度班组工作的领导者。在值班中，值班主任接受控制中心主任的领导，负责统一指挥协调各种调度工种及车站、车辆段相关人员的工作，并组织处理运营中出现的各种故障和事故。

行车调度是一条线路行车工作的指挥者，负责监控列车的运行状况，掌握列车的运行、到发情况，发布调度命令，检查各站、段执行和完成行车计划的情况；在列车晚点或发生事故时，组织和指挥车站工作人员、列车乘务员以及相关的各个部门及时采取相应措施，尽快恢复列车运行，减少运营损失。

环控调度的职责主要是监控通风、空调、给排水等和环境相关的各种设备，及时调节所管辖区段内的温度、湿度、空气流动速度和含尘量等各种参数，以保证候乘车环境的质量，满足乘客的出行需要。

电力调度的职责主要是监控变电所、接触网以及供电相关的各种设备，并及时采集各种数据，保证各个车站和列车供电的可靠性与安全性。

（2）车场控制中心（DCC） 车场控制中心设有车场调度员岗位，是车厂管理、车辆维修组织和作业的控制中心，负责车厂范围内的行车组织、维修施工管理，负责车辆日常检修、清洁、定修和临修工作控制，为轨道交通系统运营及设备维修施工提供数量足够和工况良好的客车和工程列车。

（3）车厂信号控制室 车厂信号控制室设车场信号员岗位，内有微机联锁设备，集中控制车厂范围内的进路、道岔和信号机，隶属车厂调度员管理。车厂信号控制室与其邻接车站通过进路照查电路，共同组织与监控列车进出车厂。

（4）车站 车站设有车站控制室（简称车控室），有值班站长、行车值班员、站务员岗位，主要任务是接发列车，并做好乘客服务工作。遇突发情况进行应急处理，确保行车安全和乘客的人身安全。

为确保城市轨道交通系统的安全、高效运营，各部门、各单位间须各尽其责，协调配合，下级要服从上级，严格按规章制度执行。

行车工作由行调统一指挥，供电设备运作由电调统一指挥，环控和防灾报警设备运作由环调统一指挥，控制中心主任调度负责协调各工种调度工作，组织处理运营中发生的故障和事故。DCC为二级调度机构，服从OCC统一指挥。车站行车组织工作由车站当班值班站长统一负责，行车值班员协助，值班站长必须服从行调的统一指挥，执行调度命令。客车上的员工由驾驶员负责指挥，工程列车上的员工由车长负责指挥。正线发生行车设备故障，车站值班站长（值班员）应及时报告行调，由行调通知各相关专业调度、值班人员，并派人组织抢修。

二、列车运行图

1. 列车运行图的意义

（1）是组织列车运行的基础 列车运行图是利用坐标原理来表示列车运行的图解形式，它规定各次列车占用区间的顺序，列车在区间的运行时分和在站停车时分，列车在各个车站的到达、出发（通过）时刻，折返站列车折返作业时间及电动列车出入厂时刻。因此，列车运行图是行车组织的基础，是协调城市轨道交通系统各部门、各单位进行生产活动的重要文件。列车运行图在保证城市轨道交通运营各部门的相互配合和协调动作上起了重要的组织作用。

（2）是运行组织的一个综合性计划 运营生产是一个统一系统的整体，涉及城市轨道交通运营的各业务部门，它们都需要根据列车运行图所规定的要求来安排工作。例如，车站根据列车运行图所规定的列车到达和出发时刻，安排本站行车组织工作（如排列接发车进路）和客运组织工作；车辆部门每天运营前要根据列车运行图准备好运营需求的车数；车辆运转部门要根据列车运行图的要求确定列车的出库时刻和乘务员的班次安排及倒班计划；工务、通信、信号、供电、机电等部门也要求根据列车运行图的规定来安排施工计划和维修计划。因此，列车运行图是城市轨道交通运行组织的一个综合性计划。列车运行图使得城市轨道交通这部大联动机能够协调运转，保证运输的正常进行。

综上所述，编制一张经济合理的列车运行图，对于充分利用轨道交通设备的能力，满足各时期、各时段旅客运输的需要有很大帮助。它使运能与运量很好地结合，既能方便旅客出行的需要，又能使企业获得最佳的经济效益，因此具有重要的意义。

2. 列车运行图的图解表示要素

列车运行图是利用坐标原理来表示列车运行的图解形式，一般由下列线条组成。

（1）横坐标　表示时间变量。按要求用一定的比例进行时间划分，一般城市轨道交通列车运行图采用1分格或2分格，即每一等分表示1分钟或2分钟。

（2）纵坐标　表示距离分割。根据区间实际里程采用规定的比例，以车站中心线所在位置进行距离定点。

（3）垂直线　是一组平行的等分线，表示时间等分段。一般整小时和整10分钟用粗线表示，半小时用虚线，一分线或二分线用细线表示。

（4）水平线　是一组平行的不等分线，表示各个车站中心线所在的位置。各水平线间距离的远近基本表示了各站之间的距离远近。

（5）斜线　列车运行轨迹线即列车运行线。一般以上斜线表示上行列车，下斜线表示下行列车。

（6）运行线与车站交点　在列车运行图上，列车运行线与车站的交点即表示该列车到达、出发或通过的时刻。由于城市轨道交通列车停站时间较短，一般不标明到、发的不同时间。

（7）车号、车次　在列车运行图上，每个列车均有不同的车号与车次。一般按发车顺序编列车车次，上行采用双数，下行采用单数。

3. 列车运行图的分类

（1）按时间轴的刻度划分，可分为一分格运行图、二分格运行图、十分格运行图和小时格运行图。

① 一分格运行图。它的横轴以1分钟为单位用细竖线加以划分，10分格和小时格用较粗的竖线表示。这种一分格图主要在编制新运行图和调度指挥时使用。

② 二分格运行图。它的横轴以2分钟为单位用细竖线加以划分，常用于市郊铁路运行图编制。

③ 十分格运行图。它的横轴以10分钟为单位用细竖线加以划分，半小时格用虚线表示，小时格用较粗的竖线表示。这种十分格运行图主要供行车调度员在日常指挥中绘制实际运行图使用。

④ 小时格运行图。它的横轴以小时为单位用竖线加以划分。这种小时格运行图主要在编制旅客列车方案图和车底周转图时使用。

在列车运行图上，以横线表示车站中心线的位置一般以细线表示中间站，以较粗的线表示换乘站或有折返作业的车站。

（2）按区间正线数划分，可分为单线运行图和双线运行图。

① 单线运行图。在单线区段采用的运行图上，列车的上下行都在一条正线上进行，列车交会只能在车站进行。在城市轨道交通中，单线运行图很少采用，只有在非正常情况下的运行调整期间，或者在运量较小的市郊铁路使用。

② 双线运行图。在双线区段，上下行列车在各自的正线上运行，互不干扰，可以在区间内或车站上交会。城市轨道交通一般都设有双线，采用双线运行图。

③ 单双线运行图（见图 7-3）。在单线区段和双线区段各按单线运行图和双线运行图的特点铺画运行线，它兼有单线运行图和双线运行图的特征。在城市交通中它只在非正常情况下的列车运行调整期间使用。图 7-3 中，在 A 站与 B 站间、B 站与 C 站间是单线运行，上、下行列车只在车站交汇，C 站与 D 站间、D 站与 E 站间为双线运行，上、下行列车可在车站交汇，也可在区间交汇。

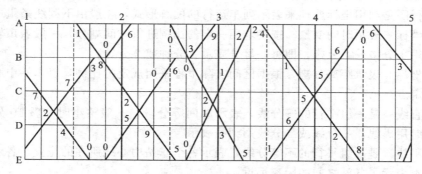

图 7-3 单双线运行图

（3）按列车之间运行速度差异划分，可分为平行运行图和非平行运行图。

① 平行运行图。在同一区间内，同一方向列车的运行速度相同，且列车在区间两端站的到、发或通过的运行方式也相同，因而列车运行线相互平行。

② 非平行运行图。在运行图上铺有各种不同速度的列车，且列车在区间两端站的到、发或通过的运行方式不同，因而列车运行线不相平行。

（4）按照上、下行方向列车的数目划分，可分为成对运行图和不成对运行图。

① 成对运行图。同一区段内，上、下行方向列车数目是相等的。

② 不成对运行图。同一区段内，上、下行方向列车数目是不相等的。

图 7-4、图 7-5 分别是单线成对平行运行图、双线成对平行运行图。

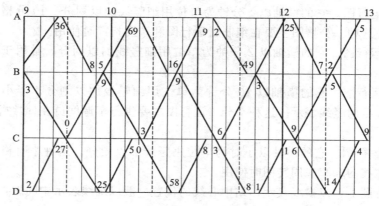

图 7-4 单线成对平行运行图

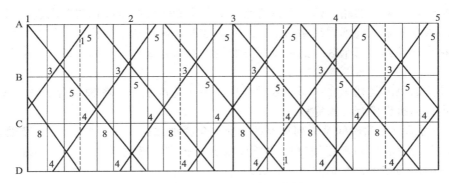

图 7-5 双线成对平行运行图

（5）按照同方向列车运行方式划分，可分为连发运行图和追踪运行图。

① 连发运行图。在这种运行图上，同方向列车以站间区间为间隔连发运行。在双线区段，上、下行列车各自连发运行；在单线区段采用这种运行图时，连发的一组列车之间不能铺画对向列车。由于城轨基本都采用双线自动闭塞，因此这种运行图很少采用，只有在非正常行车或运行调整时使用。

② 追踪运行图。在这种运行图上，同方向的列车是以闭塞分区为间隔运行，一个站间区间内允许同时有几个列车按追踪方式运行。图 7-6 为双线追踪非平行运行图。

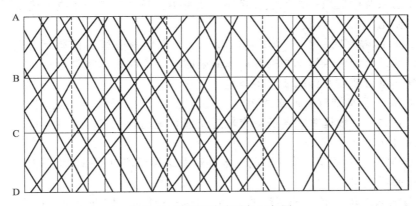

图 7-6 双线追踪非平行运行图

（6）按使用情况分可分为基本运行图、节假日运行图和其他运行图（如分为冬季、夏季、施工运行图等）。

以上所列举的分类方法都是根据运行图的某一特点加以区别的。实际上，每张运行图都具有多方面的特点，例如某运行可能既是双线的成对的，又是追踪的。一般情况下，城市轨道交通使用的运行图为双线成对追踪平行运行图，同时根据客流的变化会有多套运行图来满足不同的需要。

4. 列车运行图的组成要素

城市轨道交通列车运行图组成要素分为三类：时间要素、数量要素和其他相关要素。这是编制列车运行图的基础和前提。

（1）时间要素

① 区间运行时分。区间运行时分是指列车在两相邻车站之间的运行时间标准，它由车辆部门采用牵引计算和实际查标相结合的方法进行查定。为了确定各个区间的列车最优运行

时分，必须综合车辆、线路、信号、运行组织等各个专业的技术指标与要求进行列车运行牵引计算，即根据各个区间不同线路的平、纵断面情况，选用的车辆特性，信号与控制的限制条件，能耗指标计算出每个区间的运行时分曲线，并结合查标与验算，最后确定可行的运行时分。

牵引计算的目的是列车在区间运行时能耗最少，速度最佳，各种设备的效能发挥最好。牵引计算由计算机设定程序来完成。

② 停站时间。停站时间是指列车停站作业（包括加减速、开关车门），以及乘客上下车等所需要时间的总和。列车停站时间的长短取决于旅客乘降的需要，它与车站客流量的大小、客车车门数的多少、车站的疏导和管理有关。

③ 折返作业时分。折返作业时分是指列车到达终点站或在区间站进行折返作业的时间总和，包括确认信号的时间、出入折返线的时间、办理进路时间、驾驶员走行或换岗时间等。折返作业的时间受折返线折返方式、列车长度、列车制动能力、信号设备水平、驾驶员操作水平等多因素的影响。

④ 列车出入停车场的作业时间。列车出入停车场的作业时间是指列车从车辆停车场到达与其衔接的车站正线或返回的作业时间，可以采用查标的方式确定。

⑤ 车站间隔时间。列车在车站的间隔时间（简称车站间隔时间，下同）是指车站办理两个列车的到达、出发或通过作业所需要的最小间隔时间。车站间隔时间在市郊铁路、城际铁路等轨道交通系统中使用；在地铁、轻轨等系统中，只在运行调整或者线路、信号设备不完善的情况下使用。

⑥ 追踪列车间隔时间。在自动闭塞区段，列车以闭塞分区为间隔运行称为追踪运行。追踪列车之间的最小间隔时间称为追踪列车间隔时间。追踪列车间隔时间取决于同方向列车间隔距离、列车运行速度及信联闭设备类型。

⑦ 营运时间。是指城市轨道交通运营线路运送乘客的时间，它一般和该城市的工作时间及生活习惯有关。一般说来，各国城市轨道交通系统均有一定的夜间时间用作设备、设施的维修和保养时间。

⑧ 停送电时间。指每天运营开始前送电和运营结束后停电所需的操作和确认时间。

(2) 数量要素

① 全日分时段客流分布。按客流的时间分布进行预测、调查分析，确定高峰、低谷时段客流量，从而对列车编组数或列车运行列数等相关因素进行合理安排，并作为开行不同形式列车的主要依据。

② 列车满载率。列车满载率指列车实际载客量与列车定员数之比。编制列车运行图时既要保证一定的列车满载率，使运输能力得到充分利用；又要留有一定余地，以应付某些不可测因素带来的客流量波动，同时也要考虑乘客的舒适度。

③ 出入库能力。单位时间内通过出入库线进入正线运营的最大列车数称为出入库能力。由于车辆基地与接入车站之间的出入库线有限，加之出入库列车进入正线受正线通过能力的影响，因此出入库能力的大小是编制列车运行图的一个重要因素。

④ 列车最大载客量。列车最大载客量，即一个编制列车按车厢定员计算允许装载的最大客数，分为定员载客量和超载载客量。列车最大载客量主要与采用的车辆类型及编组辆数有关。

除此之外，列车运行图的编制还受投入运营电动列车数目、车站的存车能力、驾驶员作息时间安排、列车检修作业、与其他城市公共设施的衔接以及与城市其他交通方式的衔接的影响。

5. 城市轨道交通列车运行图的编制

（1）城市轨道交通列车运行图编制原则

① 在保证运量需求的条件下，运营车数达到最少。在高峰时间运量最大时段，也是线路上运营列车数最多的时候，综合考虑高峰时段列车运行速度、折返时间、列车开行方式等要素，使运营列车数达到最少，从而降低了系统的车辆保有量与运营成本。

② 在保证安全可靠的条件下，提高列车运行速度，减小列车的运行时间。列车运行速度高是城市轨道交通系统的主要优势。在安全得到保证的前提下，通过提高列车运行速度、压缩折返时间、减少出入库作业时间等方式提高线路上列车的运送速度，从而提高了系统的运行效率和系统的服务水平。

③ 方便乘客。城市轨道交通系统是城市公共客运交通的骨干，编制运行图时必须尽量顾及乘客的利益。主要是考虑列车发车间隔在满足运行技术要求的前提下尽量选择较小的值，从而减少乘客候车时间。在高峰、低谷的安排，区间列车开行，特殊时段列车开行（如大型文体场所散场时密集客流疏散方案）等方面，要有周详的考虑。

（2）列车运行图的编制顺序　列车运行图的具体编制可分为人工铺画与计算机铺画两种。

① 人工铺画。

确定运行图编制原则及具体要求；

按列车运行图组成要素搜集资料并计算、查定各要素的值；

铺画列车运行方案图；

计算运行所需的运用列车数；

确定全日列车开行对数；

征求有关人员的意见；

调整并绘制正式的列车运行图；

编写列车运行图说明书。

② 计算机铺画。由工作人员将运行图编制要素的数据输入计算机，由计算机铺画出列车运行图，通过人机对话进行修改。这种功能可以由工作人员预先编制软件来实现。而在ATC系统中，已经设计有计算机编制运行图的功能。ATC系统的自动编制运行图可以用传统的坐标图解形式表示，也可采用时间序列形式表示。

在列车运行图编制完成后，客运部门应编制相应的列车运行时刻表，并向乘客公布；车辆部门则应编制列车驾驶员专用的运行图。

【实践操作】

查找某地铁公司一天当中某线路的运营时刻表并绘制运行图。

任务二　列车运行组织

【相关知识】

一、行车指挥控制方式

轨道交通系统的基本行车调度控制方式主要有行车指挥自动化和调度集中两种。车站控制是在特殊情况下采用的辅助方式。采用何种行车调度控制方式与采用的行车调度指挥设备类型有关。

1. 行车指挥自动化时的列车运行组织

对于装备了 ATC 系统的线路，行车调度员可利用列车运行自动监控系统 ATS 完成列车运行控制任务，此时自动闭塞为基本闭塞法。图 7-7 为控制中心行车调度员监视大屏幕。

图 7-7 控制中心行调监视大屏幕

在行车指挥自动化情况下，通过 ATS 设备实现当日使用列车运行图、列车进路自动排列和列车运行自动调整指挥列车运行。控制中心 ATS 通常储存数个基本列车运行图，经过加开或停运列车等修改后的基本列车运行图称为计划列车运行图。使用列车运行图是当日列车运行的计划，由基本列车运行图或计划列车运行图生成。行车调度员通过显示盘与工作站显示器，准确掌握线路上列车运行和分布情况、区间和站内线路的占用情况以及发车表示器的显示状态和道岔开通位置等。行车调度员也可应用人工功能，通过工作站终端键盘输入各种控制命令，控制管辖线路上的发车表示器、道岔以及排列列车进路进行列车运行调整。

2. 调度集中时的列车运行组织

调度集中是指挥列车运行的一种远程遥控设备。在调度集中时，自动闭塞为基本闭塞法。调度集中系统由调度集中总机、进路控制终端、显示盘与显示器、描绘仪、打印机和电气集中联锁设备等构成。

调度集中的主要功能有：
① 控制管辖范围内各车站的信号机、道岔以及排列列车进路；
② 显示各车站信号机开闭、进路占用和列车车次、列车运行状态等；
③ 自动绘制实际列车运行图。

在调度集中情况下，由行车调度员人工排列列车进路，指挥列车运行以及进行列车运行调整。行车调度员通过进路控制终端键盘输入各种控制命令，控制管辖线路上的信号机、道岔以及排列列车进路；通过显示盘与显示器，准确掌握线路上列车运行和分布情况、区间和站内线路的占用情况以及信号机的显示状态和道岔开通位置等。

在调度集中情况下，列车进入区间的行车凭证为出站信号机的绿灯显示，如果出站信号机出现故障，就应凭行车调度员的命令发车。追踪运行列车间的安全间隔由自动闭塞设备实现。

3. 列车运行调整

为了实现按图行车，行车调度员要努力组织列车正点运行，而组织列车正点始发又是列车正点运行的基础。对始发列车，行车调度员应在列车出段、列车折返交路和客流情况等各方面进行具体掌握和组织，以确保正点始发。

在始发站列车正点始发的情况下，由于途中运缓、作业延误或设备故障等原因，难免出现列车运行晚点的情况，此时行车调度员应根据列车运行的实际情况，按恢复正点和行车安全兼顾的原则，根据规定的列车等级进行运行调整，尽可能在最短时间内使晚点列车恢复正点运行。

列车的等级依次为：专运列车、客运列车、调试列车、空驶列车和其他列车。在抢险救灾情况下，优先放行救援列车。对同一等级的客运列车，可根据列车的接续车次和载客人数等情况进行运行调整。列车运行调整的主要方法如下。

① 始发站提前或推迟发出列车。

② 根据车辆的技术状态、司机驾驶水平和线路允许速度，组织列车加速运行、恢复正点。

③ 组织车站快速作业，压缩列车停站时间。

④ 组织列车跳站停车（跳停）。

⑤ 变更列车运行交路，组织列车在具备条件的中间站折返。

⑥ 组织列车反方向运行。在双线线路上，如一个方向列车密度较大，而另一个方向列车密度较小，为了恢复正点运行，可利用有道岔车站的渡线将列车转到列车密度较小的线路上反方向运行。

⑦ 扣车。当一条线路的列车由于车辆及其他设备故障，或某种原因不能正常运行造成换乘站站台上乘客拥挤时，行车调度员应采取扣车措施，即将另一条线路的上下行列车扣在换乘站附近的各个车站，以缓和换乘站的压力。

⑧ 调整列车运行时间间隔。当换乘站由于客流骤增造成作业困难时，行车调度员可根据列车的运行情况适当调整列车运行时间间隔，尽量避免各线列车同时到达换乘站。

⑨ 在环形线情况下，当一条线路运行秩序紊乱时要尽力维持另一条线路列车的正常运行，并通知各站组织乘客乘坐畅通线路方向的列车。

⑩ 停运列车。

二、正常情况下的列车运行组织

从上面的介绍中可知，目前城市轨道交通列车运行组织分为行车自动化情况和调度集中两种情况。这里我们以城轨大多采用的行车自动化下的行车组织为例，介绍正常情况下的列车运行组织。

正常情况下，轨道交通的运行周期为：根据当天列车运行图规定的时间从车辆段存车线出来进入正线，按照 ATS 系统自动排列的进路投入运营，根据运行图规定的时刻到达沿线各站完成运输任务，直到运营结束列车退出服务回到车辆段进行整备，整备完毕再次从车辆段出来进入正线投入运营服务为止。整个运行周期的行车组织主要由行车调度员具体指挥，车辆段值班员、车站行车值班员、站台站务员及司机共同完成。

这里主要按运营前准备、运营中作业及运营结束时和运营结束后作业三个阶段，描述在一个列车运行周期中行车调度员、车站值班站长、行车值班员及列车司机的作业。

1. 运营前准备

行车调度员根据《正线施工登记》检查当晚的所有维修施工及调试作业是否完毕及销点，线路巡视工作是否完成，确认线路出清并符合行车条件后进行下列运营前的准备工作：通知联锁站试验进路、道岔；装入运营时刻表；与各站（含车辆段）日期和钟表时间（对表）；行调与车辆段派班员核对钟表时间、服务号和注意事项。

行车值班员从 OCC 中心接受控制权，在 LOW 工作台上试验道岔，检查站台和线路出清情况，向行调汇报，并于首班客车发车前规定时间开始向乘客广播第一列车的到达时间及注意事项。值班站长或行车值班员与行车调度员核对时间。

站务员开行首班车前，车站各岗位工作人员要准时开门、开启电扶梯及照明、巡视车站等。司机进行客车整备作业，如检查车体内外情况、制动设备和无线电话等。

2. 运营中作业

行车调度员使用各项调度指挥设备，组织指挥列车按照计划运行图安全、准点运行，尽量均衡在线列车的运行间隔。

联锁站值班站长（或行车值班员）通过微机联锁区域操作员工作站（简称 LOW 工作站）监视列车运行情况，通过监控设备观察站台情况，通过环控监控设备监控站台环境情况，随时调整环境湿度和温度，当调整内容不在站控范围内时应与 OCC 中的环调联系，由环调控制。当出现紧急情况需紧急停车时（如车门加人或物），行车值班员可通过车控室的紧急停车按钮实施紧急停车。爆发大客流时，行车值班员可操作相关设备开放站台所有闸机，疏导出闸客流。

站台岗站务员在客车进站时，原则上应在站台扶梯口靠近紧急停车按钮处立岗，应随时注意列车运行情况及站台乘客动态，防止乘客在列车关门时冲上车夹伤，同时负责维护站台秩序。当发生紧急情况需要停车时，站务员可按下紧急停车按钮实施紧急停车。

司机的作业主要包括列车出库、正线运行。

3. 运营结束时和结束后的作业

每天运营结束后，行车调度员要对当天的行车工作进行分析、总结。主要包括打印当日计划、实绩运行图；编写运营情况报告，如运营日报；进行客车统计分析，包括计划开行列数、实际开行列数、救援列次、清客列次、下线列次、晚点列数和正点率、运营里程（列公里）等。

行车值班员或站务员在尾班列车开出前应规定时间开始广播，通知停止售票和进站检票工作。运营结束后司机进行客车回厂作业。

三、特殊情况下的行车组织

城市轨道交通采用了列控系统，正常情况下行车组织作业主要是利用先进设备监控列车运行。特殊情况下的行车组织是相对于正常情况下的行车组织而言的，主要是指由于设备故障、大客流、火灾等原因不能采用正常情况下的行车时组织轨道交通行车的方法。

1. 控制中心 ATS 设备故障

ATS 系统的主要功能是控制和监督列车运行。ATS 系统按列车计划运行图指挥列车运行，办理列车进路，控制发车时刻，及时收集和记录列车运行信息，跟踪列车位置、车次，绘制列车运行图，并在控制中心的模拟盘上显示列车信息及线路情况。

当 ATS 系统发生故障时，ATS 系统功能不能实现需要行调使用中央人工控制所管辖线路上的信号机和道岔办理列车进路组织和指挥列车运行。如果出现中央 ATS 系统无显示等故障，则行调应授权给联锁站控制实现站控（LOW 操作）。但 ATS 出现故障时无法自动绘制列车运行图，行调需人工铺画客车运行图。

2. ATP 设备发生故障

（1）ATP 地面设备发生故障　当 ATP 地面设备发生故障时，ATO 车载设备接收不到限速命令，无法按自动闭塞法行车。此时如果是小范围的设备故障，可由行调确认故障区间空闲后命令司机在故障区间以 RM 模式限速运行。经过规定数量（如两个轨道电路）的轨道电路还未恢复 ATO 模式时，行调指挥司机以 RM 模式驾驶至前方车站或终点站。如是大范围的设备故障，须停止使用自动闭塞法，改为车站控制，按电话闭塞法组织行车。

（2）ATP 车载设备故障　ATP 车载设备发生故障时，故障列车无法接收 ATP 限速命令，此时需主要解决列车的驾驶模式问题。一般 ATP 车载设备发生故障时应切除 ATP，司机根据行调命令人工驾驶限速运行，即以 URM 模式（40km/h）驾驶列车至前方站；列车到达前方站（或在车站发生故障）仍不能修复时，由行调命令司机和车站，并由车站值班员（或值班站长）上驾驶室添乘（员工车除外）沿途协助司机瞭望，行调命令司机以 URM 模式继续驾驶列车至前方终点站退出服务。

3. ATO 子系统发生故障

当 ATO 子系统发生故障时，列车自动运行功能不能实现，此时列车改为 SM 人工驾驶，在 ATP 车载设备的监护下，按车内速度信号显示运行。车载 ATO 出现故障车门与屏蔽门不能联动时，如有必要行调应通知下一车站派站务人员上驾驶室，协助司机开关屏蔽门。

4. 救援列车的开行

当列车在区间或车站出现故障不能动车时，需要请求救援。开行救援列车时，行车调度员接到驾驶员（车长）、行车值班员的救援请求后，应向有关车站或车辆段发布开行救援列车的命令，及时组织备用车上线救援；如果救援列车是运行中的客车时必须清客，空车救援；故障列车在区间时还需发布封锁区间线路的命令；向封锁线路发出救援列车时，不办理行车闭塞手续，以行车调度员的命令作为进入该封锁线路的许可；救援列车与故障列车连挂拉回附近的停车场、车辆段或侧线，接到现场处理完毕的报告后，下达开通线路的调度命令，恢复列车运行。

5. 行车应急处理

列车在运行期间可能会发生各种事故，轨道交通公司设置了车务应急处理预案，主要涉及控制中心行车调度员、车站行车岗位和电客车驾驶员。下面是一些事故状态时控制中心、车站、驾驶员的处理方法。

（1）列车脱轨　发生脱轨事故后，列车驾驶员首先应立即广播通知乘客，安抚乘客情绪，提醒乘客准备清客；其次是从列车上清客；同时报告行调，开行救援列车等待救援，以后则按救援列车的开行处理。

（2）火灾　根据火灾发生的位置，可分为车站火灾和列车火灾两类，它们的处理方式稍有不同。

车站火灾时应当立即报告控制中心，并立即报告 119 火警、110 报警中心，视情况需要还应报告 120 急救中心及公安部门；控制中心调度员应停止所有需经过该站的列车运行，严禁将列车放入着火车站；车站在确保自身安全情况下，现场员工应抓住火灾初期的关键时间积极自救；执行车站疏散程序疏散乘客；确定站内火灾完全扑灭、烟雾消散后，组织车站员工进入车站清理现场，维修部门对线路、通信信号、供电等设备进行检查、修复；待事故隐患彻底消除，列车即可开行，车站重新开放，恢复运营。

列车火灾时，司机应迅速将车次、火灾位置、火势大小等信息报告控制中心，并指导乘客使用车厢中的灭火器灭火自救；列车在区间发生火灾时，应尽量将列车驶入前方站，以便于利用站台疏散乘客。如果列车无法驶入前方站，驾驶员立即报告行车调度员后，将列车停在区间，安排乘客紧急疏散，根据火灾位置、烟雾扩散方向，打开相应的疏散门，广播通知乘客按安全的方向疏散，下车后迅速步行前往车站。控制中心调度员确定列车发生火灾后，及时报告 119 火警、110 报警中心，并根据情况报告 120 急救中心、公安部门，停止续行列车的运行，并停止相邻线路的行车。同时应使本线续行的列车及相邻线路的列车进入就近车站停车，避免在区间停车，以免引起乘客恐慌。车站在接到控制中心的命令后，应迅速组织人员进入区间协助疏散乘客。

（3）列车在区间临时故障停车　列车在区间停留会延误大量后续列车的运行，造成大面积晚点，影响企业形象。同时列车停在区间，尤其在地下隧道内容易引起车上乘客恐慌，情绪不稳，所以当列车由于故障停在区间时，应积极采取措施尽快恢复运行。首先应由驾驶员立即进行处理，争取在短时间内排除故障，使列车得以继续运行。如果处理故障无法排除，报告控制中心行车调度员请求救援，按救援列车的开行处理。

（4）大客流时的运营组织方法　轨道交通车站一般与城市客流集散点相连接，由于节假日、大型活动等原因，一些车站会不定期地突发大客流，对车站的客流承受能力有一定冲击。在大客流的情况下，车站应加强客流组织，通过增加列车运行能力、加大售检票力度，对乘客进行分流和疏导。

发生大客流时，车站应及时向控制中心行车调度员报告，根据客流拥挤情况请求加开列车；控制中心行车调度员加强全线车站的客流监控，重点掌握发生大客流的车站，根据大客流方向，利用就近的折返线、存车线组织开行列车，保证大客流的疏散；驾驶员要确保行车安全，在大客流车站停车时密切注意站台乘客情况，发现乘客上车困难或车门、屏蔽门关闭受影响时，及时报告行车调度员，广播引导乘客，在车站人员协助下正确处理，避免发生乘客伤亡事故。

（5）列车挤岔　车轮挤过或挤坏道岔，即为挤道岔事故。处于良好状态的道岔，其一侧的尖轨与基本轨密贴，另一侧的尖轨与基本轨分离。发生挤道岔事故后，由于车轮强行挤开与基本轨密贴的尖轨，往往造成尖轨弯曲变形，转辙机遭到破坏使得道岔损坏，尖轨不能与基本轨密贴。

当列车已全部挤过道岔时，应通知维修部门对道岔进行检查，并根据损坏情况处理。当列车停留在道岔时，组织压在道岔上的列车顺道岔方向缓缓移动，待全部拉过道岔后，由维修部门处理。不要组织列车逆尖轨方向后退，因为后退很容易造成脱轨，扩大事故。必须后退时，应当将尖轨钉固后再后退。如果列车停留在复式交分道岔上，由于复式交分道岔结构复杂，挤岔后应禁止移动，并由线路维修部门处理。

（6）列车冒进信号　列车冒进信号是指在未经授权的情况下，列车前端任何一部分越过进路防护信号机显示的停车信号。

如果列车冒进信号后未压上道岔，驾驶员应向控制中心行车调度员报告。行车调度员得到列车冒进信号的报告后，立即指示该列车驾驶员停车，不得再移动列车；停止续行列车的运行，将其尽量驶往就近车站停留，避免停在区间；指示列车退行，要求车站做好组织工作，保证列车安全退行回车站。车站接到行车调度员准许列车退行回车站的指示后，安排有关人员向驾驶员发出退行信号，指挥列车退行回车站，停于规定位置处；通过广播向站台候车乘客说明情况，取得乘客的配合；维护好站台秩序，防止乘客拥挤、围观、靠近列车发生危险。

如果列车冒进信号后压上道岔，可能造成挤岔事故、脱轨事故。此时驾驶员不能动车，应报告控制中心，车站人员前往现场检查，确认列车轧上道岔，查看道岔破坏程度、列车是否挤岔或脱轨。如果发生挤岔，按挤岔处理；如果发生脱轨，按脱轨处理。事故列车驶离现场后，对轨道及道岔进行检查和试验，恢复列车运行。

（7）接触网悬挂异物　在大风天气下，一些较轻的物体如气球、塑料袋、尼龙绳、麻绳等容易被风吹起，悬挂于接触网上。接触网上悬挂的异物有可能影响列车正常行驶，需要动员各方面力量尽快清除。在清理接触网异物过程中，应特别注意人身安全问题，避免被高压电击伤。

当发现接触网悬挂异物时,驾驶员要确认对行车的影响并报告控制中心行车调度员。如果接触网悬挂物不影响行车,列车按正常速度通过;如果接触网悬挂物影响行车,可降低速度,降弓滑行通过异物悬挂地点,再升弓,按正常速度运行。如果不能滑行通过时(如列车位于长大坡道处,滑行时很容易造成制动失效,列车失去控制),驾驶员将列车前弓降下,以较低的速度运行,待前弓越过该悬挂物后停车,再升起前弓,降下后弓,启动列车,以较低的速度运行让该悬挂物越过后弓,然后恢复正常速度运行。如果不适用上述办法处理时,列车在接触网异物悬挂地点停车,向控制中心行车调度员报告,请求支援,等待行车调度员指派的有关人员到该处清理异物,并通过广播安抚乘客,待接触网异物清除完毕后,恢复列车运行。

控制中心行车调度员接到接触网上悬挂异物的报告后,安排清除异物的工作。在清除过程中,可以停止续行列车的运行,必要时对相关列车进行清客。车站接到控制中心行车调度员清除接触网异物的指示后,车站立即派人前往现场。

(8)大范围停电　若城市轨道交通线路遭遇大范围停电时,全线列车要停止运行,并尽量将列车扣在车站内,同时调度发布命令,让全线停止售票,并封锁相关车站。行车调度员应尽快查明各次列车所处的线路位置,如果需要区间疏散乘客,应按规定及时疏散。电力调度应尽快查明断电原因与影响汇报总调度,并尽快恢复电力供应。

除上述情况的外,城市轨道交通在运营过程中还可能发生诸如列车分离、乘客进入轨行区或乘客进入轨道后跑向区间、列车缓解不良或制动故障、列车车门不能关闭或无法打开、屏蔽门不能打开或关闭等紧急情况,为此都必须设置相应的应急预案,这里不再一一陈述。

【实践操作】

利用地铁行车模拟设备,分设行车调度员、值班站长、行车值班员、站务员和驾驶员岗位,练习地铁一条线路运营前、运营中、运营后的作业。

任务三　行车调度工作

【图示引导】

调度命令

表号：　　　　　　　　　　　　　　　　　　　　___年___月___日___时___分

受令处所		命令号码	行调姓名
命令内容			

　　　　　　　　　　　　　　行车专用章_____　　车站值班站长_____

注：规格 110mm×160mm

图 7-8　调度命令

调度命令登记簿

表号：＿＿＿　　　　　　　　　　　　　　　　　　　　　　　　　　　＿＿＿年＿＿＿月

日期	命令			复诵人姓名	接收命令人签名	行调姓名	阅读时刻（签名）
	发令时间	号码	受令及抄知处所	内容			

图 7-9　调度命令登记簿

【相关知识】

一、行车调度工作内容

行车调度是调度机构的核心工种，行车调度员担负着指挥列车运行、贯彻安全生产、实现列车运行图、完成运输计划的重要任务。

城市轨道交通调度工作的任务就是科学地组织客流，经济合理地使用各种设备，不断挖掘运输潜力，根据列车运行图和每日的具体状况促使与运输相关的各部门密切配合，采用相应的调整措施努力完成运输生产任务，以满足乘客出行的需要。

1. 行车调度的工作内容

行车调度员是列车运行的组织指挥者，负责监控或操纵列车运行控制设备，掌握列车运行、到发情况，发布调度命令，检查各站、段执行和完成行车计划情况，在列车晚点或运行秩序紊乱时采取有效措施尽快恢复按图行车，发生行车事故要迅速采取救援措施，并向上级和有关部门报告，以及填写各种报表等。

行车调度的基本职责：

① 组织指挥各部门、各工种严格按照列车运行图的规定和要求行车；

② 组织列车到发及途中运行，监控列车行车和设备运转状况；

③ 根据客流变化，及时调整列车开行计划；

④ 列车晚点、运行秩序紊乱时，通过自动或人工列车运行调整，尽快恢复按图行车；

⑤ 发生行车事故时，应按照规定立即向上级和有关部门报告，并迅速采取救援措施，最大限度地减少人员伤亡、降低事故损失、防止事故升级，并及时恢复列车的正常运行；

⑥ 安排各种检修施工作业，组织施工列车开行。

2. 调度命令

调度命令是行车调度员在调度指挥过程中对行车有关人员发出的要求，并强制其配合完成的指令。调度命令有口头命令、书面命令（见图 7-8）两种。

调度命令必须一事一令，先拟后发。在无线录音设备状态正常时，调度命令可以口头命令形式下达；在无线录音设备因故障停用、列车反方向运行、ATP 故障实施人工驾驶或进行列车救援时，调度命令应以书面命令形式下达。调度命令的内容包括命令号、受令处所、受令人、命令内容、发令日期与时间、发令人及复诵人。对涉及邻调度区的重要调度命令，应取得值班调度主任或调度长同意后发出。

发收调度命令时必须填记《调度命令登记簿》（见图7-9），并由行车调度员指定受令人员中一人复诵。受令人员在抄收命令中如有遗漏或不清之处，应及时向发令行车调度员提出核对并更正。

在下列情况下，行调应发布调度命令：
① 区间发生重大、大事故，对开入其邻线的列车；
② 列车反方向运行；
③ 变更行车闭塞法；
④ 封锁区间、开通区间；
⑤ 列车清客，区间下人；
⑥ 向封锁区间开行救援列车；
⑦ 临时加开或停运列车；
⑧ 后端驾驶列车；
⑨ 载客通过、开行工程列车、调试列车；
⑩ 行车调度员认为有必要的其他情况。

二、行车调度设备

城市轨道交通系统运行控制设备正逐步向自动化、远程化、计算机化发展，行车调度工作逐步由人工控制方式向电子调度集中和行车指挥自动化控制系统发展。

1. 人工调度指挥系统

（1）调度控制中心设备　调度电话总机、无线调度电话、传输线路。

（2）车站设备　调度电话分机、传输线路。

（3）车上设备　无线调度电话。

该系统主要由行车调度员通过调度电话向车站值班员直接发布指令，按电话闭塞法组织行车，再由车站值班员排列接发列车进路。通过与车站值班员的联系，调度员掌握列车到达、出发信息，下达列车运行调整调度命令。调度员通过无线调度电话呼叫列车驾驶员，发布调度指令，指挥列车运行。列车运行图由行车调度员手工绘制。这种方式通常在线路开通初期，设施设备尚未到位等特殊情况下才使用。

2. 电子调度集中系统

（1）调度控制中心设备　调度集中总机、运行显示屏、运行图自动绘制仪等。

（2）车站设备　调度集中分机、传输线路。

（3）车上设备　无线调度电话、信息接收装置。

调度集中控制设备是一种远程控制的信号设备，目前能实现运行调度指挥的遥信和遥控两大远程控制功能。它的特点是区间采用自动闭塞，车站采用电气集中联锁，并利用电缆引接到指挥控制中心。控制中心的行车调度员通过中央ATS工作站对各车站进行集中控制，可以直接排列进路，直接指挥列车的运行调整，并通过运行显示屏监控列车到达、出发及途中运行情况，及时掌握线路上列车运行及分布情况，掌握各信号机的显示状态和道岔开通位置，确保列车运行秩序正常。基本闭塞方法为自动闭塞法，列车运行采用自动驾驶。在必要时，可由调度集中控制改为车站控制，即将列车运行进路排列权限下放给车站，由车站值班员操作。

3. 行车指挥自动化控制系统（CATS系统）

行车指挥自动化控制系统即装备了ATC的调度指挥系统。它的主要设备为控制中心ATS设备（即CATS设备）、列车运行图自动铺画、传真、通讯记录设备、无线列调系统及调度命令无线传输设备。

（1）综合显示屏　城市轨道交通控制中心一般装有行车、供电、环控中央监控终端设备——综合显示屏。各综合显示屏能够显示现场（车站、车辆段）设备的使用和占用情况，包括列车运行状态、供电系统情况和车站环控设备工作情况。调度指挥中心布置示例如图7-1所示。

（2）监视器　行车调度员配备若干监视终端和一个操作盘，通过监视器可以监视各车站的情况，可对各车站的站台、站厅进行图像监视，并可对监视图像进行切换。同时也可使用移动摄像机进行监控，并可对监视的对象进行录像。

（3）通信设备　控制中心的通信设备主要有调度电话、无线调度电话（无线调度台和手持台）、中央广播设备等。

CATS的主要功能包括：具有运行显示及人工控制功能；能发出控制需求信息，并从轨道线路上及信号设备上接受信息；由行车调度员人工或自动地将调度指挥信息（如停站时间、运行等级）传递至各集中站ATC设备；实现了列车的动态显示，如列车位置、车站到发时分、车次号等；能储存多套列车运行图，如基本运行图、双休日运行图、客流组织运行图，并按照当前使用的运行图调整；监督列车运行，调整列车发车时刻，控制列车停站时分和终点站列车折返方式；自动进行列车运行调查，自动绘制实际列车运行图和生成各种运行报告。

【实践操作】

练习调度命令的填写。

案例：

60017次列车在B站～C站的下行线因故障被迫停车，请求救援，利用在线运行的60019次列车担任救援，将故障列车送回车辆段。各站及故障列车、救援列车所在位置如图7-10所示。

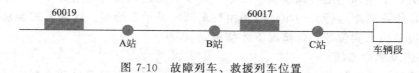

图7-10　故障列车、救援列车位置

行车调度员接到60017救援请求后，应向A、B、C及车辆段发布开行救援列车的命令。调度命令格式如下：

调度命令

2009年10月23日15时26分

受令处所	A站～C站、车辆段信号楼、A站交60019次驾驶员	受令号码	行调姓名
		101	×××
命令内容	①因60017次在B站至C站下行线12km+300m故障请求救援，准A站至B站下行线加开801次到B站至C站间下行线12km+300m处担任救援工作，连挂60017次后，推送到车辆段 ②801次由60019次担任，由A站清客担任救援 ③注意防护信号和安全 ④60019次到B站下行站台待命。		

任务四　车站及车辆基地行车组织工作

【相关知识】

一、车站行车组织工作

正常情况下，城市轨道交通由 OCC 中心负责全线的行车指挥工作，车站只是监视列车运行，而不进行进路排列等具体控制工作。只有当 OCC 中心 ATS 设备故障时，由行车调度员将指挥权下放到车站，而且只有联锁站才能排列进路。由行车值班员在本地工作站 LOW 上排列进路并监视列车运行，此时车站的主要行车工作是接发列车作业。

1. 行车值班员及站务员

车站行车工作实行单一指挥制，行车值班员是一个站行车工作的组织者和指挥者。站务员负责站台接发列车工作。

（1）行车值班员的职责

① 执行列车调度员的命令和指示；

② 监视控制台上的进路开通方向、道岔位置及信号显示；

③ 注意列车运行状态及乘客乘降情况；

④ 在非调度集中控制时，按列车运行图及列车调度员下达的列车运行计划办理闭塞、布置进路、开放信号、组织行车；

⑤ 填写行车凭证和其他各种行车表报；

⑥ 签认各项施工登记及设备维修登记；

⑦ 组织交接班工作。

（2）站务员的岗位职责

① 接送列车，监护列车运行；

② 交递调度命令及行车凭证；

③ 进行站线巡视；

④ 负责现场调车等行车工作；

⑤ 协助搞好乘客乘降等组织工作。

2. 接发列车工作

由于国内城市轨道交通信号系统普遍实现中央级控制，列车实行自动驾驶运行，城市轨道交通车站原则上不办理接发列车作业。车站对列车运行情况进行监视，站台站务员按有关规定迎送列车，只有在信号联锁设备故障，需人工排列进路组织列车运行，及列车开到区间因故障要退回车站等特殊情况下须办理接发列车作业。

一般的城市轨道交通车站接发列车的基本程序为：办理闭塞、布置与准备进路、开（关闭）信号或交接凭证、接送列车、开通区间五个步骤。具体接发列车作业程序与信号联锁设备及其状态有关。

（1）办理闭塞　城市轨道交通系统一般都采用自动闭塞，故随着列车的运行自动完成闭塞作用。新线在全线投入正式运营前采用半自动闭塞时，须由区间两端车站行车值班员通过按压闭塞按钮办理闭塞，当区间两站闭塞表示灯均亮绿灯即表示闭塞好了。

当基本闭塞设备故障须采用代用闭塞法——电话闭塞法时，主要由区间两端车站行车值班员通过行车电话发出电话记录号码来办理闭塞。

（2）排列进路　进路是指列车运行或调车作业走行的路径，前者称为列车进路，后者称为调车进路。列车进路可分为接车进路、发车进路和通过进路。

接车进路：始端为进站信号机，终端为出站信号机。

发车进路：始端为出站信号机，终端为站界点或进站信号机。

通过进路：接车与发车进路的叠加，始端为入口端进站信号机，终端为出口端站界点或进站信号机。

准备进路与联锁设备有关。

① 采用电气集中联锁和微机联锁。准备进路时，顺序按压进路始、终端按钮，道岔即自动转换并锁闭进路，进路一次性排列完毕，同时防护该进路的信号机自动开放。

② 装有列控系统（ATC系统）。ATC系统的ATS子系统能根据列车运行图自动排列进路、开放信号。当中央ATS系统故障，可通过微机联锁区域操作员工作站（简称LOW工作站）人工排列进路。

③ 联锁全部故障或停电时。需要人工手摇道岔准备进路。手摇道岔时，应去规定地点取得钥匙，打开钥匙孔盖上的锁，使钥匙盖向下方转动露出手摇把孔。再将手摇把插入孔内，用力摇动一定的圈数，听到"咔嚓"的声音后，即表示道岔已手摇到位，尖轨被锁闭。经过手摇的道岔不能自动恢复集中操纵。

（3）开闭信号　集中联锁站当接发列车进路准备好了后，信号自动开放。由于轨道电路的作用，机车或车辆第一轮对越过该信号机后即自动关闭。

（4）交接凭证　这里所说的凭证是指发车信号机显示的进行信号以外的"证件"，如路票、列车进入封锁区间的"调度命令"等。交接凭证时要认真检查是否正确，注意安全，一般应停车交付。收回凭证后，要确认凭证是否正确，并及时注销保管。

（5）迎送列车　站台接发列车作业人员应在规定地点立岗迎送列车，并注意列车运行状态。如发现危及行车安全时，立即采取紧急措施。

（6）开通区间　与办理闭塞相对应，接发列车作业完毕后半自动闭塞区间和电话闭塞须开通区间，使区间恢复空闲，保证不间断地接发列车。

二、车辆基地行车组织工作

车辆基地行车组织工作主要包括列车出入段和车场内调车工作。

1. 车辆基地行车岗位

车辆基地行车指挥体系如图7-11所示。

（1）车厂调度员　车厂调度员统一指挥车厂内的行车组织工作，全面负责组织实施客车、机车车辆转轨、取送、检查作业，组织实施调试作业、列车出入车厂等工作；合理科学

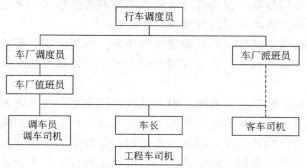

图7-11　车辆基地行车指挥体系

地调配人员、机车车辆；协调、安排车厂内行车设备、消防设备及库房等设备设施的检修维护；向行调通报运营客车及司机的配备情况，负责与车辆检修调度交接检修及运用客车与出退勤司机交接运营客车；协调与外部的工作接口问题等。

（2）车厂值班员　信号楼控制室设置车厂值班员负责操作联锁控制台设备，排列进路，并接受车厂调度员的调车作业计划及与外界联系沟通等作业。

（3）派班员　负责安排乘务员的出退勤作业，制定和组织实施乘务员的派班计划，遇突发事件及时调整交路、调配好乘务员的派班；协助乘务室主任管理乘务员日常事务，检查落实各项管理制度和作业安全规定。

（4）调车员　是车厂调车作业时负责机车车辆移动的现场指挥者，由工程车司机（或副司机）担任。

（5）车长　工程车开行时，由两名司机担任。一名负责驾驶列车；一名担任车长，负责指挥列车运行及检查监视车辆装载货物的安全，推进运行时负责引导瞭望。

2. 调车工作

除列车在正线上的运行以外，凡因折返、转线、解体、编组和车辆摘挂、取送等作业需要，列车或车辆在线路上进行有目的的调动都属于调车。轨道交通的调车作业通常是在折返站和车辆段范围内进行，在折返站主要是利用站内正线、折返线等线路进行调车作业，在车辆段内是利用牵出线和车库线等线路进行调车作业。绝大多数调车作业发生在车辆段内。

（1）调车种类　按调车目的不同，轨道交通调车主要有折返调车、转线调车、解体调车、编组调车、摘挂调车和取送调车等。折返调车是列车在折返站的正线、折返线和渡线等线路上进行的调车作业，其他种类的调车是列车和车辆在车辆段的牵出线、调车线、检修线和洗车线等线路上的移动。

（2）调车作业领导与指挥　调车工作是一项多工种联合协同动作的复杂工作，为了安全、准确、快速、协调地进行工作及时完成调车作业任务，调车工作必须贯彻统一领导、单一指挥的原则。

统一领导就是在同一时间内调车工作由车站行车值班员（值班站长）或车辆段（基地、车厂）调度员统一领导本站（段）的调车工作。所有与调车工作有关的作业人员，必须认真执行命令、指示和作业计划，按调车领导人编制的调车作业计划进行调车作业。

单一指挥就是在同一时间内，调车作业计划的执行、作业方法的拟定和布置以及调车机车的行动，只能由调车指挥人一人负责指挥，中途不能轮流指挥。调车指挥人由调车长担任，在无调车组的情况下进行调车作业，可由车长或站长（行车值班员）指定的胜任人员担当调车指挥工作。

（3）调车作业计划的编制、交接、传达及变更　调车作业必须按调车作业计划进行。调车作业计划是完成调车工作任务的行动依据，有调车领导人编制，以书面形式（调车作业通知单）下达。调车作业计划包括作业车组号、作业线路、作业钩数及作业方法等内容。

调车领导人与调车指挥人应亲自交接计划。因设备或劳动组织等原因，调车领导人与调车指挥人亲自交接计划有困难时，由主管部门制定交接办法。

调车指挥人接受调车作业计划后，应根据调车作业计划制定具体作业方法亲自向驾驶员交递和传达；对其他有关人员，亦应亲自传达。调车指挥人确认参与调车的所有人员均已了解作业计划后，方可开始调车作业。

在作业中变更计划时必须停止作业，由调车领导人将变更后的计划向有关人员传达清楚，当确认有关人员均已了解变更的计划后，方可开始执行。

（4）车辆段调车作业组织　车辆段调车作业的特点是工作量大和作业复杂，各种类型的调车都有。车辆段的运转值班员为车辆段的调车领导人，负责组织车辆段内的各种调车作业。车辆段调车组的调车长为调车行动的指挥人，车辆段信号楼作业人员负责办理调车作业进路并监护调车作业的安全进行，运转值班员编制调车作业计划后，以书面形式下达给信号楼行车值班员和调车指挥人。调车长必须在作业前将调车作业计划和有关注意事项向调车司机及其他调车作业人员传达清楚。

【实践操作】

练习 OCC 控制中心 ATS 设备故障，联锁站联锁设备良好，需人工在 LOW 工作站排列进路时接发列车作业。

1. 联锁站的接车作业程序（见表 7-1）

表 7-1　接车作业程序

作业程序	作业程序及用语			说明事项
	值班站长	LOW 操作员（行车值班员）	站台站务员	
一、听取预告	1. 根据《行车日志》和 LOW 工作站显示，确认接车线路空闲 2. 听取发车站预告"××次预告"并复诵，通知 LOW 操作员，"排列××次接车进路"			
二、准备进路、开放信号	4. 确认接车进路防护信号开放正确后，复诵"进路防护信号好了"	3. 听取值班站长"排列××次接车进路"后，在 LOW 工作站上排列列车进路，确认进路防护信号开放好后口呼"进路防护信号好了"		
	（办理发车作业程序）			（列车通过）
三、接车	5. 听取发车车站报点，复诵并填写《行车日志》		7. 站台站务人员复诵"××开过来，准备接车"，并立岗接车	
	6. 通知站台站务人员"××次开过来，准备接车"并听取回报		8. 监视列车到达（通过）即注意站台乘客安全	
	9. 监视列车到达	10. 监视列车到达（通过）		
四、报点	11. 向发车站报点："××次（×点）×分×秒到（通过）并填写《行车日志》"			

2. 联锁站的发车作业程序（见表 7-2）

表 7-2 发车作业程序

作业程序	作业程序及用语			说明事项
	值班站长	行车值班员	站台站务员	
一、发车预告	1. 根据《行车日志》和 LOW 显示,确认发车线路空闲,向前一 LOW 工作站预告"××次预告" 2. 填写《行车日志》			
二、准备进路、开放信号	3. 听取前一发车站报点"××次×分×秒开"并复诵,接到接车站准备好接车进路的通知,客车进站后排列列车进路 4. 通知 LOW 操作员"排列××次发车进路" 6. 确认发车进路好后,复诵"进路防护信号好了"	5. 听取值班站长"排列××次发车进路"的命令后,排列发车进路。进路排列好后,口呼"进路防护信号好了"		
三、发车	7. 通知站台站务人员"××次发车进路好了"		8. 确认后三节车门关闭好后,向司机显示"车门关闭好了"的手信号	
	11. 监视列车运行	10. 监视列车运行,直至列车出清连锁区	9. 监视列车运行及注意站台乘客安全	
四、报点	12. 向接车站报点:"××次(×点)×分×秒开" 13. 填写《行车日志》 14. 向行调报点:"××次(×点)×分×秒开"			

习 题

一、填空题

1. 列车运行图按列车之间运行速度差异可分为_____和_____。按照同方向列车运行方式分可分为_____和_____。按使用情况分可分为基本运行图、节假日运行图和_____。

2. 列车运行图的斜线表示_____,水平线表示各个_____。

3. ATP 车载设备发生故障时应切除 ATP,司机以_____驾驶列车至前方站。

4. 向封锁线路发出救援列车时,以_____作为进入该封锁线路的许可。

5. 发收调度命令时,必须填记_____。

6. 车辆基地行车岗位包括车厂调度员、_____、_____、_____、车长。

二、不定项选择题

1. 行车指挥自动化时,列车运行组织是( )。
   A. 由 ATS 自动排列进路 B. 自动绘制实迹运行图
   C. 只能进行人工列车运行调整 D. 在综合显示屏上可监视列车运行状态

2. 列车运行调整的方法包括( )。
   A. 始发站提前或推迟发出列车 B. 组织列车跳站停车
   C. 扣车 D. 压缩列车停站时间

3. 需要发布调度命令的情况有( )。
   A. 封锁区间、开通区间 B. 列车清客,区间下人
   C. 列车反方向运行 D. 扣车

4. 正常情况下的列车运行组织时，（   ）。
　　A. 行车值班员需要在 LOW 操作站上排列进路　　B. 站台岗站务员需要接发列车
　　C. 列车到站或出发要向行调报点　　D. 运营前行调通知联锁站实验道岔
5. 出现列车挤岔事故时，如果列车停留在道岔上，（   ）。
　　A. 应组织列车顺道岔方向缓缓移动　　B. 应组织列车逆尖轨方向后退
　　C. 在复式交分道岔挤岔时，列车禁止移动　　D. 挤岔会造成道岔损坏
6. 接触网悬挂异物时，（   ）。
　　A. 不用处理，列车可按正常速度通过　　B. 可降弓滑行通过
　　C. 在长大坡道处不宜使用降弓滑行通过的方法
　　D. 如果不能通过，需报告控制中心请求支援
7. 城市轨道交通的调车作业（   ）。
　　A. 必须贯彻"统一领导、单一指挥"的原则
　　B. 车辆段的调车工作由车辆段信号楼值班员统一领导
　　C. 调车作业计划由车辆段调度员编制　　D. 调车作业计划一旦制定不得变更

三、名词解释

1. 扣车
2. 追踪运行图
3. 列车满载率
4. 进路
5. 挤岔

四、判断题

1. 城市轨道交通运行图一般是双线成对平行追踪运行图。（   ）
2. 地铁运行图一般是十分格运行图。（   ）
3. 行车指挥自动化和调度集中时都可自动排列进路。（   ）
4. 当控制中心 ATS 无显示时，需要行调人工排列进路。（   ）
5. 如果是小范围的 ATP 地面设备故障，行调命令司机以 URM 模式限速运行。（   ）
6. 当 ATO 系统故障时，司机应以 SM 模式运行。（   ）
7. 如果需要开行救援列车时，必须清客。（   ）
8. 列车反方向运行时不需要发布调度命令。（   ）
9. 联锁全部故障或停电时都需要手摇道岔。（   ）
10. 车辆段运转值班员为调车领导人，调车组的调车长为调车作业指挥人。（   ）

五、简答题

1. 简述地铁行车指挥体系。
2. 列车运行图的时间要素包括哪些？
3. 列车运行图的数量要素包括哪些？
4. 列车运行调整方法有哪些？
5. 简述救援列车开行的方法。
6. 简述大客流时的行车组织方法。
7. 车站接发列车基本程序是什么？
8. 简述车辆段调车作业组织方法。

项目八　城市轨道交通客运组织

【项目导入】

本项目介绍了与城市轨道交通客运组织相关人员的组织结构、岗位职责、工作过程以及工作中的关键控制点，还介绍了自动售检票系统（Automatic Fare Collection，AFC）的结构、功能与使用，以及与车票有关的人员组织结构、岗位职责和票务管理流程。

【学习目标】

1. 了解客流及其特点，熟悉运营部门组织结构和功能，了解大客流量的特点，理解乘客需求与满意，掌握 AFC 系统结构及功能，掌握票务业务管理主要内容及车票管理流程。

2. 能够根据乘客各关键需求控制进出站流线，能够实施及编制车站大客流应急预案，能够为乘客提供优质服务，熟练操作车站级 AFC 设备。

3. 培养团结协作、热情有礼、认真细心、沉着冷静、遇乱不惊的职业素养。

任务一　城市轨道交通客运管理

【图示引导】

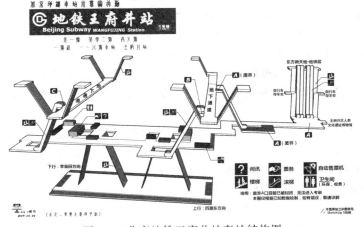

图 8-1　北京地铁王府井站车站结构图

【相关知识】

一、客运管理流程

1. 城市轨道交通客流的定义与分类

（1）客流的定义　客流是指在单位时间内城市轨道交通线路在某个运行方向上通过的乘客人数。客流的概念既表明了乘客在空间上的移动及其数量，又强调了这种位移带有方向性和具有起止位置。

（2）客流的分类

① 按出行目的分

工作客流。是因工作和学习产生的客流，由上班流和学生流组成。其特点是时间集中、客流量大、规律性强、高峰期短、稳定性高，是高峰时客流的主要来源，也是全日客流量的主要部分。

日常客流。是由人们的日常活动构成的，如探亲、访友、购物、就医、娱乐、体育、出游等。这种客流在一天中持续的时间长，受气候变化和季节变化影响较大。

② 按出行时间分

平时客流。主要是周一至周五的客流。其特点是比较稳定，每个时间段的客流情况容易掌握。

特殊日客流。主要是指周末客流和节假日客流。其特点是流量变化大，发生时间突然，每周或者每年的情况都会有所差异。

③ 按乘距长短

城市客流。是指起始点和目的地都在市内的客流。其特点是乘距短、流量大、时间性强、高峰低谷明显、起伏变化大、换乘交替频繁。

市郊客流。特点是流量相对较小、乘距长、早晚方向差异大，早晨主要从市郊流向市内，傍晚从市内流向市郊。

客流特点与城市经济发展水平、城市各功能区域布局、交通布局、人口分布、政府的交通运输政策、客运服务的价格与质量、私人交通工具的拥有量等方面密切相关。一般情况下，客流量在路网的方向和断面上具有明显的时空不均衡分布特点。

2. 车站客流组织原则

车站客流组织必须保证客流运送的安全，保持客流运送过程的畅通，尽量减少乘客路途耗时，防止过分拥挤等。一般来说，车站客流组织应掌握如下原则。

（1）防止客流对流　根据乘客在车站的流动方向，车站客流可分为进站客流和出站客流两种，它们的移动方向截然相反。如果这两股乘客流线在行走路线上发生交叉、重叠，会造成乘客群的冲撞。这在客流组织上被称为"客流对流"，是车站客流组织的大忌，会引起车站秩序混乱，甚至造成乘客人身伤害。因此应在设计乘客流线和组织车站客流时予以避免。

（2）合理设置导向标志　车站导向标志是引导乘客按照预先设计的移动线路流动的告知标志的集合，应贯彻"标准、简洁、明确、醒目"的设计、设置原则，见图8-1。

（3）贯彻"右行原则"　"右行原则"是我国人行的习惯。在无干扰的自然条件下，人群会自觉或习惯性沿右侧行走，设计乘客流线时应予以注意。

（4）理解"就近习惯"　"就近习惯"是人类的心理行为之一。即便临时性、强制性的干预可暂时影响乘客流线，但在无干扰的自然情况下"付出最小获得最大"是人类的天性。

"抄近路"就是这种心理的典型表现。

（5）拓宽乘客通道瓶颈　乘客在车站通道空间流动，通道断面的最窄处称为"瓶颈"，"瓶颈"决定了该通道的最大流通速度。一般来说，出入口和通道以及电梯是乘客流线的瓶颈。据估算的出入口和通道每米净宽的通过能力如表 8-1 所示。

表 8-1　出入口和通道每米净宽通过能力

通行方式	每小时通过人数/人
单向通行	5000
双向通行	4000

楼梯和自动扶梯每米净宽通过能力如表 8-2 所示。

表 8-2　楼梯和自动扶梯每米净宽通过能力

楼梯或扶梯	通行方式	每小时通过人数/人	楼梯或扶梯	通行方式	每小时通过人数/人
楼梯（每米净宽）	单向向上通行	4200	自动扶梯		8100
	单向向下通行	3700	自动人行道		9600
	双向混行	3200			

（6）贯彻"出站优先"　已建成的车站容纳乘客的有效空间是有限的，因此为避免乘客大量滞留，避免人身危险，必须实行"出站优先"的原则。例如，当乘客流线中只有一台自动扶梯时，其运行方向原则上应与出站方向一致。

3. 客运管理人员组织结构

在地铁公司内部，职工人数最多。与乘客运输联系最紧密的部门要数运营部门，运营部门从地铁建成试运营之日起就负责全线的日常运营管理工作，包括地铁车辆的检修、供电、线路维护、车站管理、行车组织、票务管理等。下面以广州地铁运营事业总部为例介绍运营部门的组织结构，如图 8-2 所示。

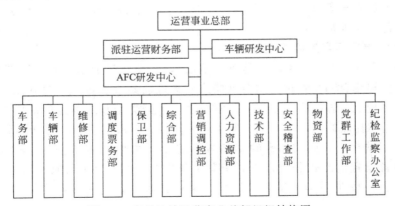

图 8-2　广州地铁运营事业总部组织结构图

其中车务部、车辆部、维修部、调度票务部和地铁日常运营关系紧密。车务部主要负责对地铁司机和车站工作人员的日常管理；车辆部负责地铁车辆的日常检修、计划检修；维修部负责地铁供电、线路的维护和检修；调度票务部负责行车、电力、环控等的调度以及公司票务工作的日常管理，向车站配发车票、调配车票、收取票务报表等工作都由调度票务部完成。其中车务部管辖下的地铁车站是运营管理人员的主要工作地点之一，下面就车站的人员组织结构进行详细介绍。

地铁车站按照设备规模、是否为联锁站以及在线路中的作用可以分为中心站和一般车站。在人员管理方面，中心站站长负责本站及下属车站的行政管理、员工教育等工作，每站还分别有值班站长数人，统筹管理本站行车、票务、服务、安全等各项日常工作，值班站长下设值班员岗位，按照所负责的工作分为行车值班员和客运值班员。行车值班员负责车站的行车组织工作，监控列车的运行情况，并根据需要报点、办理接发列车等，出现事故时直接进行汇报和处理，受运营指挥中心行车调度和本班值班站长的直接指挥。客运值班员负责车站服务和票务日常管理工作，包括处理各种乘客事务，收发现金票款，填写票务报表等。站务员主要负责基层工作，分为售票、站厅、站台等岗位，完成售卖车票、回答乘客咨询、引导客流等工作。车站人员组织结构如图 8-3 所示。

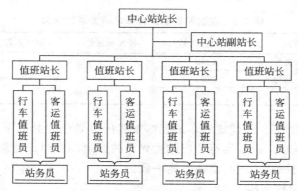

图 8-3　车站人员组织结构图

在正常情况下车站实行层级负责制，由上至下顺序依次为：中心站站长、中心站副站长、值班站长、值班员、站务员。信息汇报实行逐级汇报，由下至上顺序依次为：站务员、值班员、值班站长、中心站副站长、中心站站长。在非正常情况下可越级管理、越级汇报。

车站常驻人员有车务（站务、检修）、保洁、AFC 设备维修人员、地铁公安、银行、商铺及维修工程部维修人员。

4. 车站正常情况下客运组织流程

不管是何种形式的车站（高架、地下、地面），进站乘客最基本的流线都是：购票、进站检票、通过楼梯或自动扶梯进入站台（侧式站台地面站乘客可直接进入站台）、乘车，出站乘客流向与之相反。影响客运组织的因素较多，不同类型车站客运组织内容有较大区别：中小车站客运组织比较简单；大车站、换乘站客流较大，流向复杂，客运组织也更加复杂。与岛式站台的车站相比，侧式站台的车站容易将不同方向的客流分开，但不利于乘客换乘，售检票设备设置也比较分散，不利于车站管理。图 8-4 为北京地铁某站岛式站台乘客出站流线图，它是按照列车、站台、站厅、闸机、通道和出入口顺序从列车直至出站到达地面。

乘客在客运组织流程的不同阶段有不同的需求，对客运组织的要求也不相同，应按照乘客需求进行车站客流组织。可结合图 8-5 某地铁车站站厅平面图标出客流组织的关键点及相应的乘客需求。

车站正常情况客运组织流程的控制关键点和相应的乘客需求包含以下几项。

（1）进站　乘客进站乘车，首先希望明确自己在车站中的位置，以便找到最近的出入口或进入站台的通道。

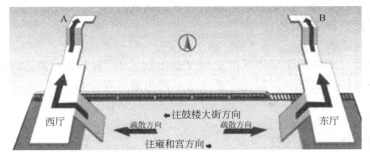

图 8-4 北京地铁某站岛式站台乘客出站流线图

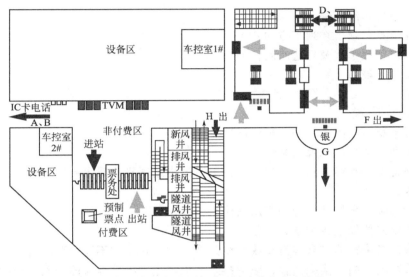

图 8-5 某站站厅一端平面图及乘客进出流线

乘客需求：

车站位置合理、站距设置得当、交通方便；

出入口醒目、便于寻找、乘客引导系统指示明确。

（2）问讯 地铁乘客可分为一般购票乘客、老人、学生、残障人士等特殊乘客。其中购票乘客有的熟悉城市轨道交通系统，如购 IC 卡的本地乘客；也有的不熟悉，如购单程票的外地乘客、游客、搭乘次数不多的本地乘客等，这类乘客一般需要问讯处提供服务。大多数地铁公司将票亭与问讯处合并，并在问讯处提供方便乘客在 AFC 设备上购票的兑零以及各种乘客票务事务处理服务。

乘客需求：

问讯处（票亭）位置合理、醒目；

引导指示明确、不被其他建筑遮拦；

规模匹配乘客流量；

询问客流不干扰其他客流。

（3）购票 乘客需在 AFC 设备上购买单程票或持储值票、一卡通方能通过进站闸机进入车站付费区。

乘客需求：

非付费区售票机数量、位置合理,布置在进站流线上;
引导指示明确、标志醒目;
购票等候时间不长。

(4) 进站检票 乘客购票后将所持车票(非接触式IC卡车票)靠近闸机感应区,经验票无误后闸机释放转杆或打开扇门,乘客可通过闸机进入车站付费区。
乘客需求:
闸机位置明显且配有标识;
方便右手持票快速通过闸机。

(5) 站台候车 乘客进入站厅付费区后,通过通道、楼梯或自动扶梯进入站台候车。
乘客需求:
方便到达站台,舒适候车;
清楚所处位置,须搭乘列车方向;
广播、电视预报车次及到达时间;
站台可安装屏蔽门。

(6) 乘车
乘客需求:
列车运行平稳、车内不拥挤、整洁舒适;
随时了解列车运行情况及到站信息等。

(7) 出站检票 乘客到达目的地后,持票通过出站闸机验票出闸。
乘客需求:
引导指示明确,出站闸机与乘客出站流线一致;
靠近票务处方便处理各种乘客事务。

(8) 换乘 换乘指的是乘客需要改换线路乘车时,在车站不同线路站台间的位移。车站应组织好换乘客流,缩短换乘路径,减少换乘客流与进、出站客流的交叉、干扰。车站内换乘的形式主要有以下几种。

① 站台直接换乘。车站一般是两条线平行交织,采用岛式站台,要求站台能够满足高峰客流量的需求。换乘楼梯或自动扶梯应有足够的宽度,以免发生乘客堆积和拥挤。

② 站厅换乘。乘客通过楼梯或自动扶梯进入站厅换乘,这种情况下下车客流朝一个方向流动,应减少站台上人流的交织,加快乘客行进速度。

③ 通道换乘。在这种方式下,两个站台通过单独设置的换乘通道连接起来。换乘通道应注意上下行客流的组织,避免双方向换乘客流与进、出站客流交叉、重叠。

④ 组合式换乘。这种条件下要确保旅客客流顺畅,做好客流引导工作。

二、大客流组织

地铁站一般都是客流集中的交通走廊,连接着重要的客流集散点,如铁路火车站、汽车客运站、各区主干道路口等交通枢纽、大型商业经济活动中心、体育馆、会展展馆、剧院等重要文体活动中心,以及规模较大的住宅区等,因此车站会定期或不定期地遇到大客流。为了保证乘客的安全和正常的运营秩序,这些车站在客流组织方面应备有完善的组织方案和控制措施,这些方案、措施在一定程度上可以补救固定的硬件设施的缺陷。

大客流可分为可预见性大客流和突发大客流,可预见性大客流分为节假日大客流和其他可预见性大客流(如球赛、晚会等大型群体活动)。可预见性大客流指能提前一定时间获得信息(时间、客流量、客流构成等),能做好行车、客运、票务、人员等的准备工作的客流。突发大客流指事前不可预知的大客流,车务部门不能做好针对性的准备工作。

(1) 大客流组织原则　城市轨道交通企业在运营中积累了以下大客流组织原则可供借鉴。

① 三级客流控制的原则。坚持由下至上、由内至外的人潮控制原则,在车站的三个区域控制客流,即车站出入口,车站入闸机,站厅与站台的楼梯(电扶梯口)三处控制客流量。

坚持点控和线控的原则,各站根据客运能力控制进站客流,组织乘客上车。

② 三级客流控制的方法

第一级为控制站台客流,控制点在站厅与站台的楼梯(或电扶梯)口。

第二级为控制付费区客流,控制点在入闸机处。

第三级为控制非付费区客流,控制点在车站出入口处。

(2) 大客流疏散办法　疏散大客流的宗旨是在保证安全的前提下尽快地疏散客流,突出"安全、顺畅",疏散大客流的措施包括以下四点。

① 增加列车运能。利用就近折返线、存车线适时加开备用车,增加列车运能,保证客流疏散。

② 增加售、检票能力。疏散大客流时,事前准备足够预制票/纸票及售检票人员,增加设置售票点,在边门增设临时检票人员来疏散大客流。

③ 采取临时疏导措施。根据临时售、检票点的设置,引导、限制客流流动的方向,保持通道的畅通和出入口、站厅客流的秩序。站厅、站台楼梯扶梯以及站台疏导是为了保证客流均匀、安全地上下楼梯、扶梯,尽快上下列车,并均匀进入车厢。疏导措施主要有:设置临时导向牌(告示)、设置栏杆、采用人工引导以及通过广播、手提广播宣传引导等。

④ 控制或关闭出入口,限制进站客流。在采用控制措施不能及时疏散客流时,为了避免人潮拥挤、混乱失控可采用限制、关闭出入口或对某部分出入口控制只出不进以阻止部分客流进站,延缓大客流对车站的冲击力。

(3) 大客流组织应急准备　运营控制中心、票务部和车站除了突发大客流时加强疏散措施之外,更重要的是在平时做好大客流组织的准备工作。下面分别介绍客流组织、票务组织、安全措施和车站、控制中心针对大客流组织的应急准备工作。

① 客流组织。事先采集节假日以及地铁沿线大型群体活动信息,车站根据客流预测,准备必要的客运设施,如:临时票务处、铁栏杆、标志牌及告示牌等,便于维持站台秩序、单向引导客流或临时控制进站人数等,须确保所需客运设施提前到位。

车站根据预先编制的客流组织方案,做到及时、灵活、有效地组织客流,做好各种情况下的广播用语准备,适时做好广播宣传工作,做好引导工作,使乘客分散兑零、购票,避免排长龙的现象发生,加强对出入口、站厅、站台客流变化的监视,及早发现、及早疏导、及早汇报。

运营部各一线岗位须加强配合,及时有效地监视客流变化。如遇人潮的迹象时,车站应及时做好准备,采取有效措施组织疏导客流,并及时报告客调或值班主任。客车司机发现乘客上不了车或站台拥挤及影响到关车门时,及时报告行调,并做好列车广播,引导乘客。

② 票务组织。根据预测客流情况,票务中心为受影响的车站预制单程票。车站根据预测客流情况,合理安排各时段的兑零和预制票出售工作,大客流出现后按实际情况调整车站

票务相关工作,尽可能减少乘客排队现象。同时,按需要排好班表,保证上岗人员充足并有机动人员备用。

控制中心值班主任可根据受影响站客流组织需要,从相邻站抽调人员协助客流组织工作。公安部门安排警务加强保卫工作,并根据客流的需要及时调动巡警或加派、抽调警力协助。

③ 安全措施。站厅的保安人员和站务人员密切注意站厅乘客动态,控制秩序;在球赛结束后的客流组织中应加强保安力度,防止个别乘客情绪波动引发事端。站台岗的保安和站务员必须加强站台的巡视,控制站台候车秩序,提醒乘客安全注意事项,防止乘客越出黄色安全线、跳下站台、进入轨行区;严防乘客携带易燃、易爆、有毒等危险物品及气球进站乘车;还要与公安部门加强协作做好信息的相互沟通,遇到紧急情况,控制中心应及时通报公安部门指挥室。

④ 车站应对办法。当发生突发性大客流时,车站要及时了解产生突发客流的原因、预计规模、预计持续时间等要素。值班站长据此迅速做出判断,采取应对措施,并通报有关部门和岗位。同时利用广播系统做好宣传,组织人员维持秩序,理顺购票队伍,增设兑零点。车站现有人员无法应付突发性客流组织的需要时,站长或值班站长要组织驻站各部门员工参与客流控制工作,并向行调请求人和物的援助。站台拥挤时,立即委派人员到站台维持候车秩序,先让下车出站的乘客出站后再放坐车的乘客进入站台,同时加强站台候车安全广播,注意站台边缘乘客动态,防止乘客被挤下轨道。在应对大客流时可在售检票设备、闸机、楼梯和自动扶梯、进出口和通道等关键点设置引导员控制客流方向,客流方向和引导员具体位置如图 8-6 所示。

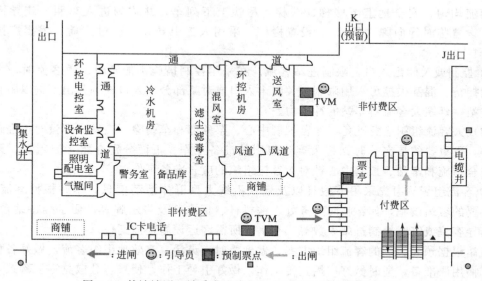

图 8-6 某站站厅一端乘客流线及遇大客流增设引导员位置图

⑤ 控制中心应对办法。OCC 获得信息后立即从相邻车站抽调人员和备品到受影响站协助客流组织工作。从存车线或车场加开备用车,增大短时行车密度来疏散受影响站客流。在受影响站扣停列车,增加乘客上车时间。

三、客运服务

城市轨道交通服务要求的定位是企业在一定的成本约束下提供让乘客满意的服务水平。

由于投入和服务水平的提高存在边际递减规律,实现100%的乘客满意需要的投入是十分巨大和不经济的。在一定投入约束下,分析乘客需求、建立标准化服务体系、加强站务工作人员服务技巧培训,及时做好评估和改进是客运服务管理的主要内容。

1. 乘客需求与满意

乘客在享受到企业提供的服务后会产生一种衡量自己的要求是否被满足的心理感受,这种感受直接转化为对服务的满意度。因此我们需要站在乘客的立场上了解乘客的需求和期望,才能持续提高乘客满意度。乘客需求在之前介绍"客运管理流程"部分已有所涉及,下面介绍乘客心理期望和乘客满意的基本要素。

(1) 乘客心理期望 站务工作人员在认识乘客需求的同时,还应了解乘客心理期望。客运服务的对象是乘客,在出行过程中乘客的各种愿望和要求受心理支配,各种外界条件变化又影响着乘客心理。乘客对出行需要的服务所寄予的期望产生于不同的乘客心理需求,期望一旦产生,就成为乘客评价乘行过程中实际感受和满意度的重要依据,站务工作人员要掌握乘客心理活动规律,了解乘客要求,便于因势利导主动为乘客提供优质服务。

① 及时乘车是乘客最基本需求。乘客以城市轨道交通作为代步工具,及时乘车是乘客最基本也是第一需求。

② 安全方便是乘客普遍性需要。乘行过程中的安全和方便是乘客普遍性需要,虽然乘客的构成是多种多样的,但安全、方便、快捷到达目的地是所有乘客的普遍性需要。

(2) 乘客满意的基本要素 乘客满意主要由理念满意、行为满意和视觉满意三个方面。

① 理念满意。理念满意反映了企业利益与乘客乃至社会利益的关系,它体现了企业核心价值观能否得到乘客的认同并使乘客满意。

② 行为满意。行为是理念的具体表现,企业在实现理念满意的同时还要使理念支持之下的行为满足乘客的要求。行为满意是乘客满意战略的核心,也是企业操作的重心。乘客满意要获得轨道公司全体员工的认同,并在每一位员工行为上得到体现才能传达给乘客。

③ 视听满意。视听满意指将企业理念满意、行为满意的各种信息及时传达给乘客,让乘客通过视觉和听觉直接感受。它是乘客认识和认同企业的重要途径,在市场竞争中可以起到"先入为主"的引导作用,从而实现企业与乘客共创文明、安全和谐的公共交通乘车环境。

2. 标准化服务

城市轨道交通企业为提高服务质量而进行的制定标准、实施标准、完善标准的活动都可以称为标准化服务活动。

城市轨道交通标准化服务的具体内容包括:客运服务环境及运营、服务设施设备应达到的条件、对客运服务人员的工作要求、客运服务质量的监督和评估、服务质量评估要求等。

(1) 礼仪服务是标准化服务的重要体现 车站客运服务人员须统一接受服务礼仪培训使其行为规范化。通过培训并考核后,车站客运服务人员在服务期间穿着统一制服,佩戴有公示性质的"规范服务示范标志"接受乘客检验和监督。

(2) 规范服务用语是标准化服务的重要组成 客运服务人员主要借助语言与乘客交流,要统一接受服务用语培训,在服务过程中使用普通话,对外籍人士使用外语。提倡使用"您好、请、谢谢、对不起、再见"等文明用语,口齿清晰、音量适中、简洁明了,认真执行首问责任制,避免使用"我不知道"、"我没办法"等推诿用语。

(3) 齐全、完好的设施设备,是达到标准化服务的重要条件 城市轨道交通设备自动化程度高,在设置时应充分体现以人为本的服务理念,每个服务人员都应确保本岗位管辖范围内设施、设备正常运作。设备运作正常率是保障高服务质量的基础。

（4）服务人员过硬的业务技能是标准化服务的内功　客运服务人员要掌握本岗位工作技能，刻苦钻研业务，了解相关法律法规、客运规章，熟知服务规范、岗位责任、作业标准和车站周边环境。

3. 服务技巧

我们常说的"服务艺术"指的是服务过程中满足服务对象需求的具体方法。学会倾听、表达和使用肢体语言是一名客运服务人员必备的技巧。

（1）学会倾听　听到和倾听有着本质的区别，听到只代表耳朵接收到对方所说的事情；倾听更是一种情感活动，在接收对方所说的事情外，还能真正理解对方所说的意思。在接待乘客时注意换位思考，将心比心是真正听懂乘客心声的好办法。

（2）学会表达　在与乘客交流的过程中，语气语调是相当重要的，同样一句话，不同的语调能反映出说话者不同的心情。作为服务者必须练习对乘客说话的语调，从语速、音量、音调、音强、语态入手，向乘客传达"我乐于帮助你"的信息。

（3）学会使用肢体语言　除了听与说的技巧，客运服务人员还要掌握相辅相成的肢体语言和表情。例如售票员岗位服务技巧中规定：排队超过5人可站立服务，提高兑零、卖票速度；所兑硬币不散放在票务凹斗，而是垒成柱形，使乘客取币方便、快捷，不得有丢、抛的动作。

（4）避免服务纠纷　站务人员应具备预防服务冲突的两种优良品质，即宽容大度、与人为善。处理问题时应注意方式、方法。

① 易地处理。将乘客请至房间内或僻静处处置，给乘客留面子。

② 易人处理。必要时，交于其他站务员或值班站长处理。

③ 易性处理。原则性与灵活性有机结合。

4. 服务质量控制

质量管理中有一个被普遍采用的工具"戴明环"，其核心思想是PDCA循环。P、D、C、A分别是英文的Plan（计划）、Do（执行）、Check（检查）、Action（处理）四个单词的第一个字母。PDCA循环认为质量管理工作必须顺序经过的四个阶段：

计划（P）阶段，明确所要解决的问题或所要实现的目标，并提出实现目标的措施或方法；

执行（D）阶段，贯彻落实上述措施和方法；

检查（C）阶段，对照计划方案检查贯彻落实的情况和效果，及时发现问题和总结经验；

处理（A）阶段，把成功的经验加以肯定变成标准，分析失败的原因吸取教训。

"戴明环"同样适用于城市轨道交通企业服务质量控制。计划环节设置客运规章、作业标准，提出质量控制目标；实施环节组织员工统一培训，向乘客提供服务；检查环节通过一定的服务质量监控机制和质量控制指标体系采集乘客反馈信息；调整环节根据乘客反馈信息和质量控制指标体系对服务工作进行调整。服务质量控制对于提高城市轨道交通运营管理企业的服务水平和管理水平具有重要意义。

（1）服务质量控制　首先要对客运服务制定目标、规章制度和岗位工作标准，这些目标的确定直接影响客运服务的质量。其次要对客运服务进行现场管理，现场管理是客运服务质量管理实施、落实的有效手段，可从以下几个方面考虑。

① 安全管理。安全是城市轨道交通运营的根本，离开安全谈服务质量是毫无意义的，

必须把安全管理纳入服务质量管理的范围。

② 操作管理。车站服务主要通过服务人员在现场的操作来体现，服务人员的操作水平直接反映了服务质量。

③ 设备管理。强调提高服务质量的同时，也要注意处于静态的设备、设施状况。设备管理的好坏与服务质量的高低密切相关。

④ 卫生管理。卫生水平对车站来说也十分重要，卫生管理的好坏直接影响企业形象。

最后，还要对客运服务质量进行跟踪检查，建立一种有效的机制和全面服务质量评价体系，考察服务质量的整体状况。

(2) 服务质量监督　　服务质量监督按监督主体可分为内部监督和外部监督。

① 内部监督。建立明确的服务质量监督检查制度。要加强内部检查、监督，形成自查、互查、他查相结合的检查制度，发现问题及时纠正、改进。

② 外部监督。接受社会各界监督，改进服务质量，采用定期、不定期发放调查问卷的方式征求乘客意见，设立乘客投诉处理机构，聘请服务质量监督员等方式实施外部监督。

(3) 服务指标评价　　将服务指标评价纳入日常工作评价和考核体系中，形成制度。常用的乘客服务评价指标如下。

① 线路运营时间。是指统计期末，轨道交通各线路每日向乘客开放运营的时间。也是首班车从始发站出发至末班车到达终点站的时间。

② 乘客有效投诉率。是指统计期内，乘客有效投诉次数与路网客运量之比。单位是次/百万人次。

计算方法：

$$乘客投诉率=\frac{乘客有效投诉人次}{路网客运量}\times 10^6 \times 100\%$$

式中，有效投诉人次是指通过服务热线、网站、媒体、来信来访受理的，且乘客留下详细住址或工作单位、姓名和联系方式，经过调查属实的有责投诉乘客人数（注意：针对同一事件的多次有效投诉应记为多次）。

③ 乘客满意率。是指统计期末，通过抽样调查和统计分析，乘客对轨道交通运营服务满意的比例。

计算方法：

$$乘客满意率=\frac{满意乘客人数}{调查总人数}\times 100\%$$

④ 清洁度。是指统计期内，线路车站和列车检查合格次数占检查总次数的比例。

计算方法：

$$清洁度=\frac{检查中合格次数}{检查总次数}\times 100\%$$

【实践操作】

某站大客流演练方案

一、演练目的

使各车站各岗位员工，在备品仅仅维持正常运作的情况下，面对毫无征兆的突发大客流，充分利用人员和不同的客流组织方法做好相关客流组织工作，确保客流有序。

二、演练背景

9月30日21:40左右，由于××路市政供水主管道突然发生爆裂，导致××路省政府门前水深近半米，××路交通全面堵塞。22:00 ××国庆文艺演出结束，大约有4000多名观众从此经过，因此要改道××站转乘轻轨疏散。

三、人员安排

值站1人，行值1人，客值1人，厅巡站务1人，站台站务1人，站台护卫1人，公安2~3人，保洁4人，支援5人。

四、备品

手提广播5个，对讲机人手1台，相关告示。

五、演练步骤

22:00 站厅厅巡："车控室，现在从出入口涌入了很多乘客，至少有××人，而且还有人不断进来。"行车值班员："厅巡，你去问清楚是怎么回事，大约会进来多少人？"

厅巡马上回问乘客，了解相关情况并问车控室汇报："车控室，乘客反映由于××路水管爆裂，交通受阻。××堂4000人左右看晚会观众，要从××路转乘轻轨，人潮正陆续涌来。"

行车值班员："车控室明白。"

此时，当班的值班站长也赶回了车控室，向行车值班员布置工作，值班站长负责现场指挥并进行值班员负责各方联系。行车值班员向OCC、公安机关汇报相关情况，请求公安机关到现场协助，要求OCC向临站至少派3名站务员，2个护卫进行支援，并要求自带手提广播及对讲机。行车值班员要将此情况向站长及相关室领导汇报，值班站长通过内部广播对讲机把情况问站内人员进行通报，并在车站计算机上检查设备情况。此时，值班站长发现所有自动售票机用于找零的硬币钱箱硬币数均不充足，于是要求客值为票亭补充硬币以备找零。添加预制单程票的同时开封纸票，每个票亭配2000张纸票，做好卖纸票的准备。车控室要填写相关告示用于出入口限制使用，厅巡要马上更换钱箱，加票。

22:05 五个支援的人员到站，护卫持手提广播，两人被分配在站台，另三人被分配站厅A端、B端、中部维持乘客秩序。四个公安也到达车站。

值班站长："支援站务，你们派两人到票亭协助兑零，做好交接。"

支援站务："明白。"

此时，票亭自动售票机前已开始排长队，车控室开广播对人潮进行疏导，引导他们到车站中部的票亭兑硬币，在自动售票机上购票。各票亭服务，值班站长负责B端现场指挥及乘客事务处理，客值在给票亭配空白车票后负责A端现场指挥及排除设备故障。

22:10 车站乘客越来越多，票亭所开两个窗口均出现了长时间10人以上的排队，而且自动售票机也有5人以上排队，于是车站要求票亭直接在票房售票机上出售单程票。

值班站长："各票亭注意，现在我要求售票员在票房售票机上直接出售预制单程票，另一协助人员继续兑零。加快作业速度。"

行值班员："站台各岗位，加强站台监控，发现站台人员拥挤或乘客上不了马上汇报，注意安全。"

行车值班员："行调，根据所掌握的情况，大约还会有近2000人乘客陆续进站，请求加开××方向列车。"

行调："明白。"

22:15 乘客依旧人潮涌动，票亭排队人员达15人，自动售票机也有10人排队，站台乘客拥挤。

票亭售票员："车控室，现在人越来越多，票房售票机出售车票速度不能满足乘客要求。"

站台："车控室，现在站台人员拥挤，乘客秩序维持有一定困难。"

行调："××站，现在OCC决定列车加开列车，列车间隔6分钟，22:15分，××站再加开列车。"

22:17 值班站长："A、B端厅巡马上到达边门位置，做好卖纸票工作。"

值班站长："各票亭，准备卖纸票工作。"

行车值班员："行调，车站针对目前客流情况，车站站厅在近800人赶入车站，决定实行三级控制方案的第二级，并准备出售纸票。"

行调："××站，OCC同意你站二级人潮控制及出售纸票意见，但必须确保安全。"

值班站长："各岗位注意，车站现在决定出售纸票，边门厅每巡1分钟最多放50人入站。"

车站开始出售纸票，车控室开广播对乘客进行说明，值班站长现场指挥。

行车值班员："车站经开始出售纸票，请你们派2人到边门处协助控制人流。"

行车将情况向站长及相关室领导汇报。

22:25 出入口还有乘客入站，进站有近1300多名乘客停留，站厅行车有困难。

值站站长："没有公安，现在站厅B端人员聚集而且引导困难，我建议关闭F口，使乘客从D口、C口进站，减少B厅压力。"

公安："同意，我们派一名同志协助。"

值班站长："行调，××站现有大约1300乘客在站内聚集，其中B厅有500多人，车站与公安达成共识，决定实施第三级客流控制关闭F口，引导乘客从D口、C口进站以确保安全。"

行调："同意××站关闭F口的做法，做好乘客解释工作"。

行车值班员问站长相关室领导汇报。

值班站长："站厅B端护卫，你马上到车控室前和公安一起关闭F口。"

站厅B端护卫拿手提广播对讲机到F口与公安一起拉闸，并留在F口对乘客进行引导。

22:25~22:40 车站关闭F口，票亭卖纸票，边门进行人员控制，加开列车，尽可能疏散客流。

22:40 站厅乘客已减少，F口护卫："车控车，F口外的乘客已减少了，不会对站厅造成压力。"

值班站长："公安，我认为现在F口可以开放了，F口乘客入站不会影响车站工作。"

公安："同意并重新开放F口。"

行车值班员："行调，根据车站现在客流，公安和车站决定重新开放F口。"

行调："OCC同意，××站开放F口。"

值班站长："各票亭，现在车站停止出纸票，恢复兑零。"

值班站长："边门厅巡，车站现在停售纸票，你们在卖完纸票的乘客后，到进闸机维持乘客入站秩序。"同时，值班员向站长及相关室领导汇报情况。

22:47 离上行尾班车入站还有5分钟。行值播放尾班车广播，值班站长同意各站支援人员撤离车站。

22:52 上行列车离开本站，车站基本完成此次客流组织。

客值对发售纸票情况进行统计，由值班站长将此次客流组织情况及纸票发售情况报OCC、站长及相关室领导，完成相关情况记录。

任务二　票务系统及票务管理

【图示引导】

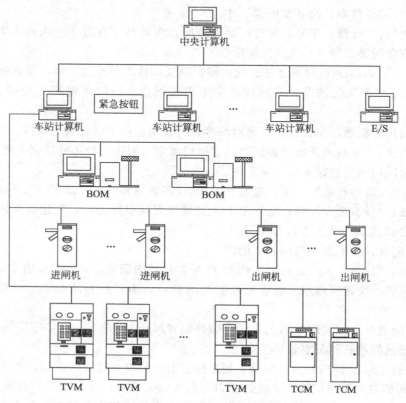

图 8-7　自动售检票系统设备结构图

【相关知识】

一、轨道交通票务系统

轨道交通是承载城市客运的主干交通体系，它能有效解决大客流、远距离、快速准点等城市交通难点，提供"畅达、安全、舒适、清洁"的交通服务，具有人性化、捷运化、信息化和生态化等基本特征。其最典型的特点为：提供高效的中、远距离客运服务；适应频繁的瞬间大客流冲击；单项交易金额较小，但总交易量大，导致总交易金额巨大。为适应轨道交通的特点，轨道交通应建立相应的票务系统。

1. 轨道交通票务系统

轨道交通票务系统是轨道交通营运方为乘客提供快捷、优惠的出行，有效进行票务收入管理，合理配置营运系统（营运设备、营运模式）资源而建立的一套满足轨道交通票务管理需求的系统。

早期的票务系统仅是一套（预）付费系统，即制定运营收费价格，通过发行预付凭证（如车票）和规定必要的使用程序，并根据乘客手中持有的预付凭证上所记录的信息提供相应的旅行服务。其使用程序如图 8-8 所示。

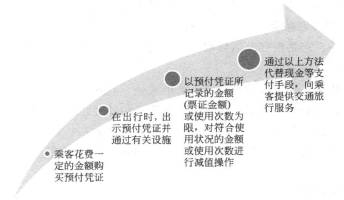

图 8-8　早期票务系统车票使用程序

　　轨道交通票务系统主要用于制定票价等营运策略，对车票制作、车票出售、入站检票、出站检票和补票、罚款等营收信息进行有效管理。随着系统功能外延的不断扩展，票务系统也承担起对营运状况进行监控管理的职责，合理的票务机制能有效控制客流和提高运营效益。建立路网自动售检票系统（见图 8-7）有利于高效实施轨道交通票务系统管理，提高票务结算的公正性、公平性，同时提高乘客的出行效率。

　　原则上说，不管采用何种售检票方式，票务政策都是恒定的，所以说自动售检票系统只是票务系统的一种体现或实施方法。

　　轨道交通线路的售检票系统对于不同车票介质，如塑质磁卡车票、纸质磁卡车票、IC 卡车票和纸票均能进行营运收入的有效管理。因此不管轨道交通有何差异，都应建设一套符合自身需要的票务系统以便进行票务管理。

　　（1）票务系统实施　要合理、有效地实施轨道交通票务系统，必须对售检票方式、系统架构、车票媒介、票务政策等有清晰的认识，并采取相应的对策。

　　① 售检票方式。乘客在选用车票（如单程票、储值票或其他票种）时会综合考虑该票种的使用成本和方便性，乘客总是希望所使用的设备界面简单、操作便捷。

　　售检票方式的选择直接关系到乘客的操作和系统设备的配置，因此采用合理的售检票方式可以提高售检票效率，减少乘客在车站的停留时间。通常，轨道交通售检票的方式可分为以下三种。

　　a. 人工售检票人工完成售票、检票和票务数据统计，主要有三种形式。

　　进站检票。这种方式只适用于单一票价的轨道交通系统，车站只在进站口安排检票人员，对乘客进入付费区进行检票进站，乘客出站时不再检票，可以自由出站。

　　出站检票。这种方式也只适用于单一票价的轨道交通系统，乘客可以自由进入付费区乘车，车站只在出站口安排检票人员对出站乘客进行检票出站。由于出站客流相对集中，这种检票方式比进站检票实施难度大。

　　进出站都须检票。这种方式可适用于计程票价的轨道交通系统，车站在进、出站口都安排检票人员，对乘客进、出付费区都实行检票作业。这种方式能减少或杜绝无票乘车现象，减少或避免客运收入的流失。但相对来讲，人工费用较前两种方式要多。

　　人工售检票方式的主要优点是设备投资低，但它的缺点是需雇用大量的检票人员，支付较多的人工费用。这种方式往往在新线开通初期，客运量较小的线路上推行。

  b. 半自动售检票人工参与，设备辅助完成售票、检票和票务数据统计。
  c. 自动售检票售票、检票和票务数据统计均由设备自动完成。
  ② 票务政策。票务政策是票务系统履行工作职责的原则，包括定价原则、票款清分原则、票务管理原则等。它是投资及运营根本目标的反映，涉及政府、企业和乘客的利益，也将影响到轨道交通的发展方向。
  (2) 轨道交通票务系统与自动售检票系统的关系 轨道交通票务系统是自动售检票系统（Automatic Fare Collection，AFC）实施的必要环境和基础，而自动售检票系统则是票务系统的实现手段之一，它能有效提高票务系统的管理水平和效益。轨道交通票务系统是轨道交通票务收入和结算的基础，只有通过安全、可靠和完备的售检票系统才能有效地实施票务的结算和清分。
  为有效行使轨道交通票务系统的管理职责，提高票务结算的公开、公平和公正性，提高乘客的出行效率，在投资许可的情况下宜建立路网自动售检票系统。该系统的建立可大量减少票务管理人员、提高轨道交通系统的运行效率和效益。同时，通过该系统对客流量、票务收入等综合业务信息的汇总分析，可以强化客流分析预测的能力，合理地调配车辆，提高票务系统工作效率，进而提高网络化运营管理水平。
  自动售检票系统与票务策略的对应关系主要表现在客流、票制、统计与结算、票务处理等方面。
  ① 客流。自动售检票系统可根据交易信息为决策或规划提供客流信息。自动售检票系统可通过其良好的票务管理水平和高效的客流信息处理能力成功实现低成本、高效率的系统运作。
  提高信息利用率、增强系统的决策分析能力是自动售检票系统的发展方向之一。应强化系统整理分析原始数据和信息的能力，把票务系统与其他的信息管理系统相结合。通过票务系统的信息挖掘，可以进一步了解区域客流特征，为管理提供量化的决策依据，也可为相关的经济行为提供客流行为支持，提高服务或管理决策的针对性和准确性。
  ② 票制。自动售检票系统根据票务政策的计费原则和计费方式进行售票、检票和统计。对单一票制、计程票制和混合票制，应结合不同的票制原则以及相应的优惠措施制定执行方案。
  单一票制是根据乘车次数（即完成一个完整的进、出站检票过程计为一次）进行计费，与实际乘坐的距离长短无关。
  计程票制是经进、出站检票，严格按照实际乘坐距离长短（里程或乘坐车站数）并根据票价计费标准计算乘车费用。
  混合票制也称为分区域（区间）计程制，即将运营线路总长度分为若干个区域（区间），根据票价计费标准在各区域（区间）内采用同一票价。实际运营距离跨越一个或多个区域（区间）时，根据占用的区域（区间）数进行计费。
  ③ 统计与结算。票务统计与结算的基础是交易数据。线路每天的客流量是该线路各站的单程票、储值票及许可票的进站数及换乘至该线人数之和；各线日车票收入以单线各站的单程票发售收入与储值票的出站扣值及当天补票收入之和，减去退票款后，按乘客在各换乘线路乘坐的情况核算。
  自动售检票系统可对客流量、票务收入以及单程票的使用进行统计和分析，并编制相应

的报表。

自动售检票系统对不同线路或不同的收益主体进行票务收入的清分，对路网系统与其他兼容系统进行清分，并可通过银行结算系统进行及时结算。

④ 车票处理。车票处理包括对单程票、储值票和许可票的处理。一般情况下，单程票限当日当站使用，通常要制定退票规则，包括是否允许退票、退票时间要求、手续费的收取等；储值票有记名和不记名之分，不记名票通常不挂失、不办理退票，当储值票不能正常使用时，由车站受理，交专门部门进行查询、分析并做相应的处理；许可票不能正常使用时，由专门部门受理，进行查询、分析并做相应的处理。

2. 轨道交通自动售检票系统

轨道交通自动售检票系统是通过对计算机、统计、财务等专业知识的综合运用，来实现轨道交通的售票、检票、计费、收费、统计、清分结算和运行管理等全过程的自动化系统，同时也为决策提供客流、收入等各类信息支持。

自动售检票系统需要根据轨道交通规划、客流量需求、票务管理需求进行系统方案的设计，选择合适的技术平台实现乘客的自助售检票和信息处理的自动化。

（1）轨道交通自动售检票系统工作内容　轨道交通自动售检票系统由中央计算机系统、车站计算机系统、终端设备、车票媒介、网络、各种接口和运作制度组成。其主要工作内容如下：

① 实现中央系统、车站系统和终端设备之间的数据传输和处理；

② 完成车票制作、售票、检票、票务统计分析等工作；

③ 及时、准确地进行客流、票务数据的收集、整理、汇总和分析；

④ 实现轨道交通收益方的清分结算以及与关联系统等外部接口之间的清分结算，同时可通过银行或金融机构实现账务划拨。

（2）轨道交通自动售检票系统的应用背景　北京市自20世纪80年代建成首条轨道交通线以来，经历了单条线路、小运量、单线运营到如今的多条线路、大运量、网络化运营的发展历程。票价也由最初单线路的单一票价发展到现今多线联网的分级票价，由此推动了售检票系统的不断创新与进步——由最初的人工售检票进步到半自动售检票，并发展到现在的自动售检票。

自动售检票系统既适用于单条轨道交通线路，也适用于多线路组成的轨道交通路网。

单条线路的自动售检票系统包含终端设备、车站系统和中央系统，其特点是在单条线路建立完整的自动售检票系统，具备票卡管理、票款管理及运营管理等所有功能。

路网的自动售检票系统根据不同要求可分为三类：

第一类系统较紧凑，可在一个系统内进行收费区内的直接换乘，即通过统一车票制式及票卡管理、统一管理票价表等全路网参数，实现在不同线路的收费区内的直接换乘，但系统扩展性差，不适合大型路网。

第二类是在第一类的基础上进一步实现对全路网票务收益的清分、对账、结算，使自动售检票路网运营管理中心具备账务清分结算功能。

第三类又在第二类的基础上更加完善，同时支持对客流状况进行适时监督等运营管理功能，并能通过对交易信息的分析、挖掘，辅助运营管理与宏观决策。

3. AFC系统结构及主要设备

AFC系统的系统结构可分为五层。第一层是跨系统清分结算中心，负责地铁AFC系统与公交、出租车等其他票务系统的接口，负责跨系统数据交换、分析以及城市一卡通、市民卡等跨系统的清分、结算。第二层是中央计算机 CC（Center Computer）和编码分拣机 E/S（Encode/Select）。中央计算机是整个 AFC 系统的核心，可以监控所有的票务设备，负责整个路网的车票管理、乘客数据搜集、处理与分析、票款结算等，还负责向清分结算中心提供数据。编码分拣机在调度票务部中由专人负责操作，主要用于对采购的空白车票进行编码赋值加密，只有经过编码后的车票才可以配送到各车站投入使用。第三层是车站计算机 SC（Station Computer），它是各个车站票务系统的核心，负责车站乘客数据的搜集、处理与分析，并将数据通过网络上传给中央计算机，同时对车站的其他票务设备进行监控。第四层是各种车站级设备，包括自动售票机 TVM（Ticket Vending Machine）、半自动售票机或称为人工售票机 BOM（Booking Office Machine）、验票机 TCM（Ticket Checking Machine）、闸机 GATE 等。自动售票机可以根据乘客的出发地和目的地收取乘客相应数量的硬币、纸币，向乘客发售单程票、储值票，并找零；半自动售票机供售票员在票亭使用，可以发售车票，处理与车票有关的各种乘客事务；验票机可供乘客查询储值票余额、车票使用记录等；闸机安置在非付费区和付费区之间，根据乘客的出发地和目的地验票、扣费。第五层是各种车票，车票是售检票系统的主要信息载体，按照车票所使用的技术分主要有纸制车票、磁卡车票、接触式 IC 卡车票和非接触式 IC 卡车票，每一种车票都对应着不同的售票、验票设备。系统主要设备及结构如图 8-9 所示。

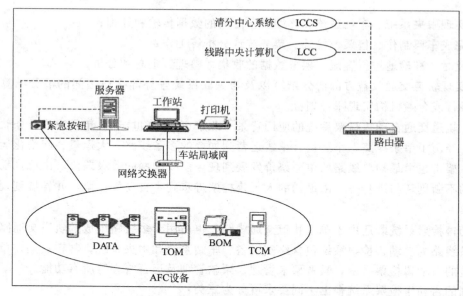

图 8-9　AFC 系统主要设备及结构图

系统控制和执行参数由第二层下达到第五层，乘客的流量及票务收入由第五层上送到第一层。AFC 设备的维修数据则由第四层上送到第二层，信息传送过程都经过每层汇总处理、完成分析、审核并做出相应的控制。AFC 中央结算系统每天对来自车站中的信息进行处理汇总后，其客流动态信息可用于车辆调度、车站客流疏导、设施调整，其票务信息可用于财务分析，维护信息可用于设备的维修保养，其系统运行参数将为公司决策提供科学依据。下面分别就各个设备的功能进行介绍。

（1）中央计算机　中央计算机是地铁自动售检票系统的核心，能实现对地铁自动售检票系统内的所有设备的监控，能实现系统运作、收益及设备维护集中管理功能以及实现系统数据的集中采集、统计及管理功能。中央计算机具备处理全线 AFC 系统运营数据的能力，并能实现与公交"一卡通"系统的数据对接及财务清算功能。其主要功能如下。

① 运营模式计划。中央系统具有运营模式计划设置功能，统一为整个路网、某区域或若干车站设置可自动进入某种运营模式的时间表，如表 8-3 所示。

表 8-3　运营模式时间表

起始时间	结束时间	模式名称	备注	起始时间	结束时间	模式名称	备注
5:00	7:00	正常模式		18:00	22:00	正常模式	
7:00	9:00	高峰模式	预留模式	22:00	23:00	高峰模式	预留模式
9:00	16:00	正常模式		23:00	5:00	关闭模式	
16:00	18:00	高峰模式	预留模式				

② 运营模式下达。中央系统通过操作终端统一向某线路或车站下达运营模式命令，以实现降级运营或恢复正常运营的功能。系统降级运营模式包括车票处理模式及设备运营模式。

③ 模式转发。中央计算机系统可接收来自某线路或车站系统上传的当前运营模式信息。同时，通过中央计算机系统向路网中其他线路和车站系统转发运营模式，以协同运营。

④ 运营监督。中央系统是整个轨道交通的信息汇集点，它全面掌握轨道交通售票及客流信息。通过实时监控，一方面能及时掌握中央系统自身及各线路系统的接口工作状态，另一方面对汇集到中央系统的各类数据信息可进行充分、有效的利用。中央系统所采集的数据信息无论对轨道交通的运营管理，还是对包括地面交通在内的综合交通管理均具有较高的参考价值。

⑤ 网络状态监督。实时监控子系统对整个轨道交通路网中的所有线路与中央系统之间的通信连接进行实时监控，并在路网图上直观地显示出来。子系统如果发现某线路与中央系统的通信连接发生异常就立刻发出声光报警，在路网图上明显标出通信连接发生异常，并通过声光手段甚至短信、电子邮件等手段及时通知运营管理人员。

⑥ 客流量监督。客流量的实时监督包括全路网的各车站进出站客流、断面客流和区域客流，以及车票发售、车票更新等各项数据信息。所有的实时监督最好能精确到以车站为对象、分钟为单位的时间段。

断面客流是客流监控中非常重要的部分。通过对断面客流的监控，可以基本准确地确定每一个时间段内在不同的运行区间内列车上的乘客数量。断面客流的统计和监控依赖于分时的 OD（起始点）信息。所谓分时的 OD 信息就是按乘客的起点和终点组合作为分类依据，在确定的时间段进行统计而获得的信息，在中央系统的数据库中将建立专门的图表用于存储分时的 OD 信息。分时的 OD 信息由线路中央系统统计并上送路网中央系统。全日的运营时间被划分为以分钟（或一定周期）为单位的时间段，对每一时间段的每一种 OD 组合都将保留一条专门的记录。

使用 OD 信息可以方便地进行断面客流的统计。断面客流的统计将以图形化的形式（如分时折线图）输出，从而清晰地体现出断面客流的变化情况。

同时，对流量监督要设置一定的阈值，当流量突破阈值时系统报警，提醒运营管理人员予以关注。

⑦ 车票调配监督。中央系统的运营管理人员通过票卡流量监督功能及时发现哪些线路（或车站）的卡存量不够，哪些线路（或车站）的卡存量过高，从而可以采取相应的处理措施进行有效、及时的车票调配。

轨道交通车票的调配采用一种准动态和动态结合的模式进行管理，同一线路各车站间的车票调配由线路中央计算机系统采用动态模式进行管理。

中央对下属各线路车票的调配采用准动态的方式进行，即根据每日清分的换乘数据进一步得出不同线路的轨道交通专用票流向，并每隔一个固定的时间周期（在中央计算机系统中以参数形式进行设定）进行一次调配，调配的依据是该时间周期中的统计数据，并保留一定的余量。

(2) 编码分拣机 编码分拣机安装在地铁的制票中心，由地铁票务工作人员操作。编码分拣机对在地铁使用的车票（如果是公交"一卡通"发行的储值车票，由公交"一卡通"系统统一编制发行）进行初始化处理和编码、赋值。

编码分拣机的主要功能有：对地铁专用票卡进行初始化、编码及赋值处理，包括代用币式和卡式车票；对回收的车票按需要进行分拣、重新编码或赋值处理；在不影响"一卡通"票卡数据的基础上能对"一卡通"票卡进行二次编码、发行。

(3) 车站计算机 车站计算机安装在车站控制室内，由车站工作人员操作。它的主要功能如下。

① 监控和显示车站所有设备的状态、故障、报警信号。车站计算机监控的设备包括闸机、半自动售票机、自动售票机、验票机。

② 收集车站设备的交易、审计寄存器数据，以及财务、维修等的统计信息，并传送到中央计算机。

③ 储存由中央计算机下载的运营和设置参数，并下载到所有车站设备。车站计算机储存两套参数设置表，包括一套现在使用的参数设置表，一套预留参数设置表。

④ 车站计算机具有部分的维修管理功能。例如，通过车站计算机进行设备设置，更新车站设备的软件等。

⑤ 车站计算机具备车站设备及运营的收益管理功能。车站计算机在车站运营结束后，能生成及打印车站全天的运营和维修报表。操作界面如图8-10所示。

(4) 半自动售票机（票房售票机或人工售票机） 半自动售票机安装在车站的票务处及售票处，由车站工作人员操作，能对公交"一卡通"及地铁专用车票进行处理。车站工作人员通过半自动售票机对车票进行分析、发售无效更新、充值、替换、退款、交易查询及收款记录等处理。半自动售票机在完成车票处理及操作员班次结束后，将打印出相应的收据及班次报告。

半自动售票机结构（见图8-11），包括以下组成部分。

① 主控制器（Main Controller），使用标准PC控制器。

② 操作员显示器使用15寸液晶显示器。

③ 乘客显示器，使用液晶显示器，每套半自动售票机配置两个乘客显示器，安放在靠近窗口、方便乘客阅读的地方，为乘客提供相关信息的显示。

④ 电控钱箱。当有涉及现金的操作，钱箱抽屉会自动弹出；当操作员完成现金操作后，需推回抽屉使钱箱关闭。

⑤ 键盘、鼠标。操作员操作半自动售票机的输入设备，使用方法同一般电脑的键盘、鼠标。键盘为专用的可编程键盘，键盘上有一个键盘锁，当操作员上班时应插入钥匙，打开

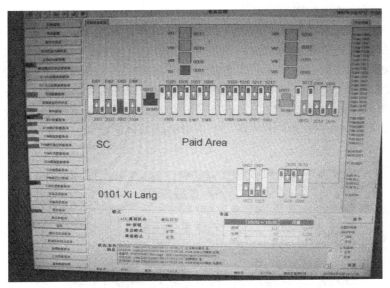

图 8-10 车站计算机操作界面

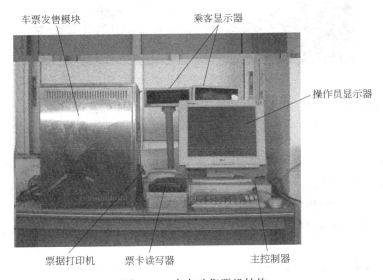

图 8-11 半自动售票机结构

锁方可进行键盘操作。

⑥ 票据打印机（Receipt Printer），为乘客提供打印票据。打印内容包括相关交易的单据、班次报告、行政处理单据。

⑦ 车票发售模块和票卡读写器用于读写车票信息。

（5）自动售票机　自动售票机安装在非付费区，用于发售代币式单程票，能用现金对地铁储值票及"一卡通"车票进行充值。自动售票机配有触摸板以及乘客显示屏，上面配有地铁线路图以及设备使用指南。自动售票机能发售的票种由中央计算机下载参数设置，车票的票值将根据旅程距离、时间和类型决定，并由中央计算机下载参数控制。自动售票机能发售两种不同票面的车票，并能一次交易发售多张车票；能接收硬币、纸币、地铁储值车票及"一卡通"储值车票购买单程票，一次交易可发售单张或多张单程票；如果找零器内事先装有足够的硬币，可以硬币找零。

乘客可通过触摸屏上选择目的车站（并默认设备所在车站为乘客的起始站），乘客显示器将显示乘客所选到达目的地的票价，且默认购买单张。乘客还可通过乘客显示器选择购票票种及张数，相应的收费金额显示在乘客显示器上；乘客投入的硬币及纸币金额将显示在乘客显示器上。当投币金额大于或等于所需车费时，设备即开始发售车票并支付找零；未支付足够费用前，乘客可按取消按钮中止正在进行的交易。当乘客购票操作步骤中断时间超过所规定时间，自动售票机将自动中止交易，中止交易时返还已投入的硬币及纸币。自动售票机外观如图8-12所示。

图 8-12　自动售票机

（6）进、出站闸机　闸机用于隔离车站付费区与非付费区。在所有车站都安装数组闸机控制乘客进入及离开付费区。闸机的设计应满足乘客右手持票快速通过闸机的需求。

闸机能对乘客持有的公交"一卡通"系统及地铁专用的非接触IC卡车票进行检查、编码，对有效的车票可打开扇门让乘客通过。在出闸机，能对指定的地铁专用非接触IC单程卡回收。闸机安装足够的传感器对乘客的通行行为进行监控，能区分不同高度的乘客及手持/手推行李，并能检测乘客在通道的移动情况。闸机若检查到任何非法进入都发出报警声及闪烁提示灯。

在站控室将设置专用按钮，当发生紧急情况时可使用该按钮打开所有闸机的扇门，保证乘客无阻碍地离开付费区。同时，在没有电力供应的情况下，闸机的扇门处于常开状态以保证乘客进出。

闸机通过车站局域网网络连接到车站计算机，并上传有关的车票处理交易、统计及设备状态等数据。闸机具有自诊断功能，当出现故障时故障信息将显示在闸机的显示屏上。闸机可分为三杆式和扇门式两种，结构如图8-13。为提高乘客通过速度，目前新建地铁多采用扇门式闸机取代三杆式，扇门式闸机以扇门开放作为允许通行的表示，更方便乘客理解。

二、票务管理

轨道交通自动售检票系统票务业务管理是运用物流、信息、财会、统计等必要的技术方法，通过该系统的网络、计算机等设备，充分发挥自动售检票系统整体功能以满足运营管理的需求。

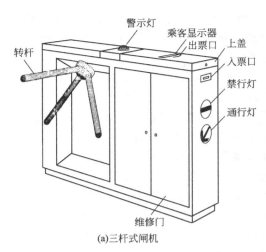
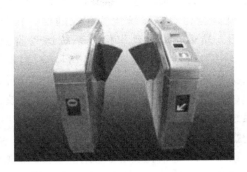

图 8-13　闸机分类

1. 票务业务管理

（1）业务管理的内容及主要职责　一个较完整的轨道交通自动售检票系统业务管理通常包括票卡管理、规则管理、信息管理、账务管理、模式管理、运营监督等六类主要内容，如图 8-14 所示。

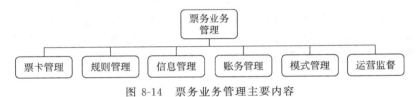

图 8-14　票务业务管理主要内容

这六类业务管理工作主要职责如下。

① 票卡管理。票卡是旅客乘坐轨道交通的有效凭证，是自动售检票系统中不可缺少的信息载体和信息交互媒介。票卡管理就是对票卡的发行、发售、使用、票务处理和回收等全过程进行有效管理。轨道交通的正常运营离不开对票卡的有效管理，包括车票的编码定义、初始化、赋值发售、使用管理、进/出站处理、更新、加值、退换、回收等。

② 规则管理。票务系统涉及多部门、多环节，要确保这些部门和环节有效协作、高效联动，就必须依托一整套科学、严密的规则和流程。规则管理就是为确保系统规范运作而制定出一系列规则和流程并加以实施。它包括票价策略、收益分配、结算规则、权限管理和操作流程等。

③ 信息管理。轨道交通自动售检票系统是一个庞大的信息系统，它涵盖了乘客进出站、乘车费用、流向、流量等基本信息，同时为满足运营管理及相关各方的需要，必须对系统收集的基本数据进行深度挖掘、加工，开展统计分析并发布信息。信息管理就是对系统中相关的信息进行收集、传递和处理，包括信息收集、信息传输、信息存储、信息统计分析和信息发布等。

④ 账务管理。轨道交通自动售检票系统中涉及票卡发售、票款汇缴、收入清分和资金划拨等一系列账务处理过程。账务管理就是对系统内的票务收入进行汇缴、分配、入账等过程的管理，包括账户设置、票款汇缴、登账稽核、收益清算和对账、资金划拨和对凭证进行有效管理等。

⑤ 模式管理。所谓模式就是在不同状况、条件下，为达到某些特定效果所采取的方式方法。模式管理就是针对不同的运营状况、条件所做出的相应操作行为的选择和实施，包括正常运营模式、降级运营模式以及相配套的运营管理。

⑥ 运营监督。系统运营涉及通信、信号、列车、运营组织以及乘客、线路、车站等方方面面。轨道交通自动售检票系统运营监督就是通过本系统的设备以及所具有的完整、严密、及时的信息流对运营状况进行实时跟踪监督，以提高运营质量和服务水平，包括信息传输状况监督、客流状况监督、车票调配监督、收款监督及收益监督等。

(2) 业务管理的主要技术要求 针对轨道交通客流量大、时效性强这一特点，自动售检票系统总的技术要求就是操作简单、处理快捷、计价准确、制度严密、收益清晰、资金汇缴和划拨及时。而由于业务管理内容的不同，其主要技术要求又将有所不同。

票卡管理要做到及时、安全、有效；规则管理要求清晰、合理、严密和可操作；信息管理要完整、及时、准确；账务管理要做到清晰、及时、准确；模式管理要合理、安全、高效；运营监督要做到及时、透明、有效。

2. 票务管理组织结构及相关岗位职责

地铁公司一般在运营事业部下设 AFC 中心和票务部。AFC 中心主要负责自动售检票设备的研发、安装、调试、维护和维修作业。票务部管理全线票务运营，负责车票的采购，并对初始车票进行编码，同时按照运营计划向车站配发单程票和储值票，回收清洗单程票，回收处理无效票，回收各种车站票务营收报表，监控现金票款，统计分析票务营收状况等。车站客运值班员和售票员负责各项票务基础工作，包括 AFC 设备的日常维护，车票的售卖，回收现金票款，填写各种票务报表等。现金票款的管理和票务安全稽查工作分别由派驻运营公司财务部和运营事业部下属安全稽查部负责。公司票务运营人员组织结构如图 8-15 所示。

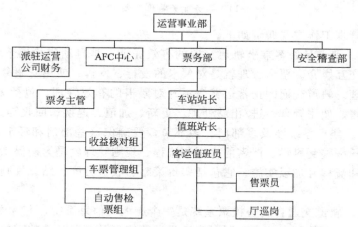

图 8-15 公司票务运营人员组织结构图

票务部内设票务主管和票务助理统筹管理公司各项票务工作，车站站长、值班站长、客运值班员、售票员、站厅巡视岗负责执行各项票务指令，完成基础运营工作。票务部和车站各岗位职责如下。

(1) 票务主管票务岗位职责 票务主管在部门负责人的领导下全面负责分部的票务工作和票务组、中心站的管理工作；负责就票务及相关领域工作与外部门、本部门其他业务组进行沟通、协调；组织跟进票务工作情况，积极组织开展票务审、稽查、调查、分析、整改等工作，及时向上级领导反馈问题，汇报工作进展情况。

(2) 票务助理业务关系及岗位职责　票务助理在部门负责人领导下，全面负责所辖中心站及所负责业务模块的票务相关工作；负责分部票务基础工作、制定细化票务管理操作制度以及票务指标的分解、下达、控制等工作；负责分部票务培训、演练、票务档案建立等工作；负责分部票务车票、现金、票务台账报表、钥匙及所有票务备品的管理等工作；负责分部票务AFC设备及设备涉及的相关工作；负责分部票务票务稽查、考评、评先等工作（此项根据分工不同设置数个岗位完成）；负责就日常运作中存在的问题与稽查部、财务部、调度票务部进行协调，收集车站意见和建议，并向相关部门反馈，落实相关规定；负责就所辖车站票务工作存在的问题与相关部门协调解决；负责就所辖车站票务工作存在的问题与其他业务模块票务助理、部门其他网络协调解决；全程跟进所辖中心站票务工作情况，积极开展票务审核、稽查、调查、分析、整改等工作，及时向上级领导反馈问题，汇报工作进展情况。

(3) 站长票务岗位职责　车站站长全面负责车站的车票、现金安全，以及票务政策的落实监督；处理紧急票务情况；检查、督促、指导值班站长、客运值班员的票务工作，组织本站的票务业务培训。必要时，处理现场乘客的票务纠纷；协助票务事故的调查及处理。

(4) 值班站长票务岗位职责　值班站长具体负责本班车站的车票、现金安全；负责安排AFC设备巡站工作；处理票务紧急情况，执行紧急情况下的票务运作模式；检查、督促、指导、协助客运值班员的票务工作；现场处理乘客的票务纠纷。

(5) 客运值班员票务岗位职责　客运值班员负责在AFC票务室内的票务处理终端上监控AFC设备及系统的运作；负责安排补币、补票工作及车票回收箱的清理工作，安排票箱、钱箱的更换及清点工作；保管车站的车票、现金、部分票务钥匙，并负责其安全；负责票务备品的完整、齐全；完成相应票务报表、账册的填写及在AFC票务室票务处理终端输入相应数据；负责车票、报表的接收、上交等工作；负责押解车站票款至银行或票务部；负责每月报表的装订和存档；安排、监督、协助售票员和厅巡的票务工作；处理与乘客相关的票务事务；统计车票库存情况，及时申请调整库存车票种类、数量。

(6) 售票员岗位职责　售票员负责售票问讯处的相关工作；完成相应票务报表的填写；按规定处理与乘客相关的票务事务。

(7) 厅巡票务岗位职责　站厅巡视岗负责处理简单的AFC设备故障；引导乘客正确操作票务设备；巡视车站AFC设备的运作情况；协助票箱、钱箱的更换（或清点）工作。

3. 票卡流程管理

一方面，票卡是整个轨道交通自动售检票系统的信息源头，票卡信息的正确有效能确保系统的正常运作；另一方面，票卡是有价凭证，有效票卡的流通实际代表着资金的流动，一旦票卡管理不善将会造成经济损失。曾出现很多的票卡造假、串换资金等违法行为，既有系统外的不法行为也有内部人员的舞弊行为，因此，必须从资金管理的角度看待票卡管理。

运营公司票务部对票卡的发行、发售、使用、票务处理、回收等全过程进行严格、规范的管理，通过对票卡进行初始化使得票卡成为在系统内可使用的媒介，同时负责车票的赋值发售、使用管理、进出站处理、更新、加值、退换、回收、监督管理、注销及黑名单等流程的规范管理。

(1) 票卡类型　根据轨道交通的特点，按车票使用性质，票卡可分为单程票、储值票和许可票三大类；按计价方式不同，票卡又可分为计次票、计时票、计程票、计时计程票、计时计次票和许可票六大类。

在政府给予轨道交通较大幅度直接补贴（如给予轨道交通相应的税费减免政策，或从政府公共基金中直接划拨相应款项给轨道交通）的情况下，轨道交通的成本负担较轻，可以增加让利于民的幅度，同时也可简化计价方法，此时票卡一般采用以计次为主的计次票、计时票、计时计次票、许可票等四类（如巴黎、伦敦、纽约等城市的轨道交通）。

在政府不能给予轨道交通较大幅度直接补贴的情况下，轨道交通的成本负担较重，为回收投资和维护运营需要必须强化票务收入。此时票卡一般采用以计程为主的计次票、计时票、计程票、计时计程票、计时计次票、许可票等六类（如东京、香港、上海等城市的轨道交通及铁路）。

① 单程票。单程票是指乘客以一定金额购得一次旅程服务承诺，只可以进行一次进站和一次出站行为的车票。通过系统参数设置，可定义单程票的有效期限和区间。

② 储值票。储值票是指可反复充值以保证车票内预存有一定资金，在金额足够的情况下可多次使用，每次使用时根据费率表扣除乘车费用的车票。

③ 许可票。许可票是一种不同于单程票和储值票的特殊票种，由运营方根据某种特殊需要，赋予特定的使用许可的车票，主要包括公务票和测试票。

（2）票卡发行及使用　票卡发行及使用主要包括车票编码定义、车票初始化、车票的赋值发售、车票的使用、车票使用管理、车票的进出站处理、车票的更新、车票的加值、车票的退换、车票的回收等工作环节。单程票和储值票的使用流程如图8-16所示。

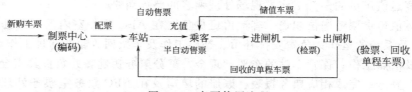

图 8-16　车票使用流程

① 车票编码定义。车票编码定义包含了车票类别、车票编号、车票票值、车票时效、使用范围等信息。

车票类别标志了车票的分类情况，对应不同的应用方式和处理规则，车票的类别可在编码的时候确定。乘客可根据自己的需要购买规定范围内不同类别的车票。

车票编号可分为卡面编号、物理卡号和逻辑卡号。卡面编号是票卡生产厂商在制作车票媒介时印制在车票表面上的系列编号，可标明生产者代码、批次等信息。物理卡号就是非印刷票卡媒介产品的序列号，并由车票媒介生产厂商在出厂时直接写在车票芯片内，物理卡号可以跟卡面编号一致，也可以不同。逻辑卡号是为了确保自动售检票系统能够跟踪流通中的车票使用情况和针对某张或者某些车票进行功能设置而赋予的系列编号，在车票初始化时由编码机对票卡进行逻辑卡号的写入。在车票制作和使用过程中，中心数据库可通过在车票的票面编码、物理卡号和逻辑卡号之间建立相应的关联关系，对车票的使用情况进行有效的防伪和跟踪。

车票票值也就是车票所含可乘车的资金是记录在车票上的，可以用于乘坐轨道交通工具的金额。通常，使用单程票的乘客在出站时如果车票中的票值小于本次旅程的应付费用，则不予以放行，需要补足费用后才能出站。使用储值票的乘客在经过本次旅行后，将在票卡预存储的资金中扣除此次旅程的费用。如果票卡中的预存资金金额为零或负值，一般不让进站乘车。

车票时效是指各种类别的车票都有各自不同的有效期，车票只能在系统设定的有效期内使用。如果车票即将过期或者已经过期，须进行延期等更新处理后才能使用。

使用范围指各种类别的车票都要设置特定的使用范围（如线路、车站等），以规范使用秩序。

② 车票初始化。所有车票投入使用前，必须由专门的机构进行初始化，分配车票在系统内的唯一编号，同时生成车票相关的安全数据。

车票初始化工作是通过编码或分拣机进行的，只有经过初始化后的车票才可以分发至各车站进行发售。在初始化时，操作员针对不同类型的车票设置系统参数及系统应用数据来进行初始化编码。车票初始化时的编码内容一般包括安全密钥及防伪数据、车票编号数据、车票状态数据等数据类型。

在对车票初始化时必须完成以下工作：设备读取车票上唯一的物理卡号，验证初始密钥；初始密钥验证成功后，将逻辑卡号、安全数据、编号数据及系统应用数据写入车票。车票初始化后，应将车票信息记录到中央数据库中去。

③ 车票的赋值发售。初始化后的车票还必须经过赋值处理才能够正常使用。对车票的赋值可由编码/分拣机执行或由车站内的自动售票机、半自动售票机在车票出售时进行。

对部分需要提前赋值的车票（如应急票），可以在专门的编码/分拣机进行赋值。对车票进行赋值时，必须对车票进行有效性检查，再将赋值信息写入车票，但不能修改票卡发行时的初始化数据。对不同类型车票的赋值数据由系统参数确定。

各种车票发售设备是分散在轨道交通服务范围内的，但它们遵循的规则必须一致，因而发售设备的发售许可、可发售票卡类型和票价参数等通常由中央计算机系统下载参数进行设定。车票发售完后，要将车票信息报送到中央数据库中去。

④ 车票的使用。车票通过发售/赋值后，就可以投入使用。

所有车票的详细使用记录最终需要保存在中央计算机系统，以便对车票使用情况进行统计和分析。车票的每次详细使用记录至少包括车票类别、车票编号、交易类型、车票交易序号、交易时间、交易设备编号、上次交易时间、上次使用设备、交易金额、车票余值等信息。

当乘客使用了无效（或失效）车票，检票机将拒绝接受，但可引导乘客到半自动售票机对车票进行分析和处理。

典型的车票使用过程描述如下。

车票在自动售票机或半自动售票机上出售，并写入"出售记录"（如出售时间、线路车站号、售票设备编号、车票赋值/余额等）信息。

车票经进站检票机检票，在进站检票机处写入"进站记录"（如进站时间、线路车站号和进站检票机编号等）信息。

车票经出站检票机检票，依不同类型车票进行不同的处理，如对乘次票（或储值票）将在出站检票机处写入"出站记录"，并扣除一个乘次（或旅程费用）。回收票卡由检票机的回收装置完成，并清除票卡中上一次的发售、进站和出站等运营信息，具体过程如图8-17所示。

经出站检票机回收的车票，可直接送往自动售票机进行出售。

⑤ 车票使用管理。车票使用管理可分为配发、调拨、发售和收缴等4个环节。

a. 车票配发。由票卡发行单位根据客流情况将初始化后的车票配发到各车站。轨道交通专用票的配发流程如图8-18所示。

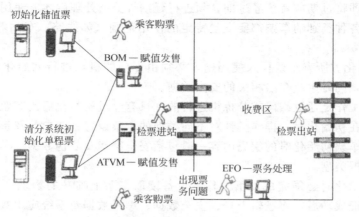

图 8-17 车票分析和处理流程示意图

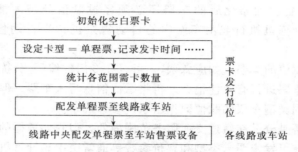

图 8-18 专用票的配发流程图

b. 调拨。经过一段时间的持续运营，因客流的不均匀性可能会造成车票在各线路、各站点上的分布不均匀，有些线路、站点滞留大量的车票，而有些线路、站点则车票短缺。为了提高车票的使用效率，可以采用调拨的方式。

c. 赋值与发售。自动售检票系统通过终端设备（如自动售票机、半自动售票机）完成车票的赋值和发售。在售出一张车票时（由半自动售票机或自动售票机），必须将该笔售票信息上传中央计算机系统。为了保证交易的完整性和安全性，通常报送的数据包需要包括本地交易流水号、时间、卡号、金额，保证报送至上层系统的交易数据的完整性和安全性，为实现缴款金额和电子账的对账功能创造条件。

d. 收缴。车票使用一段时间后必然会出现不同程度的损坏，这就需要进行定期的收缴和更换。车票在初始化编码时都被编上了初始化时间，系统可根据各种车票的使用情况设置车票的有效使用期，由此系统就可在使用环节中及时收缴超出有效期，或者由于折损而不能继续使用的车票。

⑥ 车票的进/出站处理。普通车票的检验遵循一进一出的次序，即先有一次进站再发生一次出站。如果乘客在进站时未经检票（或标识不清），或在出站时未经检票（或标识不清），就会造成因进出次序不匹配而导致车票的暂时性无效，通常需要由半自动售票机来完成更新。

半自动售票机根据进/出次序的规则来更新车票。如果规则约定，还将根据中央计算机系统设定费率表向乘客收取更新后的相关差额费用。

对车票的进出站次序的检查也可以由中央计算机系统来操控，可通过中央计算机系统设定某个、某部分或全部的车站对车票进行或不进行进出站次序检查；对某一类车票的进出站次序进行或无需进行检查。

⑦ 车票的更新。半自动售票机对车票进行分析后,若为进/出站次序错误、超时、超程等无效原因,则可对车票进行更新处理。中央计算机系统分别设定进/出站码更新的时间和车站限制、进/出站码更新的费用、超时更新的费用、超程更新的计费方式、收费方式、更新次数等。

在进行更新处理时,半自动售票机可以更新车票的进/出站状态、时间及费用,并记录更新标志等信息。

单程车票更新操作时不对单程车票余值进行修改,而是通常另行收取费用。更新储值票时收费可从储值票上扣除收费金额,乘客也可以选择用现金另行支付。

⑧ 车票的加值。储值票可通过半自动售票机或自动加值机进行加值。中央计算机系统可设置加值的金额限制、允许加值的车票类型、加值优惠等。

⑨ 车票的退换。在乘客要求退票时,半自动售票机能办理退款业务。通常退款处理方式可根据车票是否被损坏而分为即时退款或车票替换两种方式。中央计算机系统可设置退款的条件、使用次数限制、余额限制、费用等以确保退票处理有足够的安全性,防止欺骗行为的发生。

对车票进行分析后,符合系统设置参数的车票(如允许被替换的类型、指定的回收条件等)可以通过半自动售票机进行替换处理。在进行替换处理时,在被替换的车票上写入有关的替换信息,但车票上的原有信息不能被修改或抹除。车票上的所有余值/剩余乘次及优惠信息应完全转入新的车票上。

⑩ 车票的回收。出站检票机可根据预先的设置对单程票进行自动回收。通常回收后的车票可通过自动售票机、半自动售票机再次发售。当回收到的车票达到规定的使用寿命或出现损坏不能继续使用时,则不能再进入使用环节,应及时进行回收并销毁。也可通过编码/分拣机进行集中分拣,将达到使用周期或受到损坏的车票分拣出来进行回收,分拣条件可以由参数设置。

【实践操作】

习　题

一、填空题

1. 客流按乘距长短可分为_____和_____。
2. 乘客在车站内换乘的主要形式有_____、_____、_____和_____。
3. "三级客流控制"的控制点分别是_____、_____和_____。
4. 一个较完整的轨道交通自动售检票系统业务管理通常包括_____、_____、_____、_____和_____。
5. AFC 系统票卡管理内容包括_____、_____、_____、_____和_____。
6. 票卡按车票使用性质可分为_____、_____和_____。
7. 车票的使用管理可分为_____、_____、_____和_____。
8. 普通车票的检验遵循_____的次序,即_____。
9. 半自动售票机对车票进行分析后,若为_____、_____、_____等无效原因,则可对车票进行更新处理。
10. 储值票可通过_____、_____进行加值。

11. 乘客要求退票时，可由_____办理退票业务。
12. 出站检票机可根据预先的设置，对单程票进行自动回收。通常回收后的车票可通过_____、_____再次发售。

二、不定项选择
1. 客流按出行目地可分为（　　　）。
   A. 工作客流　　　B. 日常客流　　　C. 平时客流　　　D. 特殊客流
2. 客流组织原则包括（　　　）。
   A. 防止客流对流　　　　　　　B. 合理设置导向标志
   C. 贯彻"右侧通行"原则　　　　D. 理解"就近习惯"
   E. 拓宽乘客通道瓶颈
3. 乘客满意主要包括（　　　）。
   A. 理念满意　　　B. 行为满意　　　C. 视听满意　　　D. 基本满意
4. 服务技巧包括（　　　）。
   A. 学会倾听　　　B. 学会表达　　　C. 学会使用肢体语言　　　D. 避免服务纠纷
5. 轨道交通售检票方式按自动化程度可分为（　　　）。
   A. 人工售检票　　　B. 半自动售检票　　　C. 自动售检票　　　D. 出站检票
6. AFC系统中央级设备包括（　　　）。
   A. 中央计算机　　　B. 编码分拣机　　　C. 车站计算机　　　D. 验票机
7. 下列属于按计价方式分类的票卡种类有（　　　）。
   A. 计次票　　　B. 计程票　　　C. 许可票　　　D. 公务票

四、名词解释
1. 客流
2. 换乘
3. 戴明环
4. 线路运营时间
5. 乘客有效投诉率
6. 乘客满意率
7. 清洁度

四、判断
1. 城市轨道交通标准化服务的具体内容包括：客运服务环境及运营、服务设施设备应达到的条件，对客运服务人员的工作要求、客运服务质量的监督和评估、服务质量评估要求等。
（　　）
2. 避免服务纠纷需要注意易地、易人、易性处理。（　　）
3. 服务质量控制主要包括安全管理、操作管理、设备管理和卫生管理四个方面的内容。
（　　）
4. 车站计算机负责设置AFC系统运营模式计划。（　　）
5. 编码分拣机的主要功能是对地铁专用票卡进行初始化、编码、分拣及赋值处理。（　　）
6. 车站计算机监控的设备包括闸机、半自动售票机、自动售票机、验票机、编码分拣机。
（　　）
7. 半自动售票机安装在车站票务处及售票处，有车站工作人员操作，能对一卡通和地铁专用车票进行处理。（　　）
8. 自动售票机一般配有触摸板和乘客显示屏，供乘客自助购买车票使用。（　　）

9. 闸机用于隔离车站站厅付费区和非付费区。　　　　　　　　　（　　）
10. 初始化之后的车票须经赋值才可发售。　　　　　　　　　　（　　）

五、简答
1. 简述地铁日常运营相关部门组织结构及各自的主要业务。
2. 画出车站工作人员组织结构图。
3. 简述车站正常情况下的客运组织流程关键点。
4. 大客流组织的主要措施有哪些？
5. "三级客流控制"的原则是什么？
6. 简述 AFC 系统结构及各设备主要功能。
7. 简述运营部门票务管理人员组织结构及相关职能。
8. 简述客运值班员的票务工作职责。
9. 简述站务员售票员岗位、厅巡岗位票务工作职责。
10. 画出票卡使用流程图。

项目九　城市轨道交通安全管理

【项目导入】

城市轨道交通系统安全结构复杂，涉及组织、人员众多，一旦出现灾害后果严重。本项目分为城市轨道运营安全体系，安全控制和通用安全技术三个任务，分别介绍了运营安全管理基本概念、安全理论、相关政策法规等内容。并以 OHSAS 安全管理体系为基础，按照作业界定、危险源识别、风险评价与控制等步骤介绍了运营安全控制过程。最后结合城市轨道交通行车、运营期间施工、设备和消防特点介绍具体的安全措施。

【学习目标】

1. 了解一般安全原理及理论；熟悉安全、事故、危险等概念；熟悉 OHSAS 职业健康安全管理体系。
2. 理解 OHSAS 标准下工作环境作业界定、危险源识别、风险评价及控制过程；掌握运营事故报告过程及施工、设备安全控制点；掌握常见消防设备的操作。
3. 培养沉着冷静、遇乱不惊的职业素质。

任务一　认识城市轨道交通运营安全体系

【图示引导】

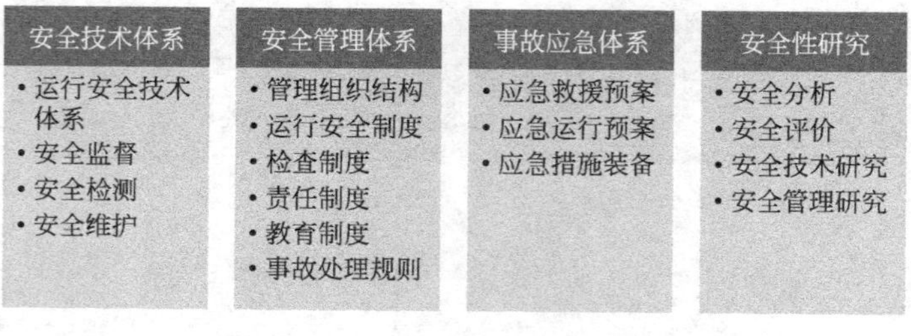

安全技术体系	安全管理体系	事故应急体系	安全性研究
• 运行安全技术体系 • 安全监督 • 安全检测 • 安全维护	• 管理组织结构 • 运行安全制度 • 检查制度 • 责任制度 • 教育制度 • 事故处理规则	• 应急救援预案 • 应急运行预案 • 应急措施装备	• 安全分析 • 安全评价 • 安全技术研究 • 安全管理研究

图 9-1　城市轨道交通系统安全管理体系

【相关知识】

城市轨道交通系统是一个独立的封闭系统,具有结构复杂、客流密集的特点,一旦发生灾害事故,后果严重。为避免灾害的发生,要由各城市轨道交通企业、行业协会及主管部门共同制定安全技术体系,明确运行安全和安全监督、监测、维护标准;企业为保障运行安全,应建立包含相应组织结构和各种制度规则的安全管理体系以及事故应急体系,并和研究机构合作开展各种安全性研究。城市轨道交通系统安全管理体系如图9-1所示。

一、安全管理概述

(1) 安全与安全生产

① 安全。安全是指生产系统中人员免遭不可承受危险的伤害。安全条件是指在生产过程中,不发生人员伤亡、职业病或设备、设施损害或环境危害的条件。安全状况是指不因人、机、环境的相互作用而导致系统失效、人员伤害或其他损失。

安全本质是指设备、设施或技术工艺含有内在的能够从根本上防止发生事故的功能,具体包括以下两方面的内容。

a. 失误——安全功能。在人员发生操作失误时,系统能够自动导向安全的结果。例如纽约地铁R160型车速度手柄上装有自动弹簧,当司机的手意外放开速度手柄时,弹簧会使得列车制动,停车以保障安全。

b. 故障——安全功能。设备故障是系统导向安全的结果。例如在地铁信号机失灵的情况下默认显示红色信号,禁止列车通行。

上述两种安全功能应该是设备、设施和技术工艺本身固有的,即在他们的规划设计阶段就被纳入其中,而不是事后补偿的。

② 安全生产管理。安全生产管理就是针对人们生产过程的安全问题,运用有效的资源进行决策、计划、组织和控制等活动,实现生产过程中人与机器设备、物料、环境的和谐,达到安全生产的目标。安全生产管理包括安全生产法制管理、行政管理、监督检查、工艺技术管理、设备设施管理、作业环境和条件管理等。

安全生产管理的基本对象是企业的员工,涉及企业中的所有人员、设备设施、物料、环境、财务、信息等各个方面,在城市轨道交通企业,安全生产管理还涉及乘客的安全。安全生产管理的内容包括安全生产管理机构和安全生产管理人员、安全生产责任制、安全生产管理规章制度、安全生产策划、安全培训教育、安全生产档案等。

(2) 事故、事故隐患、危险、危险源与重大危险源

① 事故与事故隐患。事故是指在生产过程中造成人员死亡、伤害、职业病、财产损失或其他损失的意外事件。事故的分类方法有很多种,我国在工伤事故统计中,按照导致事故发生的原因将工伤事故分为20类,分别为物体打击、车辆伤害、机械伤害、起重伤害、触电、淹溺、灼烫、火灾、高处坠落、坍塌、冒顶片帮、透水、放炮、瓦斯爆炸、火药爆炸、锅炉爆炸、容器爆炸、其他爆炸、中毒和窒息及其他伤害等。

根据人员伤亡或直接经济损失的严重程度,事故一般分为特别重大事故,重大事故,较大事故和一般事故四级。

② 危险。根据系统安全工程的观点,危险是指系统中存在导致发生不期望后果的可能性超过了人们的承受程度。从危险的概念可以看出,危险是人们对事物的具体认识,必须指明具体对象,如危险环境、危险条件、危险状态、危险物质、危险场所、危险人员、危险因素等。

③ 危险源。从安全生产角度，危险源是指可能造成人员伤害、疾病、财产损失、作业环境破坏或其他损失的根源或状态。

二、安全原理与管理理论

安全原理主要是阐述伤亡事故怎样发生，伤亡事故为什么会发生，以及如何采取措施防止伤亡事故的理论体系。

1. 安全原理

（1）系统原理　系统原理是现代管理学的一个最基本原理。它是指人们在从事管理工作时，运用系统理论、观点和方法对管理活动进行充分的系统分析，以达到管理的优化目标，即用系统论的观点、理论和方法来认识和处理管理中出现的问题。

安全生产管理系统是生产管理的一个子系统，包括各级安全管理人员、安全防护设备与设施、安全管理规章制度、安全生产操作规范和规程以及安全生产管理信息等。安全贯穿于生产活动的方方面面，安全生产管理是全方位、全天候和涉及全体人员的管理。

（2）人本原理　在管理中必须把人的因素放在首位，体现以人为本的指导思想，这就是人本原理。以人为本有两层含义：一是一切管理活动都是以人为本展开的，人既是管理的主体，又是管理的客体，每个人都处在一定的管理层面上，离开人就无所谓管理；二是管理活动中，作为管理对象的要素和管理系统各环节都需要人掌管、运作、推动和实施。

（3）预防原理　安全生产管理工作应该做到预防为主，通过有效的管理和技术手段减少和防止人的不安全行为和物的不安全状态，这就是预防原理。

（4）强制原理　采取强制管理的手段控制人的意愿和行为，使个人的活动、行为等受到安全生产管理要求的约束，从而实现有效的安全生产管理，这就是强制原理。所谓强制就是绝对服从，不必经被管理者同意便可采取控制行动。

2. 事故致因理论

事故发生有其自身的发展规律和特点，只有掌握了事故发生的规律，才能保证安全生产系统处于安全状态。前人站在不同的角度对事故进行研究，给出了很多事故致因理论，下面简要介绍几种。

（1）事故频发倾向理论　1939年法默和查姆勃等人提出了事故频发倾向理论。事故频发倾向是指个别容易发生事故的稳定的个人内在倾向。事故频发倾向者的存在是工业事故发生的主要原因，如果企业中减少了事故频发倾向者就可以减少工业事故。但是许多研究表明，把事故发生次数多的工人调离后，企业的事故发生率并没有降低。尽管事故频发倾向论把工业事故的原因归结于少数事故频发倾向者的观点是错误的，然而从职业适合性的角度来看，危险性较高的、重要的操作，特别要求人具备较高的素质。例如特种作业的场合，操作者要经过专门的培训、严格的考核获得特种作业资格后才能从事。

（2）海因里希因果连锁理论　海因里希把工业伤害事故的发生发展过程描述为具有一定因果关系的事件的连锁，即人员伤亡的发生是事故的结果，事故的发生原因是人的不安全行为或物的不安全状态，人的不安全行为或物的不安全状态是由于人的缺点造成的，人的缺点是由于不良环境诱发或者是由先天遗传因素造成的。可以用多米诺骨牌来形象地描述这种事故的因果连锁关系，如图9-2所示。如果移去中间的一枚骨牌则连锁被破坏，事故过程被中止。海因里希认为，企业安全工作的中心就是防止人的不安全行为，消除机械的或物质的不安全状态，中断事故的连锁进程从而避免事故的发生。

（3）能量意外释放理论　1961年，吉布森提出了事故是一种不正常的或不希望的能量释放，各种形式的能量是构成伤害的直接原因。因此，应该通过控制能量或控制作为达及人

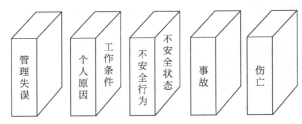

图 9-2 海因里希因果连锁理论

体媒介的能量载体来预防伤害事故。根据能量意外释放论，可以利用各种屏蔽来防止意外的能量转移，从而防止事故的发生。

（4）系统安全理论　系统安全理论包括很多区别于传统安全理论的创新概念。

① 在事故致因理论方面，改变了人们只注重操作人员的不安全行为，而忽略硬件故障在事故致因中的作用，开始考虑如何通过改善系统可靠性来提高复杂系统的安全性，从而避免事故。

② 没有任何一种事物是绝对安全的，任何事物中都潜伏着危险因素。通常所说的安全或危险只不过是一种主观的判断。

③ 不可能根除一切危险源，可以减少来自现有危险源的危险性，宁可减少总的危险性而不是只彻底消除几种选定的风险。

④ 由于人的认识能力有限，有时不能完全认识危险源及其风险，即使认识了现有的危险源，随着生产技术的发展，新技术、新工艺、新材料和新能源的出现，也会产生新的危险源。

三、OHSAS 安全管理体系

职业健康安全管理体系 OHSAS 由 Occupational（职业）、Health（健康）、Safety（安全）、Assessment（评估）、Series（系列）五个单词的首字母组成。它将包括质量管理、职业健康安全管理等管理在内的所有生产经营活动科学化、标准化和法律化。

（1）特点　OHSAS 通过建立绩效控制的管理体系来实施安全管理，采用 PDCA 循环，将安全工作设计为 Plan（计划）、Do（实施）、Check（检查）、Adjust（调整）的过程，强调预防为主、持续改进和动态管理。

（2）《职业健康安全管理体系规范》的组成　为指导和规范企业的职业健康、安全管理工作，国家质量监督检验检疫总局发布了推荐国家标准 GB/T 28001—2001《职业健康安全管理体系规范》，其内容主要由范围、规范性引用文件、术语和管理体系要素几个部分组成。其中范围规定了使用该指导性技术文件的组织的愿望和界限（限制）；术语可参看本章第一部分基本概念的内容，共包含事故、危险源、危险源辨识等 17 个术语和定义；要素部分分为五大功能块，分别是总要求、职业健康安全方针、策划、实施和运行、检查和纠正措施以及管理评审，每一功能块又由若干要素组成，共 17 个要素。职业健康安全管理体系的精髓在于实施有效的危险源辨识、风险评价和风险控制。

（3）实施职业健康安全管理体系的作用

① 为企业提供科学有效的职业健康安全管理体系规范和指南。

② 安全技术系统可靠性和人的可靠性不足以完全杜绝事故。组织管理因素是复杂系统，要找出事故发生与否的最深层原因就要建立系统化，以预防为主，全员、全过程、全方位的安全管理体系。

③ 推动职业健康安全法规和制度的贯彻执行。

④ 使组织职业健康安全管理转变为主动自愿行为，提高职业健康安全管理水平，形成自我监督、自我发现和自我完善的机制。

⑤ 改善作业条件，提高劳动者身心健康和安全卫生技能，大幅减少成本投入和提高工作效率，产生直接和间接的经济效益。

⑥ 改进人力资源的质量。根据人力资本理论，人的工作效率与工作环境的安全卫生状况密不可分，其良好状况能大大提高生产率，增强企业凝聚力和发展动力。

⑦ 在社会树立良好的品质、信誉和形象。优秀的现代企业除具备经济实力和技术能力外，还应保持强烈的社会关注力和责任感、优秀的环境保护业绩，保证职工安全与健康。

四、安全生产相关法律法规

1. 国家安全生产方针

《安全生产法》在总结我国安全生产管理经验的基础上，将"安全第一，预防为主"规定为我国安全生产工作的基本方针。

2. 安全生产法律法规体系

《安全生产法》与先后颁布的《劳动法》、《矿山安全法》、《职业病防治法》、《煤炭法》、《海上交通安全法》、《道路交通安全法》、《消防法》、《铁路法》、《民用航空法》、《电力法》、《建筑法》等十余部法律，国务院颁布的近百部有关安全生产的行政法规，国务院有关部门颁布的规章，各省、自治区、直辖市颁布的地方性法规以及安全生产标准，共同构成了我国安全生产法律法规体系。

为了规范生产安全事故的报告和调查处理，落实生产安全事故责任追究制度，维护事故受害人的合法权益和社会稳定，预防和减少事故发生，国务院颁布了《生产安全事故报告和调查处理条例》，强调事故调查处理应坚持"四不放过"原则。"四不放过"即事故原因未查明不放过，责任人未处理不放过，整改措施未落实不放过，有关人员未受到教育不放过。

任务二　城市轨道交通安全控制

【图示引导】

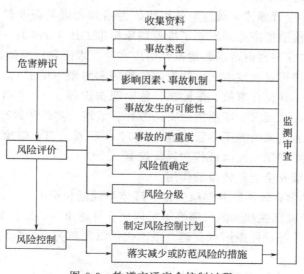

图 9-3　轨道交通安全控制过程

【相关知识】

城市轨道交通系统由车辆、车务、供电、机电、通号、工建等部分组成,犹如一架庞大复杂的联动机,在实现运营服务过程中要求联动机的各个环节、各个部门相互配合,紧密联系,互为整体。若其中一个环节出现问题就可能危及运行安全。运行安全不但关系到整个地铁系统的正常运作,而且关系到广大乘客的生命、国家财产的安全,所以运行安全是城市轨道交通的生命线、效益线。轨道交通安全控制过程如图9-3所示。

一、城市轨道交通企业运营安全组织结构及各项规章制度

1. 城市轨道交通企业安全管理组织结构

按照"集中领导,统一指挥"的原则,总部安全管理体系由决策领导层、管理监督层、执行落实层组成。下面以国内某城市轨道交通企业为例,介绍安全管理部门的组织结构,如图9-4所示。

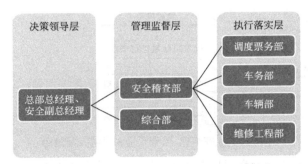

图9-4 城市轨道交通企业安全管理组织结构

决策领导层由总部总经理(安全生产第一责任人)担任主任,总部党委书记、主管安全副总经理担任副主任,其他总部领导和部门经理为委员,设立生产、消防、交通安全委员会。安全稽查部是安全委员会常设办公室,代表安全委员会组织安全检查,提出整改意见,作为各执行落实部门的整改依据。

管理监督层对总部安全进行综合管理监督,同时对行政领导、同级业务部门、各有关单位和人员执行安全规章制度的情况行使监察职责。其中生产安全(包括行车安全、工业安全)、消防安全管理监督由安全稽查部负责,交通安全管理监督由综合部负责。

执行落实层为调度票务部、车务部、车辆部、维修工程部等部门和单位。其中,主要生产部门成立安全领导小组、设立专职安全监察(或安全员),部门经理分别担任各安全领导小组组长,各分部(室)、班组(车站)设立专兼职安全员。

运营安全管理常设机构以车站(车厂)为基本单位,由控制中心总体组织,其最高领导机构为安全委员会。一旦发生安全事故,立即按照安全事故发生的地点、性质等因素建立现场抢险组织。若事故发生在车站或车厂,由值班站长或车厂调度员负责;若事故发生在区间,由司机负责;就近车站值班站长到达现场后,由该值班站长负责;接到控制中心(或车厂控制中心)报告后相关人员立即赶赴现场,由主要设备部门负责指挥抢险,相关部门配合。

2. 城市轨道交通运营安全规章制度

为了实现地铁的运行安全,使地铁员工都能有章可循、有法可依,城市轨道交通企业应

建立健全运行、安全规章制度。主要包含以下内容：地铁行车组织规则；突发事件应急处理办法；各类应急预案处理程序；车厂运作手册；车站运作手册；特种设备质量安全监察规定；各专业的操作规程、手册；行车事故管理规则；行车设备施工管理规定；安全、消防管理办法。

二、城市轨道交通企业安全控制过程

一般来说，企业安全管理工作包括危险源辨识与控制、风险评价、风险管理、安全预案的制定、安全指标目标管理、事故分析与评级等内容，其中危害辨识、风险评价和风险控制过程如图9-5所示。

图9-5 危害辨识、风险评价和风险控制过程

对危险源辨识、风险评价和风险控制策划的基本步骤包括六项内容：第一步，工作活动分类，编制一份工作活动表，其内容包括场所、设备、人员和程序，并收集有关信息；第二步，危险源辨识，辨识与各项工作活动有关的所有危险源，考虑谁会受到伤害以及如何受到伤害；第三步，风险评价，在假定计划的或现有控制措施适当的情况下，对与各项危险源有关的风险做出主观评价，评价人员还应考虑控制的有效性以及一旦失败所造成的后果；第四步，确定风险是否可容许，判断计划的或现有的职业安全卫生措施是否足以把危险源控制住并符合法规的要求；第五步，编制风险控制措施计划（如有必要），编制计划以处理评价中发现的、需要重视的任何问题，企业应确保新采取的和已有的控制措施仍然适当和有效；第六步，评审措施计划的充分性，针对已修正的控制措施，重新评价风险，并检查风险是否可容许。下面就每一步的内容进行具体介绍。

1. 工作活动分类

组织执行对危险源辨识、风险评价和风险控制的策划首先要准备一份工作活动分类表。工作活动的分类要考虑对危险源是否易于控制和必要信息的收集，既要包括日常的生产活动，又要包括不常见的维修任务等。工作活动的分类方法可包括工作场所内（外）的地理位置；生产过程或所提供服务的阶段；计划的和被动性的工作；确定的任务（如，驾驶）。

在工作活动分类的基础上，全面有针对性地执行对危险源辨识、风险评价和风险控制策划。企业应设计一种简单的对危险源辨识、风险评价和风险控制的策划的格式，一般内容如表9-1所示：

表 9-1　危险源辨识、风险评价和风险控制策划表

工作活动：客车运行	
危险源： 1. 错开车门 2. 夹人夹物动车 3. 车门未关闭动车 4. 客车火灾造成乘客伤亡	
现行控制措施：行车组织规则、车站工作细则、客伤应急预案	
暴露于风险中的人员：乘客	风险水平：高
伤害的可能性：高	伤害的严重程度：高
根据评价结果而需采取的行动：安全培训、司机持证上岗等	
管理细节，如评价者姓名、日期等	

2. 危险源辨识

（1）危险源分类　危险源是可能导致伤害或疾病、财产损失、工作环境破坏，或这些情况组合的根源或状态，主要包括以下三种。

① 物的故障。物的故障是指机械设备、装置、元部件等，由于性能低下而不能实现预定功能的现象。从安全功能的角度看，物的不安全状态也是物的故障。物的故障可能是固有的，是由于设计、制造缺陷造成的；也可能由于维修、使用不当，或磨损、腐蚀、老化等原因造成的。

② 人的失误。人的失误是指人的行为结果偏离了被要求的标准，即没有完成规定功能的现象。人的不安全行为也属于人的失误。人的失误会造成能量或危险物质控制系统故障，使屏蔽破坏或失效，从而导致事故发生。

③ 环境因素。人和物存在的环境，即生产作业环境中的温度、湿度、噪声、振动、照明或通风换气等方面的问题。它会致使人的失误或物的故障的发生。

此外，还可从一些广义的角度对危险源进行分类，例如机械类、电气类、辐射类、物质类、火灾与爆炸类；物理性、化学性、生物性、心理和生理性、行为性、其他等。

（2）危险源辨识方法　危险源辨识的方法很多，每一种方法都有其目的性和应用的范围。下面介绍几种可用于建立体系的危险源辨识方法。

① 询问、交谈。对于组织的某项工作具有经验的人往往能指出其工作中的危害。从指出的危害中，可初步分析出工作中的危险源。

② 现场观察。通过对工作环境的现场观察发现存在的危险源，从事现场观察的人员，要求具有安全技术知识并掌握完善的职业健康安全法规、标准。

③ 查阅有关记录。查阅组织的事故、职业病的记录，可从中发现存在的危险源。

④ 获取外部信息。从有关类似组织、文献资料、专家咨询等方面获取有关危险源信息，并加以分析研究，可辨识出组织存在的危险源。

⑤ 工作任务分析。通过分析组织成员工作任务中所涉及的危害，可识别出有关的危险源。

⑥ 安全检查表（Safety Check List，SCL）。运用已编制好的安全检查表，对组织进行系统的安全检查，可辨识出存在的危险源。

⑦ 危险与可操作性研究（Hazard and Operability Study，HAZOP）。危险与可操作性

研究是一种对工艺过程中的危险源实行严格审查和控制的技术。它通过指导语句和标准格式寻找工艺偏差，以辨识系统存在的危险源，并确定控制危险源风险的对策。

⑧ 事件树分析（Event Tree Analysis，ETA）。事件树分析是一种从初始原因事件起，分析各环节事件"成功（正常）"或"失败（失效）"的发展变化过程，并预测各种可能结果的方法，即时序逻辑分析判断方法。应用这种方法，通过对系统各环节事件的分析，可辨识出系统的危险源。

⑨ 故障树分析（Fault Tree Analysis，FTA）。故障树分析是一种根据系统可能发生的或已经发生的事故结果，去寻找与事故发生有关的原因、条件和规律。通过这样一个过程分析，可辨识出系统中导致事故的有关危险源。

上述几种危险源辨识方法从着人点和分析过程上都有其各自的特点，也有各自的适用范围或局限性。所以，组织在辨识危险源的过程中往往使用一种方法还不足以全面地识别其所存在的危险源，必须综合运用两种或两种以上方法。

（3）危险源辨识提示　在进行危险源辨识时也可列出一份问题的提示单，例如在平地上滑倒（跌倒）；人员从高处坠落；工具、材料等从高处坠落；头上空间不足；与工具、材料等的手提/搬运有关的危险源等。在城市轨道交通企业中，主要危险源所在的责任部门、活动和可能的事故如表 9-2 所示。

表 9-2　城市轨道交通企业主要危险源所在的责任部门、活动和可能的事故

部门	活动	可能的事故/事件
物资部货仓	危化品储存、发放	容器爆炸
	物料储存与发放	火灾
	机动叉车驾驶	机动叉车撞伤他人
	不正确使用、储存及搬运化学用品	化学品爆炸
		化学品火灾
	收发易燃易爆物品	火灾
维修部	不正确使用、储存及搬运化学用品	化学品爆炸
		化学品火灾
	车站设备区/隧道轨行区动火作业	火灾
	施工、作业	未登记作业或错进作业区域造成列车撞人事件
		电伤
	压力容器维护	容器爆炸
	工建轨道检修	造成列车脱轨的轨距误差、钢轨断裂、胀轨跑道故障
	工建道岔检修	弹簧垫圈弹起伤人
	工建路基检修	坑口隧道口附近路基坍塌
	工建道岔检修	造成列车挤岔、脱轨的尖轨不密贴或不落槽故障
	工建轨道检修	造成列车脱轨的路基、道床下沉
	工建建筑装饰检修	电伤
	通号信号机检修	造成列车冲突、列车挤岔、列车追尾等事故的信号假表示
	通号道岔维修	造成列车冲突、列车脱轨、列车追尾等事故的道岔位置室内外不一致的假表示

续表

部门	活动	可能的事故/事件
维修部	通号 ATP 设备检修	列车追尾等事故的 ATP 故障
	车站设备区/隧道轨行区动火作业	火灾
	接触网检修	造成局部供电中断的接触网短路故障
	接触网检修	高空坠落
	变电所检修作业	电伤
	变电所检修作业	高空坠落
	烟络尽/CO_2/1301 自动灭火系统检修	灭火系统误喷造成人员窒息
	机电屏蔽门检修	屏蔽门不能开启,导致旅客不能出入造成列车延误
车辆部	电客车维修	造成弓网事故的刮弓故障
		造成列车脱轨的悬挂件脱落故障
		造成列车脱轨的轮对脱轨
		造成行车事故的制动失灵故障
		造成行车事故的控制系统失灵故障
		造成紧急疏散扩大的疏散门不能打开故障
		列车技术状态不良出库造成行车事件
		电伤
	不正确使用、储存及搬运化学用品	化学品爆炸
		化学品火灾
	车厂/隧道轨行区动火作业	火灾
	架车机操作	造成财产损失的架车时翻车事故
	轮对镟修	列车受损
	空压机供气	容器爆炸
	天车起重	天车损坏
		人员砸伤
车务部	车站紧急疏散	造成人员(含乘客)紧急疏散时伤亡行为事件
	驾驶列车、办理进路	造成列车脱轨的行为事件
		造成列车追尾的行为事件
		造成列车挤岔的行为事件
		造成列车冒进信号的行为事件
	驾驶列车、监控站台	列车压人、压物
	办理进路	错办列车进路造成行车事件
	客车运行	错开车门
		夹人夹物动车
		车门未关闭动车
		客车火灾造成乘客伤亡
	办理作业手续	作业人员错进作业区域施工造成列车撞人的事件

续表

部门	活动	可能的事故/事件
调度票务部	应急处理	紧急事件发生处理不当导致事件扩大
	运营时间内的监控	可能导致列车冲突的行为事件
		可能导致列车脱轨的行为事件
		其他行车事件的行为事件
	监控供电设备运行	导致接触网停电列车被迫在区间或车站停车
		导致车站设备停电影响客运服务
	运营结束后施工组织	造成施工作业未清点作业行为事件
		造成施工作业未消点作业行为事件
		施工计划冲突
综合部	食品机器设备操作	触电
	煤气使用	爆炸、火灾
	用餐	食物中毒
	烹饪、用餐	其他伤害——传染病
	设备维修	触电
		高处坠落
	绿化/清洁作业	触电
		窒息——井下作业
	乘坐总部交通车上下班	发生交通事故造成司机或上下班员工受伤
保卫部	保卫时受伤	其他伤害
	被猎犬咬伤	其他伤害
	巡逻时跌伤	其他伤害
公共办公	不正确使用办公设备	触电
		火灾
	出差及外出	车辆伤害

3. 风险评价及风险控制策划

风险评价的方法很多,但每一种方法都有其一定的局限性,所以开发或确定所要使用的风险评价方法必须首先明确评价目的、对象及范围。

风险评价是应该最先进行的环节,其目的是组织对现阶段的危险源所带来的风险进行评价分级,根据评价分级结果有针对性地进行风险控制,从而取得良好的职业健康安全绩效,达到持续改进的目的。

风险是某一特定危险情况发生的可能性和后果的组合。风险评价的基础是风险的基本含义,围绕可能性和后果两方面来确定风险。可容许风险根据组织的法律义务和职业健康方针,已降至组织可接受程度的风险。组织判定风险是否可容许的标准是法规的要求和其职业健康方针的要求。

选择风险控制措施时应考虑下列因素:如果可能,完全消除危险源或风险,如用安全品取代危险品;如果不可能消除,应努力降低风险,如使用低压电器;可能情况下,使工作适合于人,如考虑人的精神和体能等因素;利用技术进步,改善控制措施;保护每个工作人员的措施;将技术管理与程序控制结合起来;引入计划,诸如机械安全防护装置的维护需求;在其他控制方案均已考虑过后,作为最终手段可使用个人防护用品;应急方案的需求;预防性测定指标对于监视控制措施是否符合计划要求十分必要。

企业应在上述原则的基础之上,结合具体实际情况探索其最适合的风险评价和风险控制方法。

三、地铁典型安全事件

1. 日本地铁毒气事件

1995年3月20日上午8时10分左右,东京地铁三条线路的五节车厢同时发生被称为"沙林"(学名甲氟磷异丙酯)的神经性毒气泄漏事件,造成12人死亡,5000多人受伤。由于放在五节车厢中的11个可疑物均在上班高峰时间同时泄漏毒气,而且又多集中在官厅街所在的霞关车站,所以该恐怖事件被认为是针对政府机关而来的。经过紧急调查,警方认为奥姆真理教是肇事者。

2. 莫斯科地铁大爆炸事件

爆炸发生在莫斯科时间2004年2月6日早晨8点32分。爆炸物被安放在地铁第二节车厢的第一个门附近,当时正是上班的高峰期,驶往市中心的地铁车厢内人满为患。爆炸造成39人死亡,134人受伤。俄罗斯官方认为,这是一起自杀式袭击事件。

3. 韩国地铁火灾事件

2003年2月18日,在韩国大邱地铁正在运营的列车内发生了人为恶性纵火案,大火焚烧了出事列车和另一进站的列车,造成死亡198人,受伤147人的严重后果。

4. 美国地铁脱轨事件

1991年8月28日,美国纽约市曼哈顿区发生地铁列车脱轨事故,造成至少6人死亡,100多人受伤。

5. 英国伦敦地铁重大停电事件

2003年8月28日,英国首都伦敦和英格兰东南部部分地区突然发生重大停电事故,伦敦近2/3地铁停运,大约25万人被困在伦敦地铁中。

任务三　城市轨道交通通用安全技术

【相关知识】

运行安全是地铁特有的安全范畴,有别于一般企业中的劳动生产安全。运行安全是指地铁在运送乘客的过程中涉及地铁行车、乘客安全的各项生产安全,它与运行的关系是密不可分,运行必须安全,安全为了运行。运行安全主要涉及行车、施工、设备、职工伤害、消防、客运等几个方面。

行车安全,即是列车的运行安全。无论是人的行为还是地铁的各种设备,以及危及电动列车、施工机车在正线上正常运行所发生的事件,车站或车辆段内所有与行车、调车作业有关的涉及人和设备安全的各类事件,列车运行过程中危及乘客的安全事件,都属于行车安全。

施工安全主要指地铁非运营时段组织的各种施工作业安全,主要涉及施工作业领导、作业请销点程序、工程车的开行和组织、人员的安全资质管理和各种作业安全管理等。

设备安全就是在生产活动过程中,保障设备的状态良好、安全运用。设备事故是指运营总部所属设备因非正常损坏造成停机或使设备质量、技术性能降低，影响正常使用，直接经济损失超过规定限额的行为或事件。

职工伤亡事故指总部职工在劳动过程中发生的人身伤害、急性中毒等事故。即职工在本岗位劳动，或虽不在本岗位，但由于企业的设备和设施不安全、劳动条件和作业环境不良、管理不善，以及企业领导指派到企业外从事本企业活动，所发生的人身伤害（即轻伤、重伤、死亡）和急性中毒事故。

火灾是指在时间和空间上失去控制的燃烧所造成的灾害。无论在车站还是区间列车上发生的火灾都属于地铁消防安全。地铁消防安全教育主要包括一般火灾知识和地铁专用消防设备的功能和使用等。

凡在车站的站厅（含出入口）、站台上，客车车厢内发生的危及乘客人身安全的事件，均属于客运安全事故。例如易造成客伤的部位包括列车的车门、站台屏蔽门、站台边缘与列车停车后的缝隙、自动扶梯、客车进出车站等。客运安全的处理还包括因发生火灾等紧急情况需进行的列车、车站清客作业。

一、列车运行安全管理

列车运行安全管理主要包括行车、施工以及各种设备安全管理。

1. 行车安全管理

（1）行车事故分类　按照事故的性质、损失及对行车造成的影响可将行车事故分为重大事故、大事故、险性事故和一般事故。

重大事故指客运列车因发生冲突、脱轨、火灾或爆炸等事故，造成人员重大伤亡、车辆重度破损、调车作业发生严重冲突、脱轨或中断正线行车时间过长等严重后果的。

大事故和重大事故相比，严重程度较小。

险性事故指事故性质严重，但未造成损害后果或损害后果不够重大、未达到大事故的。例如，向占用区段发出列车；未准备好进路接、发列车；客车错开车门、运行途中开门、车未停稳开门；列车冒进信号或越过警冲标；客车夹人开车等。

事故性质及损害后果不够重大、未达到大事故及险性事故的被称为一般事故。例如，调车脱轨；挤岔；因行车有关人员违反劳动纪律漏乘、出务迟延耽误列车运行等。

（2）行车事故报告　报告事项应包含发生时间（月、日、时、分）；发生地点（区间、百米标和上、下行正线）；列车车次、车组号、关系人员姓名、职务；事故概况及原因；人员伤亡情况及车辆、线路等地铁设备损坏情况；是否需要救援；是否影响邻线运行以及其他必须说明的内容及要求。

行调接到事故报告后应积极设法防止事故扩大，积极组织救援，同时按照相关规定维持最大限度的运营，并立即报告控制中心值班主任，按照"先通后复"的原则组织指挥事故处理。

（3）行车事故的调查和处理　事故发生后，在事故调查处理小组到达事故现场前，若事故发生在区间，由司机负责；就近车站值班站长到达现场后，由该值班站长负责。若事故发生在车站或车厂，由值班站长或车厂调度员负责。其任务是负责指挥抢救伤员，做好救援准备工作，尽快开通线路并查看现场，保存可疑物证，查找事故见证人做成记录，待事故调查处理小组到达后要如实汇报。事故处理结束后由小组召开分析会议分析事故原因，判明事故责任，认定事故性质，并对事故责任人提出处理建议，制定防范措施。

2. 施工作业管理

地铁公司在每天运营结束之后往往要对线路、车辆以及各种机电设备进行检修、施工作业。施工作业按地点可分为影响正线、辅助线行车的施工；在车厂的施工和在车站的施工。按照施工的性质和影响可分为开行工程列车的施工；不开行工程列车的施工；车站范围内影响行车设备设施的作业，影响在车厂线路限界的施工；影响接触网停电的施工；车站内大面积影响客运及需动火的作业，局部影响客运，但经采取措施影响不大且动用简单设备设施（如动用220V及以下的电力、钻孔等，不违反安全规定）的施工等。

（1）施工安全管理　施工作业需设立施工负责人，如有必要，在辅助车站另设施工责任人，两者须经过培训取得安全合格证后实行持证上岗制度。

施工负责人、施工责任人的职责包括：负责作业人员、设备的管理；向行调、电调办理请销点手续；作业过程的组织指挥；及时与车站、车厂联系作业有关事项；组织设置、撤销作业安全防护设施（接触网停电及挂地线由电调负责）；出清作业区域、设备状态恢复正常等。

（2）施工防护　为保障施工安全，施工人员、调度、车站工作人员等应按照规定设置防护设施。例如，接触网停电检修或需接触网停电配合挂地线时，由供电操作人员负责在该作业地段两端挂接地线。站内线路施工时，由施工负责人在车站两端头轨道上设置红闪灯防护。在站间线路施工时，除施工部门设置防护外，车站还负责在该施工地段两端车站的端墙门平行位置的轨道中央设置红闪灯防护。施工前，由请点车站设置红闪灯，并通知作业区另一端车站值班员放置红闪灯防护。施工结束后，车站撤除红闪灯，并通知作业区另一端车站值班员撤除红闪灯。如遇到跨越站内站间时，车站的防护信号要放在车站内另一端墙门平行位置轨道中央。

车站值班人员安排人员到站台检查红闪灯是否按规定摆放，监督红闪灯状态是否良好，并对设置的红闪灯是否按规定摆放、状态是否良好做不定期检查。

3. 电气、设备安全管理

（1）电气安全注意事项　在电气化铁路上，接触网的各导线及其相连接部件，通常均带有高压电，因此禁止直接或间接（通过任何物件，如棒条、导线、水流等）与上述设备接触。

当接触网的绝缘不良时，在其支柱、支撑结构及其金属结构上以及回流线与钢轨的接点上都可能出现高电压，因此平时应避免与上述部件接触。当接触网绝缘损坏时，禁止与之接触。

发现接触网断线及其部件损坏或在接触网上有线头、绳子等物，均不准与之接触，要立即通知供电分部或电力调度派人处理。在接触网检修人员达到以前，将该处加以防护，任何人员均应距离已断导线10m以外。

当接触网停电并接地前，禁止攀登到电气化铁路上的各种车辆车顶上，或在车顶上进行任何作业；禁止使用胶皮软管冲刷车辆上部。

行人持有木棒、竹竿、彩旗等高长物件，过道口走近接触网下时，不准高举挥动，必须使物件保持水平状态走过道口。

（2）设备安全管理　设备安全管理包括事故报告程序、事故调查、事故的分析和处理、预防措施的制定与修改等几个方面，应严格按照各城市轨道交通公司各种安全规定及相关事故处理规定执行，具体措施可参照前文行车安全管理部分。

二、消防安全管理

火灾是指在时间和空间上失去控制的燃烧所造成的灾害。火灾具有极大的危害性，其危害性主要表现在两个方面：一是人员伤亡；二是财物损失。但火灾是可以预防的。燃烧必须同时具备三个条件：一是可燃物，如汽油、液化石油气、木材、纸张等；二是助燃物，主要是空气中的氧气；三是着火源，如明火、电火花、雷击等。只有以上三个条件同时结合，燃烧才会发生。

根据燃烧原理，一切防火措施都是为了防止燃烧的三个条件同时结合在一起。防火的基本措施主要有三个方面：一是控制可燃物，如在施工中用难燃或不燃材料代替可燃材料，以提高建筑物的防火性能；二是隔绝助燃物，如向局部、小范围的危险品场所施放不燃气体，降低空气中氧的浓度；三是消除着火源，如在油库、化学危险品仓库禁止烟火，并安装整体防爆电气设备等。

灭火的基本方法有四种。一是冷却法，如广泛使用的是用水来灭火。普通可燃物燃烧一般都可以用水扑救，把水喷洒在燃烧区上，使燃烧区的温度迅速降低，使火焰熄灭。二是窒息法，如用湿浴巾、湿麻袋覆盖在燃烧的液化石油瓶上。三是隔离法，如将着火点旁尚未燃烧的可燃物搬至安全地点。四是化学抑制法，使用化学灭火剂，喷在燃烧物的表面达到灭火效果。

【实践操作】

常用消防设备的操作

（1）便携式灭火器　便携式灭火器主要包括干粉灭火器、泡沫灭火器和二氧化碳灭火器等，使用时应针对固体、液体、气体和电气等不同的火灾类型选择合适的灭火器。地铁车厢内便携式灭火器如图9-6所示。

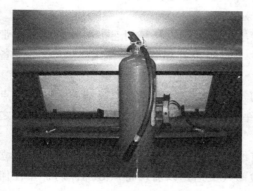

图9-6　便携式灭火器

图9-7　便携式灭火器保险销

扑救火灾时，手提或肩扛灭火器到火场，上下颠倒几次，在离火点3～4米时撕去灭火器上的封记拔出保险销，如图9-7所示。此时一手握紧喷嘴，对准火源，另一只手的大拇指将压把按下，即可喷出灭火材料，迅速摇摆喷嘴使之横扫整个火区，由近而远将火扑灭。

（2）消防应急面具　消防应急面具用于火灾中个人逃生。它可防护热气流、热辐射、毒烟、毒气、一氧化碳对头面部及呼吸系统的伤害。

使用方法：打开包装盒，从缺口处撕开包装袋；拿出面具，将面套套入头部；调正眼窗扣正口鼻罩；用手拉紧头带，扣上尼龙搭扣，如图9-8所示。

（3）消火栓　消火栓的使用步骤如下。

① 打开消火栓箱，取出水带。

② 抛水带。右手成虎口形握住水带的两个接头，拇指第一关节和其他四指扣压水带外圈。同时，左手拇指和四指分别插入水带两头接口内，并握紧两个水带头，两手协力托住水带用力向正前方抛出，左手握水带头向上抽拉，使水带向正前方摊开。

③ 接水带。右手将水带接头与消防栓接头对接，并顺时针转动至卡紧为止。

④ 接水枪、打开水龙头。迅速拿起另一头水带接头，一手拿着水枪向着火部位冲去，将水枪头接上水带接口，并将水龙头打开。

图 9-8　消防应急面具

⑤ 灭火。射水时采取包围灭火战术，阻止火势和烟雾使其向四周扩散以便有效控制，以至将火扑灭。注意，如遇电器火灾，应先断电后灭火。

习　题

一、填空题

1. 安全本质包括两个方面的内容，分别是_____、_____。
2. 基本安全原理包括_____、_____、_____和_____。
3. OHSAS 由_____、_____、_____、_____和_____五个单词的首字母组成。
4. OHSAS通过建立绩效控制的管理体系来实施安全管理，采用PDCA循环，将安全工作设计为_____、_____、_____和_____的过程。
5. 《安全生产法》在总结我国安全生产管理经验的基础上，将"_____、_____"规定为我国安全生产工作的基本方针。
6. 按照"_____、_____"的原则，总部安全管理体系由决策领导层、管理监督层、执行落实层组成。
7. 燃烧的条件包括_____、_____和_____。
8. 灭火的基本方法有_____、_____、_____和_____。

二、不定项选择

1. 安全生产管理的目标不包括（　　）。
   A. 减少和控制危害、事故　　B. 避免生产过程中的事故造成人身伤害、财产损失
   C. 避免污染环境　　D. 节约原材料和工时，提高生产效率
2. 下列哪些不是按照人员伤亡或直接经济损失的严重程度对事故的分类（　　）。
   A. 特别重大事故、重大事故　　B. 火灾、爆炸
   C. 较大事故、一般事故　　D. 中毒、窒息
3. 没有任何一种事物是绝对安全的，任何事物中都潜伏着危险因素。通常所说的安全或危险只不过是一种主观的判断。这种说法来自于（　　）。
   A. 事故频发倾向理论　　B. 海因里希因果连锁理论
   C. 能量意外释放理论　　D. 系统安全理论
4. 下列属于OHSAS特点的是（　　）。
   A. 预防为主　　B. 持续改进　　C. 动态管理　　D. 强制参加

三、名词解释

1. 安全生产管理

2. 事故
3. 危险源

四、判断

1. 事故频发倾向理论把事故的发生发展过程描述为有一定因果关系的连锁。（　　）
2. 一旦发生安全事故，立即按照安全事故发生的地点、性质等因素建立现场抢险组织，若事故发生在车站或车厂，由值班站长或车厂调度员负责。（　　）
3. 危险与可操作性研究是一种从初始原因事件起，分析各环节事件"成功（正常）"或"失败（失效）"的发展变化过程，并预测各种可能结果的方法，即时序逻辑分析判断方法。（　　）
4. 事件树分析是运用已编制好的安全检查表对组织进行系统的安全检查，可辨识出存在的危险源。（　　）
5. 故障树分析主要通过对工作环境的现场观察发现存在的危险源。（　　）
6. 接触网停电检修或需接触网停电配合挂地线时，由供电操作人员负责在该作业地段两端挂接地线。（　　）
7. 站内线路施工时，由施工负责人在车站两端头的轨道上设置红闪灯防护。（　　）
8. 在电气化铁路上，接触网的各导线及其相连接部件通常均带有高压电，因此禁止直接或间接（通过任何物件，如棒条、导线、水流等）与上述设备接触。（　　）
9. 行人持有木棒、竹竿、彩旗等高长物件，过道口走近接触网下时，不准高举挥动，必须使物件保持水平状态走过道口。（　　）

五、简答

1. 安全生产的内容有哪些？
2. 事故调查处理的"四不放过"原则分别是哪些？
3. 城市轨道交通运营安全规章制度一般包括哪些？
4. 危害辨识、风险评价和风险控制过程的包括哪些？
5. 简述车务部主要危险源所在活动及可能造成的事故。
6. 简述调度票务部主要危险源所在活动及可能造成的事故。
7. 行车事故的报告事项有哪些？

参 考 文 献

[1] 李建国．城市轨道交通系统概论．北京：机械工业出版社，2009．
[2] 张凡，钱传贤．城市轨道交通概论．成都：西南交通大学出版社，2007．
[3] 牛凯兰，牛红霞．城市轨道交通行车组织．北京：机械工业出版社，2009．
[4] 林瑜筠．城市轨道交通运输设备．北京：中国铁道出版社，2008．
[5] 毛保华．城市轨道交通规划与设计．北京：人民交通出版社，2007．
[6] 马嘉琪．城市轨道交通网络及客流特性研究．[D]．北京：北京交通大学，2010．
[7] 赵时旻．轨道交通自动售检票系统．上海：同济大学出版社，2007．
[8] 毛保华．城市轨道交通系统运营管理．北京：人民交通出版社，2006．
[9] 上海申通地铁集团有限公司轨道交通培训中心．城市轨道交通概论．北京：中国铁道出版社，2009．
[10] 何宗华等．城市轨道交通运营组织．北京：中国建筑工业出版社，2003．
[11] 劳动和社会保障部教材办公室广州市地下铁道总公司．城市轨道交通运营安全．北京：劳动与社会保障出版社，2008．
[12] 上海申通地铁集团有限公司轨道交通培训中心．城市轨道交通车站客运服务．北京：中国铁道出版社，2010．
[13] 叶华平，刘志刚，牛红霞．城市轨道交通概论．北京：人民交通出版社，2011．
[14] 刘慧玲，刘冰．城市轨道交通安全管理．北京：人民交通出版社，2011．
[15] 吴晓．城市轨道交通运输设备．北京：电子工业出版社，2011．